二宮先生語録

斎藤高行・原著
佐々井典比古・訳注

致知出版社

新版まえがき

本書『二宮先生語録』は、昭和二十九年から三十一年にかけて、一円融合会から新書版形式で出版された《現代版報徳全書》全十冊のうち、第五冊と六冊に収められた『訳注 二宮先生語録』（上）（下）をまとめて、単行本一冊としたものです。二宮尊徳の四大門弟の一人とされる斎藤高行が書き起こした、尊徳の語録集です。語録集としては先に刊行された、福住正兄の『二宮翁夜話』と共に、尊徳翁語録の二大源泉をなすものとして重視されてきました。これに加え、尊徳筆頭の弟子で相馬藩士の富田高慶が著し、明治天皇の上覧となった『報徳記』の三著が、「高弟の名著三部作（佐々井典比古）」と認識され、報徳研究の基本文献、あるいは手引書として、幾多の引用の対象とされてきました。

明治後半期頃から、尊徳の思想と実践の実態が、官学財界の有志によって学術的な研究対象として認識されるようになり、大正三年に『二宮尊徳遺稿』が刊行されましたが、一般的な実効性を得たのは、大正十五年の「二宮尊徳七十年祭」記念事業として提起され、二宮家伝来の史料を基に、昭和二年から七年にかけて編纂された『二宮尊徳全集』三十六巻の刊行以後のことになります。編纂母体は中央報徳会をはじめ有力報徳啓蒙団体の後援で編成された「二宮尊徳偉業宣揚会」で、掛川の大日本報徳社淡山翁記念報徳図書館を拠点に、当時同社の副社長として報徳研究の先導的な役割を担っていた佐々井信太郎と少数スタッフによる奉仕的作業で完結されたものでした。しかし、これら文献史料は近世あるいは明治、大正期の古文体表記が大半を占め、一般市民の読解は必ずしも容易ではありませんでした。その現実を最もよく理解していたのは、日常的に尊徳の思想、報徳仕法について、一般市民への啓蒙に取り組んでいた佐々井信太郎自身でした。そこで戦後の昭和二十九年から約四年間、子息の佐々井典比古と共に《現代版報徳全書》の編纂に取り組みました。

その内容は、冒頭に紹介した「高弟三名著」をはじめ、『二宮尊徳全集』に収められた文献の撰集や、尊徳の道歌とその解説などのほか、報徳の思想や仕法の実績の記録などをも対象としたものです。当時の報徳の基本文献と解説的情報を、市民レベルでの理解を期待して、総括的にまとめたものでした。以来、今日的な用語で読み通せる報徳学習の格好のテキストとして、多くの方々の利便に供されてきました。

現代語への訳文にあたっては、容易な解読に応えようとする一方で、現今の時代差や社会感覚の相違から、原著の真意、ニュアンスの伝達などに不安があったことが、第一冊『補注 報徳記（上）』の佐々井信太郎の「解題」の「四、現代語版の発行」で述べられています。本書を利用されるにあたり、参考になるところが少なくないと思われますので、少々長くなりますが、その一文を再録します。

「さて報徳記を熟読すれば、なまけものも起き返り、意志の強いものは元気を百倍し、迷えるものは光明を得るほどの名著であるが、原文は幕末から明治初年の時代を表示する漢字を根底とする文語体の文章であるために、最近の漢字制限・新かなづかいに慣れた青年に親しみ難く、読むだけにさえ骨を折るので、せっかく活気に満ちた原文も、そのままでは内容に触れ難いという意見が多い。そこで明治語から大正語を越えて昭和の口語体に書き替えることを企てたのである。

しかし、この作業は一見容易のようで、きわめて困難である。口語体といっても、現代文の標準は必ずしも一定していない。漢字・かなづかいを現代式に書き直すことは簡単であるが、これを駆使して、果してどこまで原著の気概と格調をそこなわずに表現できるか。世に知られた名文を、内容を知ることを主旨として書き替えて見て、その大胆さを後世から非難されることは覚悟しているが、さて原文の味、原著者の筆意を、忠実に伝え得るかどうかがはなはだ疑問である。

しかし、だれかが手をつけねばならぬことではあり、取りあえず手をつけて、あとから良い書物の出ることを待つより外に、現代の要求に応ずる方法がないから、思い切って断行することとした。よって、草稿の作成は長男典比古が当り、これを校閲して、ひとまず訳了したのが本書である。

なお、本書の所々にさしはさんだ補注について一言すれば、著者高慶翁は、天保十年九月二十六歳で入門の許可を受けた。そしてそれまでの二宮先生の経歴について門人及び知人から聞いた。すなわちその分の記述は伝聞に基くものである。それがためにその内容に前後があり、年月の明らかでないものがあり、時には二宮尊徳全集の記録と合致しない所があるのはやむを得ない。また天保十年以後の事実は、著者が形に従う影のように随従した記録であるけれども、時には先生が他の随身を伴う場合もあるから、必ずしも正確を保し難い場合がある。よって、全集の原本に基いてそれに関する記事を章末に掲げて補注とした。もとより百貨店の一売場に過ぎないけれども、この補注によって、全編の年次と場所を明らかにし、二宮先生の事績経歴の一貫した認識のために、幾分の参考ともなれば幸いである。

この現代版報徳全書の第一冊が刊行されるに当り、陰に陽に示唆と激励と援助とを与えられた一円融合会関係諸氏その他多くの方々に、厚く謝意を表する。」

前記のような課題や問題があったとしても、全書の訳文と校注の水準の高さは、佐々井信太郎の校閲、監修のもとで進められた典比古の、すぐれたセンスによる訳文や、史料の裏付けに基づく懇切丁寧な解説に負うところがきわめて大きいものがありました。多忙を極めていた神奈川県庁の職務は怠りなく、休日夜業を傾注して続けられた成果でした。第一冊の『報徳記』の「解題」と、第七冊の『報徳仕法史』巻頭の「報徳仕法史の刊行について」を除く掲載書の解題と訳注、訳注凡例と索引、それに、父信太郎亡き後の増改訂版における補訂なども一手に担い、表記通り《現代版報徳全書》の訳注者として責務を果たされました。

典比古はその後、父信太郎の主催した報徳の実践的勉強会「一円融合会」を引き継ぎ、その機関誌『かいびゃく』の巻頭言において、現代のあるいは歴史的事例をもとに、報徳の機微に触れる事象について、大変わかりやすい解説を連載してきました。それらは後に『尊徳の裾野』『尊徳の森』（いずれも平成十年有隣堂刊）の二冊にまとめられていますが、そこには前掲の名著三部作からの引用も少なくありません。

佐々井典比古は終生、報徳の考え方や実践による成果について、一般市民が容易に理解し、親しむことができるような著述に徹してきました。学術的精度を基礎に、わかりやすい市民のための報徳世界の敷衍は、佐々井信太郎、典比古父子の一貫したテーマでもありました。

本書の現代語訳を通じて、前刊の『二宮翁夜話』と共に、読者の皆様が、尊徳翁の絶妙な語り口を味わいながら、その真意、真髄を理解していただけることになれば幸いです。

令和二年六月

報徳博物館

二宮先生語録＊目次

巻　一

巻二

巻三

巻四

巻　五

装画——二宮尊徳翁廻村図
（西松秋畝筆・報徳博物館提供）
装幀——フロッグキングスタジオ

解　題

一、著者の経歴

斎藤高行（たかゆき）、通称は久米之助（くめのすけ）、伯順と号する。文政二年（一八一九）十月二十二日、相馬藩士齋藤完高の長子として中村（相馬市）に生れた。富田高慶はその叔父（おじ）である。祖父嘉隆は三代に奉仕した忠勤の士で、晩年加俸の恩命を受けながらついに固辞した。父完高は学徳兼備、「今孔子」と評せられた人で、「奥相志（おうそうし）」及び「相馬衆臣家譜」二百数十巻の著者であり、一門に忠勤・剛直・勉励の気風がみなぎっていた。

高行はその気をうけて幼より人物・学識共にすぐれ、十七歳で右の「家譜」の助調を命ぜられてこれを完成し、天保十一年二十二歳で江戸留守書役（かきやく）に抜てきされ、筆道研修の機会を与えられた。そこで坂川平学の門に入り、三年の間その門外に出ることなく、毎夜わずかに机によって一睡するのみという勉学をつづけ、業成って藩主から賞せられた。

弘化二年、二宮先生は江戸にあって日光仕法雛形（ひながた）の作製に寧日がなかった。数年来随身してきた富田高慶は、このころ病臥がちであり、且つ相馬仕法実施のため近く帰国する予定になっていた。そこで、雛形作製の補佐と、相馬仕法の後継者養成と、当面高慶の看護と、三つの必要が相まって高行の正式入門が決した。かねて浄書事務のため往来し、先生の謦咳に接していた高行は、九月二十二日「幾久しくお手伝い」すべく、勇躍その門に入った。時に年二十七、先生は五十九歳である。

弘化三年に雛形は完成し、先生は翌四年野州におもむいて神宮寺に仮住いし、翌嘉永元年東郷陣屋に移転して、幕府直領の仕法に従事された。この前後七年、高行は、たまたま江戸・相馬に暫時離れることはあっても、おおむね影の形に添うように先生に随身し、雛形・日記・書簡等に流麗な筆跡をのこし、また東沼・横田・棹ケ島等の仕法にたずさわって実地修練を積んだのである。

嘉永四年十一月帰国した高行は、高慶の指揮のもとに、御仕法掛代官席として相馬の仕法に尽力し、安政四年以降は高慶の代理として実務を統轄した。その際藩主から与えられようとした仕法頭取の職も、奉行の格も、五十石の禄も、固く辞退して受けなかった。さればとて日光仕法役所から送られた報徳米五十俵も、年々飯米十一、二俵と金一両二分のほかはすべて仕法用に推譲し、明治三年までのその貸付高は総計一、一六八両余に及んだ。

こうして明治維新にいたり、相馬興復局総裁の格でなお事業を継続したが、廃藩置県に及んで、百余カ村に達していた仕法も終結せざるをえなくなった。以後の高行の行動は清節の一語に尽きる。薩摩侯からの挙用の招きにも、後年品川弥二郎の来意にも応ぜず、旧藩主から師礼をもって遇せられるままに、中村の宇多川畔に草舎を結び、報徳の教の祖述に専心した。高慶らとはかって興復社を創立し、別途居村の周辺に大いに助貸法を講じたが、自らの衣食住はきわめて倹素で、座右の畳も破れたままであったという。

晩年、中村の草舎を出て大原村に隠れ、大原山人と称していたが、明治二十七年（一八九四）六月十二日、七十六歳で没した。

二、語録の述作

高行が随身した七年間は、二宮先生にとっては、仕法雛形の完成から、日光仕法の受命を待ちつつ小規模の直領仕法に従事した、いわば待機期間であり、代官山内総左衛門の配下につぶさに苦難をなめた、受難時代でもある。忙殺されるほどの事業はなく、鬱勃（うつぼつ）たる経世の志、円熟の境地に達した思想、数十年の体験による仕法技術を、門下に伝えるに好個の時期であったということができる。そうして先生自身、万世に施して誤らぬ興国安民の原理方法を、深く後人に託する心持をもって門下に説かれたであろうことは、想像に難くないばかりでなく、語録中にも明らかに記述されているところである（一八一・三九〇）。

随身の門人中、その付託にこたえ得たものが二人ある。いうまでもなく、一は斎藤高行であり他は福住正兄（まさえ）である。そして、その伝達・修練の場は、初め江戸西久保、宇津邸内の雛形編集所であり、のちには野州東郷陣屋であり、寒風膚をさす神宮寺の仮寓（かぐう）においてすら泰然として「治国安民の道を説き門人を教諭」された先生であった（全書二巻一九五頁）。しかし最も多く説話の機会が持たれたのは弘化二年から三年にかけて、江戸の雛形編集所であったであろうことは、「語録」と「夜話」との記事の重複と、両人そろって随身した時期との関係から、推定されるのである。こうして高行の「語録」と正兄の「夜話」と、おおむね同じ時期における先生の教説を記録しながら、おのおの特有の味わいを持つのは、同じ撞木（しゅもく）につかれても、鐘の材質と大小とで鳴る音の違いがあるようなものであろう。

高行の刻苦勉励による深い学識素養と、伝統の士風・家風の上に立つ謹直な性格と、三十歳前後の若過ぎず老い過ぎぬ年齢とは、先生の一言一句を誤たずは握し、もれなく記憶し、これを文字の上に適確に凝結せしめるに十分であった。撞木はまさに良い鐘を得たのである。のみならず、鐘の素養に誘発されて撞木が更にふるわれた趣さえ、まま看取できる。夜話が平易な文語体で書かれながら、とかく神道と明治文化のにおいを加えているのに対し、漢文で書かれながらかえって先生の教説を眼前に聞く感を禁じ得ないのは、語録の最も貴重すべき特色であり、この著者にして始めてよくなし得たところと畏敬せしめられる。

さて、先生の言行のつど記録されていった語録の草稿は、明治にいたるまで、「報徳秘稿」

として高行の座右に秘められていた。明治六年から「富国捷径」、同十六、七年から「報徳記」・「夜話」など、同門の著書が世に出始めるに及んで、二宮尊徳の門下中、一人や二人、漢文のできる者があったことを知らせる必要もあろうとて、明治十八年「報徳外記」を公刊したのに続いて、「秘稿」六九二話の中から選んでこれを漢文化し、「誠明二宮先生語録」として雑誌「大日本帝国報徳」に連載した（明治二十五年第四号—同三十九年第四九号）。途中で著者は病没したが、第四巻までは「日本倫理彙編」に集録され、明治三十八年、第五巻を合わせて静岡市の報徳学図書館から出版された。しかし誤植も多く、出版方法について遺族の不満もあって、ついに絶版となり、昭和初年、相続人海東孝氏の好意により原本から直接二宮尊徳全集に集録

	巻一	巻二	巻三	巻四	巻五	計
神道	五	五				一〇
天道人道	三	二〇		一一	二二	五六
報徳の道	三三	一三		三八	三五	一一九
分度	一五	二		四	四	二五
助貸		六		七	二	一五
政道		一六		八	六	三〇
貧富	九	一一		二	一	二三
処世	九	二三		一一	一一	五四
教学孝道	六	五			一	一二
儒教			三三	一三	二	四八
仏教			五八	六	七	七一
史伝				七	一	八
計	八〇	一〇一	九一	一〇七	九二	四七一

されるまで、定本の公刊がなかったのである。

語録全編五巻四七一章、試みにその内容を全集目次の項目によって分類すれば、次のような配列となっている。

すなわち、第三巻に儒仏の批判が集中しているほか、各巻ごとに特色が見られ、断片的な草稿を系統的に配列することについて、相当の注意が払われていることが知られる。

三、現代版の刊行

上記のように、夜話にまさるとも劣らぬ内容を有する語録が、久しく世に広まらなかった理由は、長く絶版になっていた事情もさることながら、やはり主として、漢文で書かれていたためと思われる。しかしその漢文とても、両点を施した平易簡潔な行文であって、参考までに第一章の冒頭数行を掲げれば、

混沌分清濁。内開為天地。日月運行。陰陽循環。寒暑往来。風雲致雨露雪霜。而未生万物者幾万歳。是蓋神世矣。春夏雨露所潤。始生苺苔。秋冬雪霜降即滅。歳歳生滅而其所滋潤。草木以生焉。虫魚以生焉。

禽獣以テ生ズ焉。人類以テ生ズ焉。其ノ間又タ未ダ知ラ幾万歳ヲ也。

このような体裁で、馴れれば特にむずかしいというほどではなく、その簡潔雄健、博引自在に先生の真意を伝えて誤らぬ筆致は替えがたいものがあるが、漢文になじまぬ現代人には、読解にやや不便である。大日本文庫の儒教篇「二宮学派・折衷学派」の一巻（昭和十二年刊）には、小柳司気太博士によって読みくだしの形で収録され、他にも若干同様の試みがあったが、それでもなお平易ということからは遠かったように思われる。ことに戦後は、教育内容の変化に伴い、若い世代にとって漢文はますます縁遠いものとなった。このままでは、珠玉の四七一章が、ついに世に周知される機会を失うかも知れない。

そこで訳者は、昭和二十二年、病臥中の作業として語録の現代語訳を思い立ち、ひと夏を費やしてほぼ脱稿をみたが、出典などの不明の箇所が若干あったのと、何ぶんにも浅学未熟の身の、古賢の金言をけがすことがあってはとの躊躇（ちゅうちょ）から公表に至らぬうち、公務が多忙となって補筆も意にまかせず、数年を経過した。一円融合会機関誌「かいびゃく」が発行されるに及んで、これに草稿をのせて同学の士の批判と助言を仰ぎ、定本化に進めたいと考え、父信太郎の校閲を経つつ、昭和二十八年六月号から逐次分載した。そして本年八月号までに二六二章、全体の六割弱に及んだ。

ところで、今秋二宮先生百年祭を迎えるにあたり、ぜひ大祭までに全書版を刊行すべしとの意見が強まり、やむをえず公務の寸暇、夜業をついで全編を改めて推敲(すいこう)し、とりあえず刊行の運びとなったのが本書である。拙速は巧遅にまさるとはいえ、十全な訳業ともいえないものを世に問うのは、いかにも汗顔の至りである。広く教えを請うて後日の補修を期するほかはない。訳出にあたっては、潜越を顧みず、思い切って現代の談話体に近づけるようにつとめた。原文自体が、二宮先生の談話をそのまま凝結した姿のものであるから、これをほぐせばそのまま先生の談話に復元できる筋合いである。先生自身のたとえ（七四）を引けば、水が一たん氷となったものを、再びもとの水にもどす作業に似ている。理論はまさにそうであるが、浅学非才、よく先生の深意を誤たず、著者心血の労をそこなわずに、先生をして現代語で語らしめるに成功したかどうか、まことに心もとないものがある。

全編五巻のうち、紙数の都合によって三巻までを一冊に収め、残り二巻は報徳外記と合本して一冊とした。合わせて斎藤高行翁の全著作といい得るものである。

終りに、出典の調査にあたって協力を惜しまれなかった宮西一積氏その他の方々、並びに校正に協力された県職員田中三郎君に、深く謝意を表する。

昭和三十年九月二十三日　　佐々井典比古

訳注凡例

一、本書は、二宮尊徳全集第三六巻に収録されたものを底本として、訳出した。

二、各章の番号は原著にはなく、全集収録の際につけられたものである。原著では、解題中に示したように、各章冒頭の一字を一段抜き出してあるに過ぎない。

三、各章の題名も、もとより原著にはなく、全集では冒頭、目次に索引を兼ねた形で、概括的な分類と内容の摘記をまとめてある。語録という性質上、各章の内容を一言をもって標題化することは不可能であり、また僭越でもあるが、読者の記憶と検出の便宜のためには何らかの目印も必要であると考え、きわめて軽い「見出し」的な意味で、あえて題名をつけることとした。

四、原著では文中に段落はないが、長い文章で意味の切れ目と考えられるところでは、適宜段落を設けて通読の便を図った。

五、補注のうち、ごく短いものは本文中にさしはさみ、他は章外に引き出した。本文中、括弧がきの部分は、原文の一部であって、二宮先生のことば以外の記述を区別する意味にすぎない。

六、各章の文末に「＊」をつけて掲げたのは、本文の内容と密接な関係があって参照するに足ると考えた章句である。そのうち、ゴシック体（太字）の数字は語録の章番号を示す。なお、「全集」は二宮尊徳全集の、「全書」は現代版報徳全書の、「夜話」は二宮翁夜話の、略称である。夜話の章番号は一般に普及されている報徳文庫本のものを示した上、分類整理以前の旧版の番号を括弧内に注記した。

七、補注のうち、出典を示さないで掲げた短歌は、二宮先生の道歌のうちその章の内容にふさわしいと考えたものである。

八、原著の初刊本には志賀直道の序文、発行者たる中上喜三郎信英の跋文（ばつぶん）があり、全集収録の際、著者の遺言に従って両者を削り、筠軒（いんけん）大須賀履の序文に置き替えられたが、ここにはいずれも省略した。

九、巻尾に事項別の分類索引をつけて検出の便を図ろうと企てたが、余裕がないため断念した。後日何らかの形で責めを果したいと考えている。

※新版にあたり、読みやすさを考慮し、適宜、改行を加えた。なお、差別的表現や語句が使用されている箇所があるが、原作の独自性や文化性を考慮し、原文のまま収録した。（編集部）

本書は現代版報徳全書第五冊『訳注 二宮先生語録（上）』、同六冊『訳注 二宮先生語録（下）報徳外記』（いずれも斎藤高行・原著、佐々井典比古・訳注）の二冊を原著として、『訳注 二宮先生語録』の部分を単行本化したものです。

巻一

〔一〕世界と文化の開びゃく

世界のはじめを考えると、最初は混沌（こんとん）たるものであったが、それから澄んだものと濁ったものとが分かれ、おのずから開けて天地となった。(1) そして日月が運行し、昼夜が循環し、寒暑が往来し、風や雲が雨や露や雪や霜をもたらすようになったが、まだ生物を生じないままで幾万年も経（た）った。これがつまり神世というものであろう。(2)

そののち、春から夏にかけて、雨や露の潤すところに、始めてこけ類が生じ、そして秋から冬にかけて、雪や霜が降れば枯れ滅びた。年々生滅をくりかえして、地味が肥えたところに、草木が生じた。それから虫や魚が生じた。それから鳥獣が生じた。それから人類が生じた。それがまた幾万年たったかわからない長い間のことである。思うに、小さいものが先に生じ、大きいものはあとから生じたのだ。なぜなら、こけが生じてから草が生じ、草が生じてから竹木が生じ、みみずが生じてからかえるが生じ、かえるが生じてからへびが生じ、またしらすが(3)生じてからいわしが生じ、いわしが生じてから鯨が生じ、またすずめが生じてからたかが生じ、たかが生じてからわしが生じ、同様にまたねずみが生じてからねこが生じ、ねこが生じてからやまいぬが生ずる、というのが順序だからである。こうして、草木・虫魚・鳥獣がすでに生じてから、人類が生じた。そこで草木・虫魚・鳥獣をもって衣食とし、わずかに飢えと寒さをしのいだが、まだ人道が立たないままで、また幾万年か経（た）った。そののち、すぐれた祖宗（原文

「神聖」。以下同じ。）が出現して、五穀九菜[4]の種を選び、湿地をひらいて水田とし、乾地をひらいて畑として、農業の道を教えた。それで始めて五穀が熟し、食物が足りるようになった。ここにおいて父子・夫婦・長幼・朋友（ほうゆう）の道が成り立ち、人道が定まった。しかし、そのうちに凶暴な者が出て来てその道をやぶり、人民に害をなした。祖宗はそこで、衆を率いてこれをうち懲らし、農民をまもった。ここにおいて君臣の道が立ち、五倫[5]の教えが全部備わったのである。

天地が開闢（かいびゃく）して、一つの生気がその間に満ちるありさまは、たとえば雨水が天水桶（てんすいおけ）に満ちたようなものであり、その生気が動いて風を生じ、風が生じて雲を起し、雲が起って雨を降らし、そのめぐみ潤すところ、こけ類がまず生じて、それから万物が次第次第に生ずるありさまは、ちょうど天水桶にまずぼうふらが生じて、それから金魚が生ずるようなものである。実に、一つの生気が天地の間に満ちるとき、これを神が高天原（たかまがはら）にいますと言い、生気が次第に万物を生ずるとき、これを神道と言うのである。これは皇国だけのことではない、外国も皆そうである。とすれば、世界万国もやはり神道によって開かれたわけで、周公・孔子が儒道を称し、釈（しゃ）迦（か）が仏法を説くなどは、ずっと後世のことである。こうしてみれば、神道は根本で儒仏は枝葉である。なんで、枝葉に走って根本を忘れることができよう。　＊二〇六・四二七・全書三巻三三八頁以下「万物はじまりのこと」

（1）原文「内に開けて天地となる」。内面的な展開・開びゃくの意。三三四ではかぼちゃが内側で熟するのにたとえてある。
（2）いにしえはこの世も人もなかりけり高天原に神いましつつ
（3）原文「春魚」。この意味まだ明らかでないが一応こう訳した。
（4）五穀九菜などの称には種々の解がある。通例五穀とは米・麦・あわ・きび・豆をいい、九菜とは芋・大根・にんじん・ごぼう・かぶ・れんこん・にら・にんにく・ねぎをいう。
（5）父子親（しん）あり、君臣義あり、夫婦別あり、長幼序あり、朋友信あり。

〔二〕天祖のあしあと

ただひとり山野に生れて、左右に他の人がなければ、飢えて食い、渇して飲み、疲れれば眠り、目がさめれば起き、巣や穴に住んで一身を養うだけで、ほかに何の欲求もない。これが天道自然の生活である。それからして、今日得たところのものを明日に推し譲り、今月得たものを来月に推し譲り、今年得たものを来年に譲りのこすことが始まる。それが人道である。天照大神（あまてらすおおみかみ）は推譲によって人道を立てられた。だから茫々（ぼうぼう）たる豊葦原（とよあしはら）が瑞穂（みずほ）の国となった。それから後に、儒教や仏教の学問もはいって来て政治教化のたすけになったのである。しかしそのうちに、そういう学問がはびこって、ついに天照大神の開国の道を埋め滅ぼすまでになった。たとえば落葉が積り積って山道を埋めかくしたようなものだ。残念なことに、天祖の道がほとんど滅びて、世にあらわれないことすでに久しいものがある。私はその落葉をかきわけて天照大神開国のあしあとを見とどけ、それにもとづいて荒地をひらき廃国を興す方法を設けた。だから、いやしくもわが法による以上は、荒廃を開き興すのは何もむずかしいことではないのだ。(1)

(1) ふる道につもる木の葉をかきわけて天照神のあしあとをみん

〔三〕 開国の術は譲道にある

思うに、天照大神の開国の術は、譲道にある。わが開墾の法は、一両の金で荒地一反歩をひらき、その産米を一石と見る。これを全部食って譲りのこすことがなければ、百年たってもその田はただの一反にすぎない。ところが、もしそのうちの九斗を食い、あとの一斗を譲って、雛形(ひながた)(1)のとおり年々起し返してゆけば、六十年の後には、積んで相当の反別になる。あるいはそのうち二斗を譲り、あるいは三斗から五斗と、多く譲るにしたがって、その数はますます大きくなり、天下の荒地という荒地がひらきつくせるまでになる。(2) これが天照大神の開国の術にほかならない。まったく、太古の時代には、貨幣はもちろん、鋤(すき)・鍬(くわ)・鎌(かま)などの農具もまだ備わっていなかったのに、譲道一つによって、ちゃんと開けたのだ。まして、あらゆる器財がそろっている今の世で、荒地をひらき、廃国を興すのに、なんのむずかしいことがあろうか。

(1) 雛形というのは、報徳の趣旨を実行する方法様式である。その大宗をなすものは「日光仕法雛形」である。全集第二巻に大部分集められている。

（2）一斗六十年で二十七町歩余、五斗六十年で二十四億五千四十八万二千二百五十三町歩余となる。参照二九・全集二巻六三頁以下。

〔四〕譲の一字

草木は春生じて秋みのり、鳥獣は一年に一度繁殖する。これは気候のめぐり合せで、自然の道である。[1]そしてそれらの生活するありさまを見ると、ただ食物を奪い合うだけだ。大木は思う存分枝葉をひろげて、小さい木が伸びられなくても、頓着しないし、小さい木は大木が枯れ朽ちるのを待って伸びようとする。鳥獣の食い合いも、強いものは弱いものを食い、大きいものは小さいものを食うというありさまだ。草木も鳥獣も、こうして奪い合うばかりで譲るということがない。奪い合うばかりで譲ることがないから、ただ一幹一身を養うだけで終ってしまう。人もまた、奪って譲らなければ草木や鳥獣と異なるところがない。天照大神はこれを哀れんで、推譲の道を立てられた。すなわち、一粒の米を推し譲ってそれをまけば百倍の利益を生ずるし、一人が力を譲って耕せば数人の口を養うことができる。

この推譲ということによって、始めて人道が立ち、国家が安らかになった。推譲の道というものは、なんという偉大なものであろう。書経（堯典）に、「允に恭しく克く譲る。」とあって、これは堯の徳をほめた言葉であるが、その章全体の眼目は「譲」の一字にある。もしこれを

「奪」の字と入れ替えたならば、何の聖徳もありはしない。してみれば、人の道として推譲にまさるものはあり得ないのである。

（1）原文「これ気運の常道なり」。

〔五〕祖宗の罪人

鳥獣は生まれながらに毛や羽があり、爪(つめ)や牙(きば)があって、雨露もしのげるし、寒暑もふせげるし、草木を食ったり、かみついたり撃ち合ったりすることもできて、それでどうにか生活している。人はこれと違って、持って生まれた毛や羽はないし、鋭い爪や牙もない。だから衣類がなければ寒暑をふせげず、住いがなければ雨露をしのげず、穀物がなければ生命を保てない。どうしても衣食住の三つによらなければ、生活を全うすることができないのだ。

祖宗はこのありさまを哀れんで、衣食住の道を創始し、布や絹を織って衣服をつくったり、原野をひらいて百穀を産み出したり、竹や木をきって住居を作ったりすることを教えて、その生活を全うさせた。人が今日、毛も羽も爪も牙もなしに、やすらかに生活を全うすることができるのは、実に祖宗のたまものである。

しかし、やすらかといっても、一生懸命働けば富んで楽しむ代り、なまければ貧乏して苦しむのであって、人と生まれた以上、どうしても働かないでは済まされない。ぶらぶらと遊びなまけて、みずから貧苦に陥るような者は、祖宗にそむいた罪人というべきだ。祖宗にそむいた罪人ならば、当然、裸で、野宿して、草でも食うがよい。いやしくも衣服を着、穀物を食い、家屋に住む以上は、必ずつつしんで祖宗のたまものたるこの道を奉じ、努めて衣食住をつくりととのえるべきである。一日も怠ってよいものではない。

〔六〕分度は土台石

天下には天下の分限があり、一国には一国の分限があり、一郡には一郡の分限があり、一村には一村の分限があり、一家には一家の分限がある。これは自然の天分である。天分によって支出の度を定めるのを分度という。

末世の今日、人々はみな、ぜいたくを追い求めて、分度を守るものはきわめて少ないが、分度を守らないかぎり、大きな国を領有してもやはり不足を生ずるし、分度を知らない者に至ってはなおさらのことで、たとい世界中を領有したところでその不足を補うことはできない。なぜならば、天分には限りがあるが、ぜいたくには限りがないからである。いったい、分度と国家との関係は、家屋と土台石との関係のようなものだ。土台石があって始めて家屋が営造できるのと同様に、分度を定めた上で始めて国家は経理できる。分度をつつしんで守りさえすれば、余財は日々に生じて、国を富まし民を安んずることができるのだ。

〔七〕　分度は着物のようなもの

国や家が衰廃窮乏に陥るのはなぜかといえば、分内の財を散らしてしまうからだ。これを散らさないようにしさえすれば、国や家も必ず繁栄を保つことができる。このことを人体の寒い温かいにたとえてみると、ひとが寒さに苦しむのは、全身の温かみを散らしてしまうからで、着物を重ねてからだを被えば、すぐに温かくなる。ももひきやたびをはいても同様である。これは着物が温かいのではない、全身の温かみを散らさないからだ。もし衣類そのものが温かいのならば、質屋の倉からは火事が出どおしのはずだ。けれども一度もそれで火事になったためしがないから、衣類が温かい物でないことが知れる。

分度と国や家との関係は、ちょうどこの着物のようなもの、ももひきのようなもの、たびのようなものだ。それだから、国や家の衰廃を興そうとするには、何よりもまず分度を立てるがよい。分度が立ちさえすれば、分内の財が散らないから、衰えた国も興すことができ、つぶれかけた家も立て直すことができる。では、分度を立てるとはどういうことかというと、一年の気温には寒暑があり、昼夜の長さには長短があり、国には盛衰があり、家には貧富があり、作物には豊凶があるが、寒暑・長短を平均すれば春分・秋分の節となるように、盛衰・貧富・豊凶を平均すれば中正自然の数を得る。その中正自然の数にもとづいて国や家の分度を立てるのだ。これこそ土台石ともいうべきものであって、これを守れば国も家も衰廃窮乏のおそれはない。これがわが道を行う方法の根本である。　＊一一・二九九

〔八〕　腐りかけた大根

一万石の国では、租税収入一万俵が通例で、これがその国の天分である。そこでこれを四分して、そのうちの七千五百俵を国費にあて、二千五百俵を蓄え（たくわ）とするのが周の王制の法である。(1)この法を守りさえすれば、国計はゆたかで、恵沢が人民に及び、その国は必ず富強を保って、決して貧窮衰弱するおそれがない。

ところが、もし一万俵の収入で一万一千俵の支出をするならば、その奢費（しゃひ）はどんどん分内を腐蝕（ふしょく）してゆく。ちょうど大根が傷口から腐ってゆくようなもので、負債は日々に生ずるし、田畑は月々に荒れるし、租税収入は年々に減じて、あげくの果てには税収半減というありさまになってしまう。こうなったとき、ちょうど腐りかけた大根を、生きの良いところも少しつけて切り落して腐れを止めるのと同じように、現在の税収五千俵を天分と心得て、その四分の三の三千七百五十俵を国費にあて、残り一千二百五十俵で負債をつぐない、荒地をひらき、貧民をめぐんでゆくならば、税収がもとどおりになるのも、あえて難事ではない。しかし、もし五千俵の収入で、依然として五千五百俵の支出をしてゆくならば、その国は必ず貧窮衰弱して、

ついに滅亡してしまうに相違ない。

（1）礼記、王制篇、「三年耕せば必ず一年の食あり、九年耕せば必ず三年の食あり。」

〔九〕まかずに刈り取る

国家の盛衰貧富は、分度を守るか分度を失うかによって生ずる。分度を守れば繁栄し、分度を失えば衰貧に陥る。国家が衰貧に陥るというと、借財したり、人民からしぼりあげたりして国用を補うのが、末世の通弊になっている。農夫は米を得ようと思えば米をまき、麦がほしいと思えば麦をまき、耕作に力を尽して、みのりを待ってようやくこれを刈りとるのだ。それを、冬のうちにまきもしないで夏になって麦をとろうとしたり、夏のうちにまかずにおいて秋になって米をとろうとしても、できはしない。夏にあたって麦がとれないなら米をまくがよい。秋にあたって米がとれないなら麦をまくがよい。そうすれば、初夏には麦、晩秋には米が、必ず収穫できるのだ。

国君が分度を失って衰貧に陥り、人民からしぼりあげて富を得ようと思うのは、種をまかずに刈りとろうとするようなもので、どうしたって、できるはずがない。そういうときは、よろしく分度を守って、貧民を恵み、荒地をひらくべきである。貧民を恵み、荒地をひらけば、田畑がととのう。田畑がととのえば、税収が増して国が富む道理だ。衰えた国の君主は、ここまで考えられないで、人民を恵み、荒地をひらくのを回りくどいと思い、人民から租税をしぼり上げて収入をふやすのが手っ取り早いとする。これなどは、まかずに刈りとろうとするどころではない。ちょうど借家人が飯どきになって、あわてて米を買うようなものだ。いったい米は米屋でできるものではない、農家の非常な骨折りを経てのちにみのるものだ。税収はいい加減なことでふえるものではない、貧民を恵み、荒地をひらいてのちにふえてくるものだ。まったく、種をまかずに刈りとろうとし、飯どきになって米を買うようなことが、どうして国君の道であろうか。

〔一〇〕 聖経実践のみち

一万石の国で租税収入が一万俵、これは全国通例の税収率である。政治教化がおとろえると、田畑が荒れ乱れるから、その税収は次第に減じて八千俵ともなろう。そこで二千俵足りない。これがその国の病患である。その病患を救う原理は儒教の経典にのっているが、その経典の原理を実際に施行するみちは、わが法に存する(1)。ではわが法とは何かといえば、この場合、天分に従って国費を制限し、つつしんで分度を守り、度外の財によって人民を恵み荒地をひらくことである。人民を恵み荒地をひらけば田畑がととのい、田畑がととのえば税収はもとどおりになるのだ。

（1）名言であるので原文をのせる。「その病患を救うの道は聖経に存す。聖経の実はわが法に存す。」

〔一一〕陰陽のつり合い

陰陽がつり合って万物が生ずる。人のからだも、熱気ばかりでもなく、寒気ばかりでもなく、水の気と火の気とがつり合ってできたものである。だから水の気が足りなければ、熱を病み、火の気が足りなければ寒を病むのだ。飯をたくのにたとえれば、水が多すぎるとかゆになり、火が多すぎると焦げる道理だ。国家の盛衰もまた同様で、盛んな時を陽といい、衰えた時を陰というが、陽を国政の基準とすれば税額が増して人民が苦しむ。さればとて陰の基準に固定すれば税額が減って君主が苦しむ。どちらも永安の道ではない。だから盛衰増減の税額を平均してその中間をとり、[1] これによって分度を立てるのだ。これこそ陰陽のつり合ったもので、国家永安の基である。[2]

（1）「その中間をとり」は、原文「その中を執り」で、語録中にもしばしば引かれる書経、大禹謨篇の「これ精これ一まことにその中を執れ。四海困窮せば天祿永く終らん。」から出ている。

（2）相馬仕法における分度の立て方は最もこの範例とすべきもので、本文の陰時・陽時の説明も、その分度策定の経緯を背景にしていると察せられる。参照七・報徳記巻七（全書二巻一四三頁以下）。

〔一二〕 分度は足もとの用意

千里の道を行こうと思う者は、まず足もとの用意をしなければならない。足もとの用意ができなければ五六歩でさえ歩けはしない。まして千里の遠方など、もちろんのことだ。人が何か事業をする場合もそのとおりで、足もとの用意をしてかからなければ、ついに成功しない。わが興国の道もやはり同様で、荒地も借金も恐れるに足りないが、ただ足ごしらえをすることが肝心である。では足ごしらえとは何かといえば、分度のことである。分度が定まりさえすれば、荒地はそれで開け、借金はそれでつぐなわれ、衰えた国もそれで興せるのだ。

〔一三〕 善政と分度

堯舜（ぎょうしゅん）の善政は、おだやかな春風のようであった。その民は賞をうけた者はもちろん、罰をうけた者まで皆よくふえ栄えた。桀紂（けっちゅう）の悪政はすさまじい秋風のようであった。その民は罰せられた者はもちろん、賞せられた者まで皆逃げ去った。わが法もまた春風のようなものだ。だから仕法を実施すれば、民心は感激し、農力は奮いたち、税収も増してくる。たとえば俵の米が、立夏のころになると生気が満ちて枡目（ますめ）がふえるようなものだ。

この時にあたって、国家の分度が立っていなければ、税収がいくら増えても国費が足らない。

国費が足らなければ仁沢を施すことができない。仁沢が施せなければ、民心は失望し、農力はくじけ、税収も減じてしまう。ちょうど俵の米が、立秋のころになると生気が消えて枡目が減るのと同様である。だから仕法を実施するときは、必ず、まず先に国家の分度を立てるのだ。よく心得ておかねばならない。

〔一四〕 茶わんの米粒

米粒を茶わんに盛り、戸だなのすみに置いておくと、立夏が来るころ、自然とかさがふえて溢(あふ)れるものだ。これは天地の発生の気に感じて、一粒一粒に生(は)えようとする生気が満ちてくるからだ。しかし立秋になるとそれが自然にまた減ってしまう。これは天地の粛殺(しゅくさつ)の気に感じて、一粒一粒から生えようとする生気が消えうせるからだ。

わが安民の法と税収の増減との関係もこれと同様である。始めてわが仕法を一村に実施すると、その国の税収は必ず増す。これは民心が感激して、その村だけでなく一国全体が農事に努めるようになるからだ。この時にあたって、国家の分度が立っていなければ、わが仕法もまた廃絶するほかはない。ひとたび仕法が廃絶すれば、その国の税収は必ず減ずる。これは感激の気分が消えて、一国全体が農事を怠るようになるからだ。わが法が分度を立てるのを本とする理由は、実にここにある。

〔一五〕 分度は仕法の基本

分を定め度を立てるのは、わが道を行う基本である。分度が確立すれば、そこに分外の財が生ずる。ちょうど井戸を掘れば水がかぎりなくわき出るようなものだ。たとい金額はわずかでも、年々分外に余財が生ずるならば、それによって国を興し民を安ずることができる。反対に、もしも分度が確立しなければ、大きな国を領有してもなお国費が足らない。それで人民から無理にしぼりとってこれを補い、ついに衰廃に陥ってしまう。どこに興国があろう。どこに安民があろう。戒めねばならぬことである。

〔一六〕 入るを量って出ずるを制す

国の経費を定めるのに、入るを量(はか)って出(い)ずるを制するのが昔の良法であった(1)。末世の今日では、競ってぜいたくをするため国費が足らず、逆に出ずるを量って入るを定めるようになった。そこで重税が勝手放題に行われて、人民は安らかに生活ができず、ひとたび飢きんが来れば死亡離散を免れない。そして田畑は荒地となり、長く税収を欠くようになる。書経(大禹謨篇)に、「四海困窮せば天禄永(なが)く終らん。」とあるのは、まさにこれを言うのだ。

(1) 礼記、王制篇、「三十年の通(つう)をもって国用を制し、入るを量って出すことをなす。」

〔一七〕濠の水と分度

城の濠を見れば、水が青々とたたえて、その深さも測り知られず、実に一城の固めである。けれどもその水源をたずねてみると細い流れにすぎない。その落ち口も同様である。もしこれを平地に流したならば、一筋の小川にすぎず、決して要害とするに足るものではない。およそ濠の水というものは、細い流れで入り、満ちたたえてまた細い流れで出てゆく。だからいつも満ち満ちていて、干あがるおそれがないのだ。

わが興国の道も同様である。国君が衰時の分度を守って、分外に生ずる財貨を分内に入れるようなことをせず、それを興国の資金として、荒地をひらき、貧民を恵み、衰えた国が復興して税収がもとどおりになるのを待ってから、そこで盛衰平均の天分に応じて、入るを量って出ずるを制し、つつしんでその分度を守ったならば、その国は常に繁栄を保って、決して衰廃するおそれはない。

これに反して、もしも国君が衰時の分度を守ることができず、分外の財をあわせて分内にいれ、それを眼前の費用にあててしまい、衰えた国が興って税収がもとどおりになるまで待つことができないようならば、その国は、ついに衰廃の憂いを免れることができない。実に、国家の興廃、わが道の成否は、ただ分度を守って税収が回復するのを待つか、分度を失って税収の回復するまで待てぬか、二途いずれかに係っている。君主たるものは、よろしく濠の水を見て戒めとすべきである。

〔一八〕 鎌と砥石

農夫が野草を刈るには、必ずまず鎌(かま)をとぐ。鎌をとがなければ草が刈れない。この場合、砥石(といし)は鎌に対して、みずから譲ってその身を削るのである。そこで鎌の刃はよく切れて、どんな草でも刈れるようになる。そこで野草を刈って稲麦の肥しとするから、収穫は年々に増して、その家は必ず富むのである。わが法で国を富まし民を安んずるには、必ずまず分度を立てる。分度が立たなければ人民は安堵(あんど)ができない。この場合、国君が分度を守るには、みずから節倹してその身を約(つづ)めるのである。そこで余財が生じ仁沢が下に及んで、人民はすべて安堵する。そうして荒地がひらけ田畑はよくととのうから、税収は年々に増して、その国は必ず富むのである。

〔一九〕 分度で余財を出せ

豆腐を買う者は銭箱から銭を出し、農業をする者は肥溜(こえた)めから下肥を出す。そうしなければ求めるものが得られないのだ。その道理で、衰えた村を復興しようと思えば、名主(1)が分を守り度をちぢめて、余産を差し出すべきであり、廃れた国を復興しようと思えば、国君が分度を守り経費を節約して、余財を差し出すべきである。そうしなければその衰廃を復興することはできないのだ。

（1）名主に限らず、村内の富者・有力者皆しかりであるが、当時は概して名主が村内の代表的富者であり、その率先推譲が一村仕法にまず期待された。

〔二〇〕 借金とたらいの水

貧富は分度を守るか分度を失うかによって生ずる。分度を守って、みだりに分内の財を散らさなければ富に至るし、分度を失い、他から借財して分内に入れれば、やがて貧に陥るのである。負債によって分内を補うのは、たとえばたらいの水に石を入れるようなものだ。一つ石を入れれば石一つだけの水が減り、十個の石を入れれば石十個分の水が減り、百個千個の石を入れればたらいの水は皆なくなってしまう。実際、負債が家産を減ずるのはこういう具合で、ただ貧乏に陥るだけではすまない。ついに家を滅ぼし身を滅ぼすようになる。用心しないでいられようか。

〔二一〕　一鍬ずつ一反ずつ

中庸に、「遠きに行くには必ず邇きよりし、高きに登るには必ず卑きよりす。」とある。わが法で荒地を開発するには、金一両を推しゆずってそれで荒地一反歩をひらき、その産米を推しゆずり、くりかえし開発の功を積んでゆくのである。またその起し返しに従事するには、一鍬一鍬起し返す仕事を積んでゆくのである。一鍬ずつ、一反歩ずつの努力をたゆまず積んでゆけば、全天下の荒地もひらき尽すことができる。

世人は、手近な一鍬一反歩から仕事を始めて、ついに天下の遠きに及ぼすという道理を悟らず、一鍬や一反歩の小さいことは為すに足りぬと言ったり、広大な天下の荒地をひらくなど、とても企て及ばぬと言ったりする。孔子のいわゆる「知者はこれに過ぎ、愚者は及ばず。」（中庸）とはこのことで、これがわが法の行われないゆえんでもあろうか。　＊三・全集一巻六三頁以下「報徳冥加米繰返積立雛形」・一巻九六二頁以下「開発勤業談」。

〔二二〕　荒地を惜しめ

人の食物で米より尊いものはない。だから人は、それが地上に散らばっているのを見れば、ほんの五六粒でも惜しがる。それなのに、荒地を見ても惜しむ者がないのは何としたことだろう。これはほかでもない、泰平の世になれて根本を忘れているからだ。ここに一町歩の荒地があれば、年に米十石の損になる。十石といえば二千人の一日分の食糧だ。地上に散らばった米粒とは、まるで比べものにならない。それに、地上に落ちたものはすずめなどが拾って食うが、荒地で損する米は、いわば川水に投げこむようなもので、知らず知らず人命を害するのだ。

世人は、天照大神が豊葦原（とよあしはら）を開かれた御苦労をかえりみず、祖先が田産を作り上げた辛苦も思わず、いたずらに荒れるにまかせている。なんと大きな過ちではないか。人々がよくその過ちを改めて、わが開墾法によって一畝一歩ずつでも開発し、つとめてその功を積み重ねて行くならば、それによって上（かみ）は国恩にむくいることができ、世の人の食糧を足すことができ、下は一身一家を養うことができるのだ。どうして、つとめずにいられよう。

〔二三〕　米は米屋ではできぬ

人の食物とするのは米である。その米は、大地に生じて農の力で育つ。しかし、太陽が照らし雨露が潤さなければみのることができない。つまり、天恩と地徳と農功とがなかったならば、一粒の米も求め得られないのだ。人はぼんやりとして、このことをよく考えず、米は米倉にあると思ったり、米屋に行けば手に入ると思ったりしている。うかつもはなはだしいものだ。

〔二四〕 大父母に頼る

天地は大父母である。国家が困窮した時は、大父母に頼るよりほかに方法はない。そして、この大父母の力による以上は、決して復興できぬおそれはない。では大父母に頼るというのは何かといえば、荒地を開発して米穀を産出することがそれである。

〔二五〕 三味一粒丸

私がわが法を創設するにあたっては、神道は何を道とし、何が長所で何が短所か、儒教は何を要点とし、何がすぐれ何が劣るか、また仏教は何を主とし、何が得手で何が不得手かと、それぞれの原理を窮め、三教を合して興国安民の一大法としたのである。薬でいえば三味を合して一粒丸としたようなもので、国家衰廃の病にかかった者がこれを服用すれば、なおらないということがない。いわゆる「上医は国を医す。[1]」とはこのことだ。（ここで、ある門人が、薬にはそれぞれ分量があるが、どうですかとたずねると、）皇国は本で、外国は末である。だから神道二さじ、儒仏おのおの一さじを用いるのだ（と答えられた[2]）。

（1） 国語、晋語に、「上医は国を医し、その次は人を救う。」また千金方、論診候第四に、「上医は国を医し、中医は人を医し、下医は病を医す。」

（2） 参照　夜話三六（旧版二三一）。ある門人とは下館藩の衣笠兵太夫である。

〔二六〕 わが道は主体の道

わが道は天子の任務、幕府の任務、諸侯の任務であって、もとより、職分の低い小役人の任務とするところではない。なぜならば、国を興し、民を安んじ、天下を経営する道だからである。けれども、一般の人々でも、みずから任じて行わなければならない事柄もある。たとえば、一家の主人として家業に対する場合とか、耕作者として畑に対する場合とか、馬方として飼馬に対する場合とかが、それである。要するに主体たる立場立場にあって、始めてこの道を行うことができるのだ。　＊一〇二

〔二七〕 飢える猿と満ち足りる猿

東の谷に猿（さる）がいる。木の実が熟せば、これを採って、採っただけ食い、一日の満足を求めるばかりだ。木の実が尽きれば、たちまち飢える。西の谷にも猿がいる。木の実が熟すと、たくさん採って少しずつ食う。だから木の実は有り余って、いつも満足している。これが貧富の分れ目なのだ。東の谷だけ見た人は、猿は皆飢えるものだと思い、西の谷だけ見た人は、猿は皆満ち足りるものだと思うだろう。山の頂上に登って東西二つの谷をよく見渡してからでなければ、どうして一方が飢え、一方が満ち足りるか、わかるはずがない。

ところで、そのように飢えて苦しむ者を見れば恵み施す気持がわき、満ち足りて楽しむ者を見れば恵みを受けたい気分になるのが、自然の情である。そこで施す者が君となり、受ける者が臣となる。これが君臣の分れ目だ。わが法は恵み施すのを主とするから、この意味で君主たる者の道だといえる。

〔二八〕 思いやりの仕法

わが道は恕（思いやり）を肝要とする。それで貧民の心を思いやって、あるいは飯米や農具を与え、あるいは馬小屋や便所を建ててやる。国君から見れば、ことごとく無用のようなものだが、貧民にしてみれば死生存亡のかかわるところで、一日も欠くことのできないものだ。わが無利息金貸付法も、貸主としてみれば何の益もなく、これもまた無用のようなものだが、貧民がこれを得れば、一日も欠くことのできないものを全うして、安らかに生活し、その家を保つことができる。有用も有用、大したものではないか。

〔二九〕 万古の国に万世の道

ある人が、わが道のことを迂遠だと言い、私のことを気の長い先生と呼んだ。私は笑って、こう答えた。――わが国は万古に存して、わが道は万世かわらない。万古に存する国にあって、万世かわらぬ道を行う以上、これを自己一代の短さにくらべて迂遠だなどと言っていられようか。今日にわかに道が行われなくても、何も気にすることはない。なぜならば、これは天照大神以来行われて来た道であって、国を興し、民を安んずるには、このほかに方法がないからだ。

それからまた、世間の人は、人生六十などといっても、もっぱら今日の暮しを営み、現世のことを謀(はか)って、後世のことを考える者とてないくらいだが、しかし朝飯を食えばすぐ小午(こびる)になり、昼飯をたいたと思えば午後になり、今日(きょう)はたちまち明日(あす)になり、今年(ことし)はたちまち来年になり、父祖の代はたちまち子孫の代となり、百年もまた一瞬間にすぎないのだ。そこで、たとえばわが開墾法では、一両の金によって荒地一反歩をひらき、その産米一石として、半ばを食って半ばを譲り、くりかえし開発してやまなければ、六十年の総計は、開田二十四億五千四十八万二千二百五十三町歩(1)に及ぶとするのである。行わないなら仕方がない。いやしくもこれを行う以上は、わずかな一生にくらべて、どうして迂遠だなどと言っていられようか。　＊一七九

（1）　わが国現在の耕地面積五百万町歩と比較せよ。

〔三〇〕　大人に説くべき道

私が日夜説くことは、天下国家を治める道である。だから天下国家を憂うる心のない者がこれを聞けば、きっと苦しんで、一言(こと)聞くごとに重荷が加わるように感ずる。ところが、天下国

家を憂うる者がこれを聞けば、きっと喜んで、一言聞くごとに重荷をおろすように感ずる。まったく、この道は大人(たいじん)に説くべきもので、小人に説くべきものではないのだ。　*三二九

〔三二〕　陰陽対偶の理

易(えき)に「大極両儀を生ず。」(1)とある。およそ天地間の事物で、寒さと暑さ、夜と昼というように、陰陽対偶しないものはない。これは自然の道理である。人はこの対偶の理をわきまえず、かたよった一方だけを見て事にあたる。だから万事がうまくゆかず、必ず失敗する。もし対偶の理をわきまえて事にあたれば、万事うまくいって、必ず成功するのだ。国家の盛衰貧富も、人身の進退勤惰も、みな対偶循環するもので、これまた自然の理である。

国家の衰廃を興そうとする者が、よくその理をわきまえて転変に応ずるならば、何をやってもきっと成功する。もしその理をわきまえず、転変に遇(あ)うごとにただ心配ばかりしていては、何一つ成功できない。わが道を行う者は、この点を深く考察しなければならない。　*三四五

（1）　易の繋辞伝に、「太極あり、これより両儀を生ず。」すなわち、もと「太極」という熟語であるが、二宮先生はすべて「大極」という字を用いられた。従って、本章原文の引用も「大極」と書かれている。なお「両儀」とはこの場合陰陽をさす。

〔三二〕　夕立に遇った気持

隣村に出かけた人が、途中で夕立に遇(あ)えば、走り帰って蓑笠(みのかさ)を着けるか、あるいは人家にかけこんで雨がやむのを待つ。そうしなければ、びしょぬれになってしまうわけだ。わが道を行う者が、時として事変に遇うことがあるのは、ちょうど天地に寒暑風雨の変化や、春生じて秋枯れる移り変りがあるのと同様、順調逆調の移り変りであって、のがれることのできないものである。それで、一たん事変に遇ったならば、夕立に遇った時の心持で、じっくりと構えてかかるのがよい。決して驚きあわてて、しくじってはならぬ。さもなければその事業をなし遂げることはできないのだ。

〔三三〕　善人はなまくら刀

善人はなまくら刀のようなもので、悪賢い連中を使いこなすことができない。けれども賢い君主があってこれを用いれば、善政が行われて人民は安息する。悪人は、よく切れる刀のようなもので、悪賢い連中をよく使いこなす。愚かな君主はこれを用いなければその国を支配することができないが、そうすれば悪政が行われて人民は困苦する。だから、わが興国安民法のごときは、悪人を退けて善人を挙用しなければ、その功業をなしとげることはできないのだ。

〔三四〕　管子の言葉

草刈場を侵し合ったり、田のあぜを犯し合ったり、なおまた訴訟を起こしたりするのが、衰えた村の常である。ところがわが仕法を施した後は、全村のこれまでのしきたりを改革してさえ、恨みごとを出そうとするものがなくなる。これがわが道の偉大なゆえんである。それからまた、豊年にさえ年貢の減免を乞うのも衰えた村の常なのだが、わが法を施して後は、たとい水害・干害に遇っても減免を乞おうとしなくなる。まして豊年ならばもちろんのことだ。これはほかでもない、みんなが仁術に感動しており、また家ごとに十分な収穫があって乞わなくても足りるからである。管子は、「倉廩実ちて礼節を知り、衣食足って栄辱を知る。」（管子、牧民篇）と言った。まことにそのとおりだ。

〔三五〕　わが道は大街道

東海道が大街道と言われるのはなぜかといえば、上は王侯から、下は武士平民および瞽女・乞食、さては牛馬に至るまで、みな通行するからである。そのように、一人は行えても十人が十人行うことのできないものは、大道とは言えないのだ。わが日掛縄綯法のごときは、女こどもでも実行できない者はない。なんと、まさに大道ではないか。

〔三六〕 善にかたより悪にかたよる

善人は、悪人の悪いところはよく見られるが、善人の悪いところを見ることができない。それはほかでもない、善にかたよっているからである。悪人は、善人の悪いところはよく見られるが、悪人の悪いところを見ることができない。それはほかでもない、悪にかたよっているからである。貧富・奢倹・勤惰の類も皆そのとおりだ。わが道を行う者は、よくこれを心得ておかねばならぬ。

〔三七〕 諸学諸道の要領

数学は九九八十一に尽きる。暦学は目盛りを立て影を測って時節を定めることに尽きる。仏道は色即是空、空即是色というに尽きる。儒道は、おのれを修めて百姓を安んずるに尽きる。天道とは、四季がめぐり、万物を生滅することに尽きる。人道とは、衣食住をととのえることに尽きる。わが道はといえば、分度を守って余財を推しゆずり、荒地をひらき民を救い、天地人三才の徳に報いることに尽きるのだ。

〔三八〕 天地と万物の生滅

天地の道は、万物を生滅するにある。ある人は言う、天意はただ生育にあるのだが、万物には命数があり、命数が尽きて滅するのだ、だから滅するのは天意ではないのだ、と。しかし、天地があれば陰陽がある。陽はものを生み育て、陰はものを枯らし殺す。陰陽がめぐって万物は生滅し、循環してやまない。では天地はなぜ万物を生滅させるかといえば、それは、滅しなければ再び生ずることができないからだ。生滅の理は、氷にたとえて見るとよい。氷というものは、寒気によって生じ、暖気によって滅する。その寒暖の二気は、もとより天地の陰陽運行の道にほかならないのだ。

〔三九〕 水火を制するのが道心

火と水とは日常生活になくてならぬものである。けれども、火は燃えるにまかせれば火事になってしまう。これを程々に抑えて、始めて煮たきの役に立つのである。また水は流れるにまかせれば水害になってしまう。これを防ぎ、せき止めて、始めて灌漑の役に立つのである。しかし、火を程々に抑えたり、水をせき止めたりすることは、火や水の天性に反するが、天性に反しなければその効用をあらわすことができないのだ。人の行動についても同様であって、情欲の好む事柄にそむき、情欲のきらう事柄をつとめてゆけば、きっと成功するし、反対に、情欲のきらう事柄をやめて、その好む事柄を行うならば、必ず失敗するものだ。なぜならば、情欲のきらう点が道心というものであり、好む点が人心というものだからである。

書経（大禹謨篇）に、「人心これ危く、道心これ微かなり。」とある。人心とは何かといえば、肉体に基づいて、人欲から出るところのものである。これは、たとえば荒地のようなもので、雑草を刈り取って、ひらいて新田にしても、日々に雑草が生じて再び荒地にもどろうとする。だから、まことに「危い」ものである。では、道心とは何かというと、肉体を離れて天理から出るところのものである。これは、たとえば良田のようなもので、深く耕して稲を植えても、草とり肥しかけに努めなければ、やがて荒地になってしまう。だから、「微か」だというのである。そうしてみると、その危い人心を治め、その微かな道心を拡めるには、精農が耕し草とりに努めるようにしなければならぬ。私が、心の荒地を開発するのが先務だと説くわけは、ここにある。わが道を行う者は、よろしく人欲の火を抑え、天理の水をそそいで、心田を治めるべきである。　＊四五・一八二

〔四〇〕　名を求めず実を行う

王道を行えば、とりもなおさず王者であって、そのうえ王者という名声を求める必要はない。また覇道を行えば、すなわち覇者であって、もう覇者という批評を受けまいとしても仕方がない。同様に、富道を行えばすなわち富者であって、そのうえ富者という評判をほしがる必要はなく、貧道を行えばとりもなおさず貧者であって、いまさら貧者という不名誉をいやがっても

仕方がない。

　ここに一つの畑があるとき、なすを植えればなす畑になり、うりを植えればうり畑になる。またここに一つの桶があるとして、それに水を入れれば水桶であり、肥を入れれば肥桶になる。ここに一人の男があって、よそから借金して景気よく使っている。うわべは富者に似ているが、これはちょうどなすを植えずになす畑と言い、水を入れずに水桶と言うようなもので、どうして富者という評判が得られよう。富者ともてはやされたければ、富者の道を行うがよい。我々が興国安民の道を行うについてもまた同様であって、その実を行えば、そこにその名がある。実行もしないで、むやみに名声を求めても、何の興国があろう、何の安民があろう。そなたたち、よく考えてみなければならない。

〔四二〕善悪応報

　人は人生において、あるいは取り立てられあるいは退けられ、あるいは賞せられあるいは罰せられる。これは一朝一夕の原因によるものではないが、その因ってきたるところを知る者はごく少ない。身を修めて勤めはげむ者は取り立てられ、道を失ってなまけ怠る者は退けられる。手柄があれば賞せられるし、過ちがあれば罰せられる。善行が積れば幸福を得、悪事が積れば禍を得る。これはちょうど、米をまけば米がはえ、ひえをまけばひえがはえるのと同じことだ。いま、米をまいては米の札を立て、ひえをまいてはひえの札をたてて、そのはえ方をしらべてみれば、米とひえと、決して間違ってはえないことがわかる。同様に、善行をしては札をつけ、悪事をしては札をつけて、その応報をしらべてみれば、禍福が決して間違って来ないことがわかる。

〔四二〕　信任を得る道

人臣たる者が、君の信任を得ようと思うならば、身を修め、道を守り、低い役目でもいやがらず、勤労に服するがよい。もしこのようにしてなお君から取り立てられなくても、恨みに思うようなことなく、一生懸命その勤労を尽しておれば、きっと信任を得ることができる。これを白うりを作るのにたとえると、はじめから実をとることを考えたりせず、もっぱらその根に肥しをし、そのつるを伸ばしてやれば、自然に実を結ぶこと間違いない。世人は勤労に服しないでむやみに栄達ばかり求める。これは肥しをせずに実を求めるようなもので、どうして、できる相談ではない。

〔四三〕　挙用される道

国に道があるときは、賢者はつくべき位につき、才能のある者もそれぞれ官職につくはずである。そして今や国家は太平で、有道の世といえる。それなのに、浪人している者は、官職につけないと、すぐに、明君がいないからだと言うが、間違いもはなはだしい。山の芋があれば、人は探し出して採る。どじょうがどろの中にいても、人は見つけて捕える。山の芋やどじょうがやぶやどろの中にかくれているのさえ、人のために取られるのはなぜだろうか。それは、人の栄養となる徳があるからだ。

君侯や重臣が人を取り立てたり退けたりするのは、たとえば、くだものを買うようなものだ。くだものを買うときは、なるべく熟してしかも傷のないのを選んで取り、またそれを食う段になって、もし未熟なものにぶつかれば必ず吐き出す。わずか五六文のくだものでさえ、こんな風だ。まして貴重な人物の場合はなおさらである。そうしてみれば、用いられると用いられないとは、君侯や重臣のせいではなくて、自分のせいなのだ。人は君侯や重臣の明暗を論ずることなく、よろしく自己の賢愚を反省するがよい。まじめに身を修め、たゆまず善行を積んでいれば、用いられまいと思ってもそうはいかないものである。

〔四四〕 政は農功のごとし

古人の言葉に、「政(まつりごと)は農功のごとし。(1)」ということがある。農夫が荒地をひらくには、一鍬(くわ)ごとに、草をかえしては土を覆(おお)い、一鍬から十鍬、百鍬、千鍬と重ねて、ようやく畑ができあがる。けれども、草のはえるのはやむ時がない。農夫はその草をとり作物を育て、少しも怠らず努めあげて、ようやく農作が成就するのである。民情が悪化するのはちょうど畑に草がはえるようなもので、教化によってこれを導きながら、同時に振興の手段を講じてやって、始めて政がなしとげられるのである。

ところが愚かな役人は、一度も人民を教えたことがなく、人民を軽んじ卑しんで、頑愚で教えるに足らぬとしている。実に大間違いではないか。いやしくも農功を手本として、厚く政教を施す以上は、何の頑愚もあるはずがないのだ。

（1）左伝、襄公二十五年、「子産いわく、政はなお農功のごとし。」

〔四五〕道心で人心を戒める

人を戒めようと思ったら、まずみずから戒めることが肝心である。まず自分の道心で自分の人心を戒めてみて、人心が言うことをきいたならば、他人を戒める資格がある。いったい道心と人心とは、狭い胸の中に雑居して、しばらくも離れないものだ。しばらくも離れずにいる道心が戒めて、それでも人心が言うことをきかないのなら、たとい他人を戒めても、だれが聞きいれるものか。

それからまた、人心と酒色との結びつきは、わが身を滅ぼすもとになるのだが、しきりにそれにふけりおぼれても、道心でこれを戒めようとしない。戒めないばかりか、逆にその人心にへつらって淫蕩がやまない。惑いもはなはだしいものだ。人はよくその惑いをわきまえて、おのおのみずから道心によって人心を戒めるがよい。十人みずから戒めれば十人がそれで修まり、百人がみずから戒めれば百人がそれで修まり、千人万人がみずから戒めれば、千人万人の修養ができる。これこそ天下の幸福である。

＊三九・一八二・夜話一四四（旧版三七）

〔四六〕賢愚一体の理

賢者が賢者でいられるわけは、愚者があるからである。人がみな賢ければ、賢という名前はなく、人がみな愚かならば、愚という名称はない。賢愚はもと一体である。だから賢があれば愚がないわけにはゆかず、愚があれば賢がないわけにはゆかない。賢と愚との関係はちょうど斧と柄との関係と同じだ。斧が役に立つのは柄があるからであり、賢者がもてはやされるのは愚者があるからである。人はよろしく賢愚一体の理を悟って、賢者は愚者を養い、愚者は賢者に従うべきである。孟子（離婁下篇）に「中や不中を養い、才や不才を養う。」とあるのは、このことを言うのだ。

〔四七〕君子を友とせよ

君子は君子を友とする。だからますます善に進む。小人は小人を友とする。だからますます悪に陥る。いったい鳥獣は猟師を恐れ、小人は君子をけむたがるものだ。けむたがるから近づかない。近づかなければ、どうにも仕方がない。小人でも、もし君子を友とすれば、感化されて善に遷(うつ)ることができる。むかし殷(いん)の紂王(ちゅうおう)の不善が極端に至ったのは、ほかでもない、小人を友としたからだ。三人の仁者(1)がいたが、位が下であったため、どうにも仕方がなかった。もしあの三仁が上の位にあって、紂王がこれを友として交わったならば、あのようにひどいことにはならなかったに違いない。

（1）微子と箕子(きし)と比干(ひかん)。論語、微子篇に、「微子は去り、箕子は奴(やっこ)となり、比干は諫(いさ)めて死せり。孔子いわく、殷に三仁ありと。」

〔四八〕　何のために生れたか

人は自分でよく考えてみるがよい、天は何のためにわが身を生れさせたのかと。君主とするためか、臣下とするためか、農工商人とするためか、国家を治めさせるためか、町村を治めさせるためか、あるいはまた国家を乱し町村をさわがさせるつもりなのか。これをわが心に問い、わが心に答えてみるがよい。終日食わず、終夜眠らずに考えても、どうにも答えられるはずがない。結局、父母が自分を生んだのだと言うよりほか、言い方があるまい。とすれば、父母に孝行をして、よくその仕事を継ぐよりほかに、道はないではないか。

〔四九〕　十石の天分と譲奪

千石の村に百戸の住民があるとする。これを平均すれば一戸十石で、それが天分である。天分は十石なのに、おのおのこれを倍にして二十石持とうとする。それはちょうど、来年たきぎを切って今年これを焚こうとするようなもので、できないにきまったことだ。もし反対に、天分十石の場合、おのおのこれを節約してそのうちの五石を譲りのこすとすれば、これはちょうど、今年たきぎを切って来年それをたくと同じで、実にたやすいことだ。

だから、天分をわきまえて、そのたやすいことを実行すれば、人ごと家ごとに富み足りて、その村は必ず盛んになる。反対に、もし天分をわきまえず、そのできないにきまったことをしようとすれば、人ごと家ごとに貧乏して、その村は必ず衰える。実に盛衰・貧富を得るか得られないかは、このようにしてきまるのである。村民はいったいどんなつもりで、天分の動かしにくいことをわきまえ、行いやすい譲道を行おうとしないのだろうか。

〔五〇〕　共に水面に浮ぶ

天下のあらゆる物のうちで、水より平らなものはない。今ここに千石・百戸の村があるとき、これを平均すれば一戸十石になる。これがすなわちその住民の天分で、ちょうど水平面のようなものである。ここで十五石を持っている者は大であり、富者であって、これは水の上に出ているようなものである。そして五石しか持っていない者は小であり貧者であって、これは水の中にもぐっているようなものである。天分十石の村にいて、五石だけ水上に出て楽しむ者は、どうしてそれができるかといえば、五石だけ水中に沈んで苦しむ者があるからである。大小貧富はもと同体なのだ。だからよろしく同体の理をわきまえ、富者は余財を推し譲って貧者をめぐみ、貧者は余力を勤め譲ってその恩に報いるがよい。そうすれば、大小貧富のつり合いがとれ、共に水面に浮んで生活を楽しめるようになる。これこそ国家治安の本である。

〔五二〕かがんで湯にはいる

一村の富は富者に帰している。富者が富にいて足ることを知らなければ、小百姓は立つことができない。小百姓が立つことができなければ、どうして富者ばかりその富を保つことができよう。これを風呂屋(1)(ふろや)の湯ぶねにたとえてみると、その湯はわずかおとなの身のたけ半分ぐらいまでしかない。おとながそれを不満として、湯をすくって肩にかけても、むだに湯を費やすだけで、ついにからだが温まらない。と言って、もし湯の分量を倍にすれば、こどもは湯にはいれない。

ところが、おとながからだをかがめてはいりさえすれば、湯は自然と肩まで来るし、こどももはいることができて、長幼共に温まれるのだ。富者たる者はよくこの道理を察して、田地二百石を持つ者は百石にかがみ、百石を持つ者は五十石にかがんで家政を経理し、その余財を推し譲れば、余沢は小百姓に及んで、貧富共に豊かに衣食できるようになる。こうなれば一村はすわっていても治められるのだ。　＊夜話一七二（旧版三八）

（1）　原文には「村長」とある。名主は通例伝来の資産と名望とを有する家柄が世襲した。

〔五二〕　まず指導者の推譲から

衰えた村の貧民は、終日ぶらぶらとなまけて、金を借りては酒食に費し、いつも思うようにならぬと言ってはぐちをこぼし、たまたまこぼれ幸いを得れば喜び、にわかに困窮が迫れば悲しみ、いつもできないようなことばかりを望んでいる。ちょうど明日（あす）なわをなって今日（きょう）使おうとするようなものだ。だから一生その望みがかなわず、ついに困窮流浪するようになる。

そういう村民を治めるものは名主だが、その名主は名主で、分度を守って余財を譲り、貧民をめぐむという道を知らず、富貴にふけり、ぜいたくを誇っているうちに、借金は日々に生じ、家政は月々に窮し、ついに家も身も滅ぼすようになる。貧民と全く異なるところがない。実に哀れむべきではないか。もしも名主が分度を守って節倹につとめ、余財を推して貧民をめぐむならば、貧民もその余沢に浴して、怠惰を改めて善に遷（うつ）り、名主を父母のように親しみ、孝弟信義の美俗が起るようになる。こうなれば一村など治めるまでもなく、一国さえ治められるのだ。　＊二九〇

〔五三〕　まいたものがはえる

世人の欲求することは、その実行することと反対である。だから求めても得ることができない。種まきにたとえてみると、ひえをまけばひえがはえ、米をまけば米がはえる。同様に、悪いことをすれば災いが来、善いことをすれば幸いが来る。これは当然の道理だ。今もし、ひえをまいて米を求め、悪事をして幸いを求めても、得られるわけがない。ひえをまいてひえがはえ、悪事をして災いが来た、これこそ実行によって望みどおりのものを得たのだと言うべきであって、その応報は一分一厘の違いもない。これこそ神明の加護だと言ってもよいくらいなのだ。人はこの道理をわきまえて、米がほしいと思えば米をまき、幸いが得たいと思えば善行をするがよい。詩経（大雅、文王篇）に、「永く言（ここ）に命（めい）に配し、みずから多福を求む。」とあるのは、このことを言うのだ。

〔五四〕 樹液は傷口に集まる

樹木が傷つくと、木の中の水液が盛んに集まって来てこれをなおす。さもなければ、傷口が腐って木の心までそのために朽ち、ついに枯れてしまうのである。一家の借金もこれと同様で、家族一同や親類までも、心を協（あわ）せ力を合わせてその借金を返さなければならぬ。さもなければ、利息がどんどんふえて、一家はそのために倒れてしまう。一村のうちの貧しい家についても同じことで、全村集まって相談をし、その貧家を立て直してやらねばならぬ。さもなければ、一軒ずつ倒れては人口が減り、田畑荒れ果て、ついに一村のわざわいになってくる。深く考察せねばならぬことだ。

〔五五〕 鍬の求め方、家の興し方

家を貧乏から興そうとする者は、家屋や道具類を買いこまぬがよい。どうしても必要という時になって隣から借りればよいのだ。もし耕そうとして鍬（くわ）がないときも、借りたらよい。隣の人も耕すので使うと言ったら、精だしてその手伝いをし、早くその畑を仕上げてから、自分の畑を耕すのだ。夜になっても構いはせぬ。これが家を興す道である。けれども、始終借りさえすればよいと思っているのも、貧乏から抜けられぬゆえんである。一々借りているよりは、日雇かせぎをして銭をもらって鍬を買う方がよい。一日雇われればその鍬が自分のものになるのだ。およそ貧を免れて富をいたす方法は、この道理を推しひろげるだけのことである。

＊一二四・夜話一三一（旧版二〇）

〔五六〕　宝玉のちりを払う

勤倹は富をいたし、怠奢（たいしゃ）は貧をもたらすのは、自然の勢いである。家が富んでいるのは祖先の勤倹によるもの、貧乏になるのは子孫の怠奢によるものだ。子孫たるものが、祖先の勤倹を忘れて、日に日に怠奢におもむき、衣食をぜいたくにしたり、家屋敷を飾ってみたり、あるいは遊芸を学んだり、遊蕩（ゆうとう）にふけったりして、ついに貧乏に陥る。これは怠奢というちりを積んで、勤倹という宝玉を埋め隠したわけであって、そのちりを払って、もとの宝玉をあらわさないかぎり、貧乏はのがれられない。もし子孫怠奢の悪弊を改めて祖先勤倹の道にもどるならば、貧を免れてもとの富に帰るのは、何の造作（ぞうさ）もないことなのだ。

〔五七〕　どら息子

人の息子（むすこ）が、親先祖の職業を卑しんでその家法を変えるのは、家を滅ぼす前兆である。太陽がその家を照らすのに、朝日は東の方からさし、夕日は西の方からはいる。親先祖が勤倹困苦してその家を興した姿を朝日がのぼるのにたとえれば、息子が放逸奢侈（しゃし）でその家を滅ぼすのは夕日が沈むに似ている。そして息子はいう、「日は西から照らすのに、おやじめ、どうして東からさすと言ったのだろう」と。身の置きどころがまるで違うのを知らないのである。そこでその家法を窮屈に感じ、その家財道具をむさくるしいと言って、勝手に渡世を変え、もっぱらぜいたくを誇っているうちに、借金は日に日に加わり、ついに貧困に陥るのだ。こういうのが、孔子のいわゆる「愚にして自用を好み、賤にして自専を好み、裁その身に及ぶ」（中庸）ものであって、戒めねばならぬことである。

〔五八〕 富に至る橋

貧者は天分の実力をわきまえず、みだりに富者をうらやみ、そのまねをしようとする。たとえば橋のない川を隔てて向う岸の遊山をながめ、いっしょに遊ぼうとするようなものだ。そこに橋がないのをわきまえず、向う岸の人について行こうとすれば、必ずおぼれる。貧者が天分の力をわきまえず、富者のまねをしようとすれば、必ず滅びる。人がもし富者のまねをしたいと思うならば、まず富を得るための橋をかけることが必要である。富を得るための橋とは何のことか。分度を守ることと勤倹とがそれである。

〔五九〕 むかしの徳に報いよ

貧乏人は無利息金によって家を興したのち、再び貧困に陥ることがある。これはほかでもない、むかしの貧困を忘れて、今日ただ安楽な暮しにふけっているからである。安楽にふけってばかりいるから、今日の幸福に満足して後日の不幸を考えない。今日において後日のことを考えないのが小人の通弊である。だから私は、過去の得失をかかげて将来の貧富を明らかにし、はっきりわかりやすいように説くのだ。いったい、むかし善を積めば今日幸福を得る。善とは、たとえば財を施し譲ることである。施し譲る者は徳を得たことになり、それを受ける者は徳を失ったことになる。徳を得た者はその家を保ち、徳を失った者はその身を滅ぼす。これは理の当然である。

そうだとすれば、無利息金の徳によってその家を興した者は、よくむかしの貧困と今日の安楽とを思いくらべ、今日譲る徳によって、むかし施された徳に報いるべきである。こうして徳をもって徳に報いるならば、今日の幸福はずっと子孫に及んで、二度と貧困に陥る心配はない。反対に、徳をもって徳に報いなければ、その幸福は一身だけにとどまって、子孫に及ばない。たとえば嫁が来たのに亭主がいないようなものだ。よくよく考えねばならない。

〔六〇〕　無利息金をまず返す

田植をしたからとて、すぐにみのりを得るわけにはゆかない。春は耕し、夏は草をとり、水のかけほしやら肥しやらゆきとどいてのち、始めて秋のみのりが得られるのだ。無利息金によって田を買った者も同様で、その田はすぐに自分のものとはならない。五年とか、七年とか、十年とか、期限によってこれを返済したのち、始めてわがものとなるのだ。愚かな者はこの道理がわからないで、いったん田を買えばそれでわがものになったと思い、すぐさまその収益を勝手に使って、馬を買ったり普請をしたり、婿をとったり嫁をもらったりする。このような者は、必ずその田を失うのである。

百姓が秋のみのりを得たら、まず年貢を納めて、それから残りが自分のものとなるように、無利息金によって田を買った者は、その収益ですっかりそれを返済し、かつその恩に報いるため何ほどかを譲り、そうして始めてその田が自分のものになるのだ。もし秋のみのりを得て年貢を納めなければ必ずその責めが来るし、無利息金を借りてすっかり返済しなければその田は必ず失うようになる。たとえば魚をもらって、むやみに喜んで骨をとらずに食えば、のどに骨が刺さって苦しみ、とうとう死んでしまうようなものだ。よくよく戒心すべきことである。

〔六一〕天地と御代の恩

人がこの世に生きていられるのは、天地が万物を覆い育てる恩と、太平な御代のめぐみによるのである。それなのに人は、おのおの自分の家を富まし、衣食を豊かにして、ぜいたくにふけるばかりで、それらの恩沢によって安楽にしていられることを少しもわきまえない。ちょうど、魚類が海中を泳ぎまわりながらその水を知らないのと同じことだ。およそ、その恩沢を忘れるのは貧窮のもとであり、その恩沢を思うことは富裕の本なのだ。その本を思って勤めはげめば、衣食は足り、家内はなごやかになり、親類も仲よく、隣近所も喜び、長くその家を保つことができる。反対にその本を忘れて怠れば、衣食は乏しく、家内で争いが絶えず、親類は離れ、隣近所は恨み、ついにその家を滅ぼしてしまう。実に、天地と御代との恩沢は一日も忘れてよいものではない。

〔六二〕　一家経理と仁譲

およそ人である以上、父母・兄弟・妻子がないわけにはゆかない。そこで衣食住の道が一日も欠かされないものになる。さて、その一家を治めるということは、やさしいようでいてむずかしい。大学に、「一家仁なれば一国仁に興り、一家譲なれば一国譲に興る。」とあって、仁譲は国家を治める本である。人がこの世に生まれたからには、産んでもらった恩を必ず受けており、成人したからには、成人させてもらった徳をどうしても受けているはずだ。その恩を思い、その徳に報いるのが人の道である。

才学とか技芸とか、田地とか職業とかは、みな一家を経理するもとでになるものだが、そのもとで、その資財を私して、自分一家のためばかりに用い、人に推し譲らないならば、何の仁譲もあるわけはない。天分の内を節約して余財を産み、これを推し譲って人を救う、これこそ仁譲であって、自分が産み育てられた恩徳に報いるゆえんなのだ。王侯がこの道を行い、武士平民がこれにならって実行したならば、天下はまさに太平になろう。

〔六三〕 積善の家

善悪には必ず応報がある。親先祖が善行をすれば子孫が幸福を受けることは、ちょうど春まけば秋のみのりがあるのと同様である。その善行が大きければその報いも長く、善行が小さければ報いも短いことは、ちょうど漬物(つけもの)の塩が多ければ幾月ももち、塩が少なければ二三十日ももたないのと同様である。親先祖が不善をなし、子孫がわざわいにあうのも同じことである。禍福はもとより自分だけの力で左右することはできないのだ。仏教ではこれを因果という。

因果の理を知ろうと思えば野菜畑を見るがよい。野菜がすくすくと育って、よい花を開きよい実を結ぶのはなぜかといえば、これに肥しをやって育てる人があるからだ。ところが親先祖の建てた家に住み、親先祖ののこした家産を継ぎ、親先祖ののこした徳のおかげで安楽富裕に暮しながら、これに報いることを考えず、中には自分の才能が親先祖にまさるからだと思う者さえある。なんと大間違いではないか。春まかなければどうして秋のみのりがあろう。親先祖が善行をしなければどうして子孫が幸福を得られよう。

だから子孫たるものは、自分が幸福でいられる根元をよく考えて、身を修め倹約を守り、つとめて譲り施し、善行を積んで、徳を子孫にのこすべきである。易に、「善を積む家必ず余慶あり、不善を積む家必ず余殃あり。(1)」とある。実に、善悪の応報は光と影、打てば響く音のようなものなのだ。慎み戒めずにいられようか。

(1) 坤の卦の文言伝。「殃」は「わざわい、凶事」。

〔六四〕 人道とは恩徳に報いること

過去をかえりみれば、きっと恩を受けて返さなかったことがあろう。また徳を受けて報いなかったことがあるにちがいない。報いることを思わない者は、必ず過去の恩を忘れて、目前の徳をむさぼり受けるものだ。だから貧賤がその身を離れない。報いることを思う者は、必ず過去の恩を覚えていて、目前の徳を追い求めようとしない。だから富貴がその身を離れないのだ。なぜかといえば、恩を返し徳に報いるということは、百行の本、万善の源だからである。

まず、からだの隅々まで自由に動かせるのは父母の恩である。その恩に報いるのを孝という。禄位があって人に敬われるのは主君の恩である。その恩に報いるのを忠という。わが田を安らかに耕し、わが家に安らかに住んで、父母妻子を養うことができるのは、国家治世の恩である。

その恩に報いるのを納税という。穀物や野菜を産み出して、人の身を養い、安らかに生活させるのは、田畑の徳である。その徳に報いるのを、農事に励むという。日用の品物が、何でもほしい時に手に入るのは商人の徳である。その徳に報いるのを、代金を払うという。金を借りて用を足すことができるのは貸し主の徳である。その徳に報いるのを利息を返すという。その他一々数えあげたらきりがない。こうしてみれば、人道とは、恩を返し徳に報いるということにつけた名前なのだ。人たるものは、どうして報いることに努めないでよかろうか。

〔六五〕 財貨の海

鳥や獣が生きるためには、飛んだり走ったりして食を求め、一日も休むことができない。大昔には人類もそうであった。寒暑や風雨にあい、走りまわって辛苦をし、一日として休息できなかった。今日、国家がよく治まり、財貨が世の中に満ち満ちているありさまは、ちょうど海水が波打っているようなものだ。この時代に生まれた者は、つとめさえすれば必ず富に至ることができる。

なぜならば、農事につとめれば穀物が得られるし、それを売れば金が得られる。金と穀物さえあれば、美しい着物や、うまい食物はもちろん、ほしいものは何でも求めしだいに手に入る。こういう時代に生まれながら、遊惰放逸で始終貧窮を訴える者は、ちょうど海の中でのどがかわいたと叫び、米倉の中で腹がへったと叫ぶようなもので、財貨のために押し流された連中なのだ。よくよく考えなければならない。

〔一六六〕 財貨は風のようなもの

天下の財貨は風のようなものである。風は天地間にいっぱい満ちているものだ。だから扇子であおげば扇子に相当する風が生じ、うちわであおげば、うちわに相当する風が生じ、唐箕でもってあおげば、唐箕相当の風が生ずる。あおぐことをやめても、風は天地間になくなったわけではなく、更にあおげば、更に生ずる。同じように、財貨は世の中に満ち満ちているものだ。だから豆腐屋を営めば豆腐屋相当の財貨を得、造り酒屋を営めば造り酒屋相当の財貨を得、呉服屋をやれば呉服屋相当の財貨を得る。それぞれの商売を休んでも財貨は世の中になくなるものではない。また商売を始めればまた得られるのだ。

〔一六七〕 貧富と器の水

耕作や機織りに勤めて、衣食をつくり、倹約を守っているものは、常に貧者の側にある。耕作にも機織りにも勤めずに衣食を得、おごり怠けているものは、常に富者の側にある。いま、水を入れた器にたとえてみよう。水を入れた器が傾けば高い側と低い側とができる。低いところを貧と見、高いところを富としよう。見たところ低い方が愚かなようで、高い方が賢いようだ。しかし、器の中の水は、低い方に近く、高い方に遠い。これで、天道というものが勤倹には近づき、怠奢からは遠ざかるものだということがわかる。だから、勤倹は愚かなようでも、やれば必ず成功し、怠奢は賢いようでも、なすところ必ず失敗する。勤倹が富に至り、怠奢が貧に陥るのは、このようなわけである。易に「天道盈つるを虧いて謙に益す。[1]」とあるのは、これを言うのだ。

（1） 謙の卦の彖伝、「天道盈つるを虧いて謙に益し、地道盈つるを変じて謙に流し、鬼神盈つるを害して謙に福し、人道盈つるを悪んで謙を好む。謙は尊くして光り、卑けれども踰ゆべからず。君子の終りなり。」

〔六八〕 木を植える譲道

樹木を植えて、三十年たたなければ材木とはならない。だからこそ後世のために木を植えるべきである。今日用いる材木は、昔の人が植えたものだ。とすれば、どうして後世の人のために植えないでよかろうか。鳥や獣は今日の食物をむさぼるばかりだ。人間もただ目前の利益をはかるだけならば、鳥や獣と選ぶところはない。人の人たるゆえんは推譲にあるのだ。ここに一粒の米があるとする。すぐこれを食ってしまえば、ただの一粒だが、もし推し譲ってこれをまき、秋のみのりを待ってから食えば、百粒食ってもまだ余りがある。これこそ万世かわらぬ人道なのだ。

〔六九〕　勤苦分外に進むのは譲

勤苦が分外に進めば、富貴はおのずからその中にあり、遊楽が分外に進めば、貧賤はおのずからその中にある。勤苦が分外に進むということは譲ることである。遊楽が分外に進むということは奪うことである。貴賤・貧富を得るか失うかは、一に、譲奪の二途いずれを選ぶかにかかっているのだ。聖賢が説くところも、その主意はここにある。一生聖人の経典、聖人の注解を読んでみても、その要点はやはりここにある。

＊貧富訓・忠孝訓

〔七〇〕　心を貧に置く

心を貧に置けば富を得、心を富に置けば貧になる。百石の田地を持っている者が、五十石しか持たないつもりで暮せば、やがて非常な財産ができるし、五十石の田地を持っている者が百石も持ったつもりで生活すれば、やがて一文なしの貧乏になってしまう。

〔七一〕 事あらかじめすれば立つ

秋の川で魚をとろうと思う者は、夏の間に網を結んでおかなければ、それができない。春の田に堆肥を入れようと思う者は、冬の間に落葉を掻いておかなければ、それができない。秋のみのりを得ようと思う者は、春から夏にかけて耕し草とりに勤めなければ、それができない。中庸に、「事予めすれば則ち立つ。予めせざれば則ち廃る。」とあるのは、これを言うのだ。

〔七二〕 飯をたくのは少しずつ

飯をたくのは少しずつがよく、一度に沢山たくのはよくない。もし足りなければその時またたけばよい。薪を燃すのも、少しずつ出してくるのがよく、沢山持ち出すのはよくない。もし足りなければその時また出してくればよい。米倉に米があり、物置に薪がありさえすれば心配はない。これが家を富ます道である。そして、国を富ます道もこの道理に過ぎないのだ。そもそも竹や木を切り、いばらを刈り、草むらをはらい、野山をひらいて田畑とし、すきかえし、草をとり、刈り収め、からざおで打ち、箕でふるい、もみをすり、臼でついて、始めて精米になる、その苦労はいかばかりか。この苦労にくらべれば、たとい日に十ぺん飯をたいても苦労などとは言えないはずだ。

このことを考えもせず、一々たくのは面倒だと言って、たきすぎて饐えさせたりする。嘆かわしい限りではないか。木を切りしばを刈る労苦も同様である。米や薪だけの話ではない、着物ができるまでの労苦もまた同じことだ。だから着物を新調したならば急いで着ようとするな。およそ国や家を富ます道は、ここにあるのだ。よく考えねばならない。

〔七三〕 着物も十日ずつ延ばす

家道をゆたかにしようと思う者は、一枚の着物を取り扱うにも、やりかたがある。新しい着物を作るには必ず反物を買うが、その買うのを、たとい金があっても、十日先に延ばすがよい。さて反物を買ったならば、それを仕立てることを又十日だけ延ばすがよい。そうして着物ができたならば、それを着るのを又々十日間延ばすがよい。およそ若死にをきらい、長生きを好むのは人情だが、いまこの人情を着物に推し及ぼして、三十日の間大事にとっておくのだ。およそ気のくばり方をこのようにして行けば、家道の繁昌は改めて言うまでもない。

〔七四〕 経書は氷、注脚はつらら

経書は道を記載したものである。道というものを書物に書きとめたのは、ちょうど水がまず氷になったようなものである。朱子が注脚を下したのは、氷がちょっと解けてつららになって垂(た)れさがったようなもので、ますますこごりかたまって解けにくい。ましてその注脚を又解釈した細注などは、へどを吐いて聖人の書物を汚したようなものだ。観念ばかりでかたまり、生きた血の通わぬ心でこの氷を解こうとしても、まことにむずかしい。ところが、もし、実践から得た、生き生きとした温かい心で読むならば、たちまち氷の解けるように明らかになり、注脚など用いる必要がなくなる。なぜならば、経書にしるされた道というものは、人間が日常生活に当然踏み行うべき道だからである。

＊夜話一二（旧版六二）前段

〔七五〕 飯がまを買いこむ者

書物を読んで実践しない者は、ただ覚えていて人の問いに答えるだけである。だから沢山読んでおかないわけにはゆかぬ。ところが、実践する段になれば、一字一句でさえ、一生行(おこな)っても行いきれないものがある。ただ読んでおくだけなのは、たとえば、飯がまを沢山買いこむようなものだ。飯をたくには一つで足りる。そのほかは、人の求めに応じて借すばかりで、沢山持っていても何のかいもないのだ。

〔七六〕 読書は縦糸、実践は横糸

書物を読んで実践しない者は、鍬(くわ)を買って耕さないのと同じことだ。耕さないのならどうして鍬を買う必要があろう。行わないなら、どうして書物を読む必要があろう。読書と実践と相俟つことは、ちょうど、織物が縦糸と横糸とあって始めてできあがるのと同様である。読書は縦糸であり、実践は横糸である。縦糸だけあって横糸がなければ織ることができない。織らなければどうして絹や布ができよう。実践しなければどうして家をととのえ、国を治める仕事が成就できようか。　＊夜話一二一（旧版六二）後段

〔七七〕　聖賢の山に登って降りる

経書を読む者は、人を救い導くという心構えを持たねばならぬ。なぜならば、経書は人を救い導く道をしるしたものだからである。だから、これを読んでも、その心構えがなければ何の役にも立たない。いったい、ひろく施して民衆を救い導くのが、聖人の仕事なのだ。今の学者は、高山を仰ぎ見るように聖賢を仰ぎ見て、到底そこまで登れないと思っている。

けれども、一生懸命に努力して怠らなければ、あるいは頂上まで登れることもあろう。さて、そうして頂上に登りついたならば、四方をずっとながめ渡して、それからまた降りてこなければならない。経書を読んで道を会得し、幸に聖賢の境地まで達し得たならば、よろしく民衆と共に生活し、これを教え導き、みずから倹約して余財を推し譲り、ひろく施し救う道にいそしむべきである。

〈七八〉 実践によって教え学ぶ

教学と実行とが相俟って始めて修身斉家ということがらが成就できる。だから、むかし教学に従った先生や生徒たちは、実行によって教え、学んだらそれを実行した。たとえば、朝夕こうして水を汲めと手をとって教えれば、それを学んで水を汲んだ。だから水おけはいつも一杯であった。あるいはまた、毎朝こうして掃除せよと先に立って教えれば、それを学んで掃除した。だから庭にはちりがなかった。あるいはまた、こうして明徳を明らかにせよと模範を示して教えれば、それを学んで明徳を明らかにした。だから一身一家が治まった。

今はそうではない。口で教えればそれを憶え、憶えればすぐまた口で人に教える。たとえば、ただ、水を汲むがよいと言うだけだ。水おけが一杯になるわけはない。あるいは、ただ、掃除するがよいと言うだけだ。庭にちりがなくなるはずはない。あるいは、ただ、明徳を明らかにするがよいと言うだけだ。一身一家が治まる道理はない。このようなありさまでは、聖人の経典、賢人の解説も、何の役にも立たなくなる。嘆かわしい限りではないか。

〈七九〉 私の読書法

私は幼いときから実行につとめてきた。なぜなら、毎日行わねばならぬことが沢山あったからだ。水も汲まねばならぬ。庭も掃かねばならぬ。灯りもつけねばならぬ。戸も開けたてせねばならぬ。そのほか行わねばならぬことがどれくらいあったろう。孔子は、「行って余力あれば則ち以て文を学ぶ。」(1)と言った。私はもとより学問が好きだったが、少年のとき孤児となって親類の家に寄食し、昼夜ひどく使われて、少しも余力というものがなかった。それでも、昼の弁当をつかうとき、人は湯をわかしてお茶を入れたが、私は冷飯に水を飲んでその暇に大学を読んだ。あるときは柴かりの道で読誦し、あるときは耕作の暇々に読み、あるときは人が寝静まってからそっと看て、そうしてようやく四書だけ一通り習ったのである。(2)

その中で、いろいろ考えたすえ意味のわかったことは、一字一句でも一生これを実行してきて、なお行い尽せないでいる。今の儒者は千万巻をあさり読んでいるが、どうやってそれを実行するつもりだろう。行わなければ読まないのと同じだ。まことに、実行がすたれていること久しいものである。　＊二一四

(1) 論語、学而篇、「子いわく、弟子、入れば則ち孝、出ずれば則ち弟、謹みて信、汎く衆を愛して仁に親しみ、行って余力あれば則ち以て文を学べ。」

(2) 四書の解説書「経典余師」を買ったのが二十五歳と二十六歳との二度である。服部家に奉公した時には若主人の修学のお供であった、この時にはどうしても読まねばならなかった。

〔八〇〕 天道と人道

天道と人道とは同じでない。天道は自然であって、人道は自然ではないのだ。なぜならば、

自然にまかせておけば、田畑は荒れ、家屋はこわれ、衣服は破れ、溝（みぞ）や堀は埋まり、堤防は崩れる。人は五穀を食うために田畑をつくり、雨露をしのぐために家屋をつくり、寒暑を防ぐために衣服をつくり、田畑に水を引くために溝や堀をつくり、水害を除くために堤防をつくるのである。一方また人は、生まれつき羽も毛もなく、鋭い爪（つめ）も牙（きば）もない。だから衣服なしで裸でいることができず、家屋なしで野宿することもできず、穀物なしで草を食うこともできない。それで聖人が人道を立てて、安らかに生活できるようにした。もとよりこれは天道自然ではないのである。自然でないからこそ、努めなければ続けることができない。それゆえ、「君子は天行の健に法（のっと）り、自らつとめてやまない[1]」のである。

（1）　易、乾（けん）の卦（か）の象伝、「天行は健なり。君子は以（ゆえ）に自ら強（つと）めて息（や）まず。」

巻二

〔八一〕 忠孝を智慧とする

神道の言葉に、「われに智慧なし。忠孝をもって智慧となす。(1)」とあるが、まことに良い言葉だ。実行してみて善になるようなものが智慧であって、実行した結果悪になるようなものは智慧ではない。忠孝は善のうちでも一番大きなもの、不忠不孝は悪のうちでも一番大きなものだ。その大きな善悪の基準から推しはかって、小さな善悪までも判断し、万事悪を避けて善に従ってゆくとすれば、智慧として実に大したものではないか。孟子が孝弟仁義を知ることを智の実だと言った(2)のも、この意味である。

(1) 出典不詳。
(2) 孟子、離婁上篇、「仁の実は、親に事うるこれなり。義の実は、兄に従うこれなり。智の実は、この二者を知りて去らざるこれなり。」

〔八二〕 高い山から谷底見れば

米つき歌に、「高い山から谷底見れば、瓜やなすびは花ざかり。」というのがある。これは、いつごろの時代にどんな人が作ったものかわからないが、今の民謡が時のたつにつれてすたれてしまうのに、この米つき歌にかぎって、いつまでもすたれそうにない。なぜかというと、その意味が深長だからである。すなわち、高い山に登って下をながめれば、谷底の景色が手にとるように見える。

それと同様に、天皇が高御座（たかみくら）においでになって全国にお臨みになると、上は大小名から下は武士平民にいたるまで、おのおのその職務を行い、生業につとめて、一家一国を経理しているありさまが見える。あるいは大名小名が供（とも）行列を盛んにしていたり、あるいは家老や侍が職務を執行していたり、あるいは農工商人が家業にはげんでいたり、儒者や医者や巫女（みこ）・占者（うらないしゃ）がいるかと思えば、かごかき・船頭・芸者・つつもたせなどもおり、そのほか昭代の徳沢に浴して生を営む者は、一々数え尽せない。ちょうど瓜は横にはびこって花を開き、なすびはまっすぐ伸びて花を咲かせているありさまと同様である。天皇はこれをじっと御覧になって、その真情を推察せられ、貧民の米びつに米がないこと、住いに便所がないことにいたるまで、深く憂い、いたわられて、そうして天下を安らかにしろしめされるのである。これが、わが神州の皇道である。

まったく、この米つき歌は、俗間に伝わったものではあるが、ひょっとして天照大神の作られたものでないとだれが言いきれよう。そうでもなければ、こんなに長くすたれずに伝えられるはずがないのだ。

〔八三〕 三皇五帝にまさる

天祖・天孫は譲道をもって天下をしろしめされた。その徳は、支那の三皇五帝(1)にまさるとも劣らぬものである。けれども、わが国の大昔には、書物として伝えるものがなかった。だから周公・孔子が支那の聖徳を伝えて先鞭をつけた。惜しいことだ。

（1） 三皇は伏羲・神農・黄帝、五帝は少昊金天氏・顓頊高誉氏・帝嚳高辛氏・帝堯・帝舜とするのが通例。支那古代のすぐれた天子であるが歴史家は伝説と見ている。

〔八四〕 日向からの開びゃく

神代史にいわゆる、天孫が日向の国に降臨せられたということは、わが国の開闢の始め、西のほとりにまず草を生じたということである。日向とは、日に向かうという意味だ。たとえば宅地のうち、西側で日当りのよいところに、まず草がはえるのと同じことである。

〔八五〕 神国では万物はみな神

仏の国に生ずるものは、人類はじめ鳥獣・虫魚・草木ことごとく仏である。神の国に生ずるものは、人類はじめ鳥獣・虫魚・草木ことごとく神である。してみれば、わが神国に生れたものは死後みな神として取り扱えば、西域の仏法を借りるに及ばなかったのだ。　＊二六二がほとんど同文でややくわしい。

〔八六〕 家康の遺訓

家康公の遺訓に、日本全国の祿高（ろくだか）二千八百十九万石のうち、二千万石は勲功のあった諸侯に分け与え、残り八百十九万石は、天子を守り外敵に当るため幕府がこれを保有する、とある。(1)まことに至当な言葉である。公は、乱世を静めて太平に返したあの大勲労がありながら、みずから取るところは天下の三分の一に及ばず、それも、天子を守り外敵に当るためであって、私のために持とうとはしなかったのだ。およそ人臣たる者がこの道を踏み行うならば、長く国家を保ち、衰亡転覆の憂いをのがれることができる。

(1)「御遺状（ごゆいじょう） 御宝蔵入百箇条」の第五条。

〔八七〕 遊行上人の巡行

元和偃武（げんなえんぶ）(1)の後、家康公は遊行（ゆぎょう）上人に、天下をめぐって衆生（しゅじょう）に十念(2)を授けさせ、そのために駅伝の人夫百人・馬百頭を許した。荻生徂徠（おぎゅうそらい）はこれをよろしくないと論じたが、(3)それは公の深い配慮を察しないものである。当時戦国乱離の直後で、民心が治まっているかどうか、まだわからなかった。家康公は遊行上人に称名（しょうみょう）十念を授けさせ、それを受ける者の多い少ないによって民情の向背を察したのであって、天下のためを思うこと至れりだと言ってよい。ところで、わが無利息金貸付法も、その国の治まっているかどうかを知るすべになる。無利息の金を借りて償還せず、無利息金のおかげで家産をつくり得てその恩を知らないようであれば、その国の人民に道徳心の安定していないことがわかるわけだ。

（1） 元和元年（一六一五）大坂落城による平和確立をいう。
（2） 南無阿弥陀仏（なむあみだぶつ）を十度唱えること。浄土宗の系統では、十念を授けるという特別の方式があって、師から弟子に相承する。
（3） 「政談」巻四、「遊行上人伝馬（てんま）の事」の項に、「遊行上人に伝馬を下さるる事は各別の事なり。埒（らち）もなき者の先より先へ着き行くは宜（よろ）しからざる事なり。藤沢を出る時の人数を定めて一人も増すまじき事なり。」とあるのによって見れば、徂徠は、多数の信者が附和随行することを不可としたのであって、一定の伝馬人足を与えることを非難したものではないようである。

〈八八〉 やせ地永安の法

下野（しもつけ）（栃木県）という国は、戸数人口は減り、田畑は荒れ果て、人民は安らかに生活できない。これは、表土が薄く、地味がやせているところから来たものだ。だから、たとい一たん衰廃を復興して民生を安定したとしても、永遠に存立を保つ道を見いだしたことにはならないのだ。では、どうしたらばよいかというと、諸侯が、現在の減少した税額を天分として永久に据（す）

え置き、その上でわが安民法を行えばよいので、そうすれば人民は安らかに存立し、恐らく再び衰廃に陥るおそれはない。しかしこれは、この法を理解し実行しうる人材がその地位に立って、始めて行うことができるものだ。

〔八九〕良吏と俗吏

野州には昔から荒地が多かった。代官の竹垣氏(1)は、越後の窮民を招き寄せて荒地を開墾させ、新たに農家を置くこと三百余に及んだ。ところで越後人は深く浄土真宗の教を信じていたが、野州にはその寺がなかった。そこで真宗の僧を招き、いおりを結んで住まわせて農民たちを安心させた。その上彼らにさとして、「寺院の創建はお上(かみ)から厳禁されている。余の在任のうちに手早く創建するがよい。余が転勤すれば、もう建てることはできまいから。」と言った。農民たちは感動のあまりすすり泣いた。そして心をあわせ力をあわせて新たに数箇所の寺を建立したのであった。厳禁を犯してまでも窮民をあわれみ恵む、まことに厚い志というべきである。そののち、山内氏(2)が代官となったが、その時まだいおりのままのものが残っており、住職が新しい寺を建立しかけた。

山内氏はこれを聞いて驚きおそれ、「それは厳禁を犯すものだ。余の罪がのがれられなくなる。」と言って、中止を命じた。寺は屋根も葺(ふ)けず、雨露にさらされること数十日、住職は心痛のあまり発狂したようになった。まったく、同じ代官の地位にありながら、一人は民のために官を忘れ、一人は官のために民を忘れた。竹垣氏のような人物は、昔の循吏伝(じゅんりでん)(3)にある立派な役人に恥じぬものというべきである。

(1)(2) 竹垣三右衛門直温(なおひろ)(一七四一―一八一四)については報徳記八巻一章(全書二巻一九〇頁)参照。山内総左衛門の俗吏ぶりについては二八三参照。なお九二参照。

(3) 司馬遷の『史記』のうち七十巻に及ぶ「列伝」の第五十九巻が「循吏列伝」で、孫叔敖(そんしゅくごう)・鄭(てい)子産・公儀休・石奢(せきしゃ)・李離の五人をあげている。いずれも一身を顧みず民を愛し正義を守った士で、「循吏」とは法に本づき理に循(したが)った良吏という意味である。ちなみに、列伝第六十二は「酷吏列伝」で、ここには十一人の代表的酷吏があげてある。

〔九〇〕 先君推薦の二書

小田原の先君大久保忠真(ただざね)公が家老鵜沢(うざわ)氏(作右衛門)に言われた言葉に、「そちは無学なことを気にかけるでない。わしはつとめて色々な書物を猟(あさ)り読んでみたが、結局その要は貝原益軒の『大和俗訓(やまとぞっくん)』と林道春(はやしどうしゅん)の『貞観政要諺解(じょうがんせいようげんかい)』に備わっている。そちはこの二冊(1)を読めば、それでよい。」とあった。まことに至言というべきである。

(1) 前者は益軒十訓の一で、宝永五年の著、八巻。為学・心術・躬行(きゅうこう)を要目として衣服・言語・応接に及び、日常の修身作法を懇切に説いたもの。後者は、唐の太宗と群臣との問答録として著名な「貞観政要」十巻を道春（羅山）が解説したもので、正保四年から流布した。

〔九一〕家庭を治める

孔子は、「閨門の内、礼を具うるかな。」と言った（孝経の末章）。これはいつの世までも変らない教訓である。昔から今日まで、妻妾のために道をあやまる者が実に多い。小田原の家老服部（十郎兵衛）・三幣（又左衛門）の二氏は、いずれも智勇兼備の人で、主君をたすけて藩政をとり、藩士一同、その威令に違う者とてなかったほどだが、それでいて二人とも終りを全うすることができなかった。それは家庭が治まらなかった結果である。実際、あの二氏のごとき智勇があってさえ、妻妾を制御することができなかったのだ。深く考えねばならぬ点である。

〔九二〕本当の孝心

（ある人が「山内董正(1)は親の喪中に法華経を筆写したが、これを孝といってよいでしょうか。」とたずねたのに対して）――喪中哀痛の際に写経しようとするのも、孝は孝に違いない。しかし、悲嘆のあまり、何べんか筆はとっても、つい写すことができないようなら、孝はそこにこそあるのだ。また、およそ遠ざかるものは忘れやすい。死後年を経た今日になって、もし彼が親のために経を写すならば、それこそ本当に孝ということができる。

（1）　真岡の代官山内総左衛門。日蓮宗の信者だった。八九・二八三参照。

〔九三〕　政治教化の不備を救う

今日、天下は泰平で、上に文武のまつりごとがあり、下に神儒仏の教があって、国家国民を治める要件はことごとく備わっている。してみれば、日本全国の民は当然その所を得て生活を楽しみ、荒地や借財の心配など毛頭ないはずである。ところが日本国中おしなべてその問題で苦しんでいる者が多いのは、何としたことか。また、諸侯が国家を治め、もろもろの役人がこれを補佐するからには、領内の土地が荒れ果てたり、戸数人口が減少したり、借財が山積したりするような心配は当然ないはずである。

ところがその問題で苦しむ諸侯があるというのは、いったいなぜか。更に、神道家・儒家・仏教家が、おのおの身を修め家をととのえ国を治める道を説くからには、借金で家を失うような心配は当然ないはずだ。ところがこの三者とも、そのことで自分自身苦しんでいる者があるのは、どうしたわけか。——これらは皆、文武のまつりごとと神儒仏の教との中にその方法が欠けていることから来るものである。その困苦を救済して政治教化を補うためには、ただ一つわが道があるだけだ。そもそもわが道は、国政や三教が不備のため、その網から脱けおちて起る諸問題を救済してやる道なのだ。なんと偉大なものではないか。

〔九四〕　百両を千万両に

わが道が行われれば、全国の街道に金を敷きつめることも、あえてむずかしいことではない。これは金が特にふえるわけではなく、たとえば川水を引いて田にそそぐのと同じ道理である。いま、川水を引いてこれを何万町歩の田にそそぐとした場合、水がまっすぐ海に流れこんでしまうのと、灌漑して田を養ってから海にはいるのとで、川水の分量にはもとより増減がない。

金もこれと同じことだ。金持の家から出て金持の家にはいるだけなら、川水がそのまま海にはいるようなもので、百両はただ百両の働きをするばかりだ。ところが、もしわが無利息金貸付法によって、これを貧乏人の家に及ぼし、繰りかえし繰りかえし貸し付けていったならば、その恵み潤すところ、ちょうど川水が田を養って海にはいるように、貧しい家はそれで富み、衰えた村はそれで復興し、そうして千両万両の働きをする。しかも、出し入れするのは、ただ元の百両だけなのである。　＊二九三

〔九五〕　無利息金は貧富両全の法

貧乏人は金持の金を借りて、年々利息を払い、元金が返せないのをいつも苦にしている。金持は金を貧乏人に貸して、毎年利息だけは受け取るが、元金がもどらないのをいつも心配して

いる。わが無利息貸付金は、その双方の心配苦労を取り除いてやるものだ。なぜかといえば、貧乏人はこれを借りて旧借を返済し、利息を納める苦労がなくなるし、金持は、もどりそうもなかった元金がもどって、貸し倒れの損をせずに済むからだ。これこそ、貧富ともども憂いをまぬかれて利益を得る道ではないか。

〔九六〕 **最大の利益と最大の損失**

世間の人は、あれは損だ、これは得だと言い合って、互いに財利を争い、西に東にかけまわって、ただそればかりに夢中になっている。しかしこれは、こちらで得をすればあちらで損をし、あちらが得をすればこちらが損をするというだけの話で、全国を通じてみれば差し引き損得はないのだ。そもそも田畑山林こそは、本当の財利の本なのだ。ところがその田畑が労力を失って荒地となり、山林は野火を出して材木を失い、その上民家に延焼したりして、戸数人口がばらばらに減り、村落が廃墟（はいきょ）となってしまっている。これこそ実に、一国の損である。また、農業も本当の財利の本だ。

ところが村民こぞって遊惰に甘んじ、酒やばくちで日を暮らし、耕作除草は怠るし肥料はやらぬしで、秋の収穫がひどく減ってきている。こういうのを一町村の損といおう。更にまた、耕作出精も真の財利の本だ。それなのに、あるいは農具がないとか、馬がないとかを口実にして、丈夫なからだでぶらぶらと日を過ごしたり、あるいは借金のために走りまわって日を費やし、秋の収穫をすっかり利息にあてたりしている。こういうのが一家の損なのである。実に、一国一家の損失で、これほど大きいものはない。わが無利息金貸付法は、こういう損失を除くものなのだ。

この無利息貸付の仕法をくりかえし行ってやまなければ、荒地は開け、借金は償還され、惰農は発奮し、窮民は更生し、野火はやみ、山林は茂り、衰廃した国も復興する。一国一家の利益でこれより大きいものがあろうか。

〔九七〕　無利息金になびくわけ

人民が無利息金の徳になびくのは、草木が風になびくようなものだ。草木がなびくわけは枝葉があるからで、人民がなびくわけは妻子があるからだ。もし枯木で枝葉がなければ、必ずしもなびくとは限らない。ひとり身で妻子がない者も同様だ。これは無利息金だけの話ではなく、施政一般についても同じことである。深く考えねばならない。

〔九八〕　無利息金は過ちを改める道

私は始めのうち、わが無利息金の貸付を請う者は、私欲ばかりで来るのだと思っていた。今考えてみると、そうではない。これは過ちを改める道であって、国が太平に治まる本なのだ。なぜなら、むかし過って作った借金を返し、過って質入れした田地を買いもどそうとするのだから。このようなものがますます多くなれば、天下が次第に太平におもむくことは必定(ひつじょう)である。

〔九九〕 極貧を救う無利息金

ここに一人の貧乏人があるとする。天性実直で、よく父母に仕えて、昼は農耕につとめ、夜はなわをなって、ようやく飢えや寒さをしのいでいる。その父がたまたま病気になった。だんだん重くなったが、医薬のききめがあって幸いに治った。ところが思いもかけず、翌年父の病気がまた非常に悪くなって、薬石の効もなく、とうとう亡(な)くなった。そのときすでに五両の借金を負い、その上およそ一年あまりも仕事を休んで看病していたため、赤貧洗うがごとくになってしまった。隣近所の者が同情して、名主に頼んでまた五両を借りてやった。それで一時の飢えを免れて、農事に力を尽したが、すでに十両の借金を負うて、その利息二両を払う余力がない。そこで親類近所が更に名主に相談して、下男奉公をさせることにした。給金は三両で、そのうち二両を利息にあて、一両を食費にする。

このようにして、はや五年たったが、借金は相変わらずもとのままだし、母親もますます年をとってくる。たれがこれを養ってくれよう。実際、このような貧乏人が天下には多く、そしてそういう家はついに存続することができないのだ。しかし、これに無利息金を貸して、その借金を返させ、本業に立ちもどらせてやれば、どこの国でも一軒として農家の減ることはない。

〔一〇〇〕　汚穢を清浄とする道

人が清浄を好んで汚穢(おわい)をきらうのは、わがまま勝手である。およそ穀物でも野菜でも、肥しをやらなければ生長しない。いま大根を洗って座ぶとんの上におけば、幾日もたたぬうちに腐ってくるが、これを肥し土に作れば大喜びで大きくなる。してみれば、人がきらって汚穢とする物は大根が好んで清浄とする物だということが知れる。清浄と汚穢は一つなのだ。この道理を推してゆけば、善悪も正邪も、禍福も吉凶も、上下も貴賤(きせん)も、損得も多い少ないも、苦楽も存亡も、みな一つであることがわかるわけだ。人はそれらが一つであることを知らないから、片方を好んで片方をきらう。なんとわがままな、一方的なものではないか。

さて汚穢の下肥で清浄の米麦野菜をつくり、それで人命を養うのが、人道の功用の極致である。同様にわが法は、人のきらうものを引き受けて、人の好むところのものを与える。すなわち借金を変じて無借とし、荒地を変じて良田とし、衰貧を変じて富盛とするのが、わが道の功用の極致である。

〔一〇一〕 いわし網とわが道

漁師がいわしを網でとるのを見ていると、始めは網の引き方がはなはだゆるやかで、頭が一人で網を巻いてゆくが、決して間断はない。そうして、しどのところまで来たとき、頭が板切れを振って合図をすると、大勢の漁夫が気をそろえ力をあわせてこれを引く。その引き方が実に素速い。こうやって沢山のいわしをとるのである。ここで賢愚・老少の区別なく、一心に頭の指揮に従うのは実に感心だが、なぜかといえば、それは公平に魚を分配するからだ。堯舜が天下を治めたのもこれと同様で、人民と利益を共にしたから、民衆が心をあわせ労苦を忘れて生業を楽しみ、天下はそれで富み栄えたのである。

ところが今日の世の中はそれと違って、君主は君主で租税をとることばかり考え、人民は人民で租税をのがれることばかり考えている。だから君民が和合せず、民心が一致せず、租税が納まらずで、国家が衰えるのである。これはたとえば、漁師の頭が利益を独占するため、漁夫たちの気持が一致せず、網を引くにも力がそろわないで、魚がとれないのと同じことだ。わが法はこういう道理を深く窮めて、国家の天分の税額を算定して分度を立て、余財を推し譲って人民と利益を共にし、善行者は賞し困窮者は恵んで、国民一人一人にその所を得させる。だから土地は日に日にひらけ、田畑は月々に良くなり、租税は年々増加して、国家が安らかに治まってゆくのである。

（1）地曳網などについている沈子（おもり）。方言であろう。

〔一〇二〕やせ馬を恵むように

わが法は上から下に働きかける道である。天下においては天子・将軍、一国においては大名・家老、一郡ならば郡代、一村ならば名主、一家では主人の行うべき道である。これを馬方が馬を飼い、畑作りがなすびを作るのにたとえよう。馬方が痩せ馬を責め立てて、重荷を負ったら豆を食わせてやろうと言って、大声で馬をしかりつけても何の役にも立ちはしない。

それよりか、半纏一枚を質に入れて、大豆を買って食わせてやれば、馬はきっと重荷を負えるようになる。やせこけて重荷が負えない時に豆を与えるのは、はなはだ無駄のように見える。けれども一度豆を与えてだめならば二度与え、二度与えてまだだめならば三度与える。三度も豆をやれば、馬の力は必ず回復する。馬の力が回復すれば、重荷を負えるようになる。重荷が負えるようになれば、馬方は駄賃がとれて、父母妻子を養うに事欠かなくなる。これは、ほかでもない、前に半纏一枚質に入れて豆を食わせた結果である。畑作りがなすびを作る場合もこれと同様で、なすび畑にむかって、たくさん実がなったら肥しをやろうと言って百方責め立てても、何にもならない。それより、休み時間もよく働いて肥しをやれば、なすびはきっと沢山なるのだ。

衰えた国家と人民との間も、これらと同じことである。怠惰に甘んじて起（た）ちあがろうとせず、酒やばくちを仕事のようにし、破損した家屋もつくろわずに風雨の入るに任せ、田畑は月々に荒れ、租税の滞納は年々にかさんでゆく。これが貧民の常である。こうなってしまっては、普通の政治教化の力では、どうすることもできない。

これを興す道はただ一つ、国君が分度を守って余財を産み、精農の者を賞し、困窮者を救い、破損した家屋をつくろってやり、水利を通じ、荒地をひらいて、たれもが安定した収入を得、普通の財産を持てるように、一心に恵沢を布（し）くよりほかはない。そうすれば、怠惰の風は立ち直り、田畑はよく耕され、衣食は足り、人民はおのおの滞納を恥として、先を争って納税するようになること、必定（ひつじょう）である。　＊二六

〔一〇三〕　禍福吉凶は人道のわがまま

禍福吉凶は一つである。ちょうど米にはぬかがあるし、魚には骨があるようなものだ。まぐろの刺身を見て骨がないなどと言うのはこどもの見方で、肉の多い魚には必ず大きな骨がある。その肉は食えるが、骨は食えない。そこで食えるのを吉として食えないのを凶とし、肉を食うのを福としてのどに骨が立つのを禍（わざわい）とする。米とぬかとも同じことで、米は食えるが、ぬかは食えない。その米の飯も、いのちを養うことでは福とせられ、饐（す）えてからだの毒になれば禍

とされる。野菜は食えるから吉で、雑草は食えないから凶というわけだ。ところが天道ではそうでない。野菜のように手入れしないと消滅するものは消滅するにまかせ、雑草のように手入れしないでも繁茂するものは繁茂にまかせる。だから天道には禍福吉凶があるわけはない。禍福吉凶は、要するに人道の立場から人間が勝手につくるものだ。この道理をはっきりわきまえた上でないと、わが道を行うに足りないのである。＊一〇〇・一〇六

〔一〇四〕鳥獣と人類の区別

鳥獣はむさぼることばかり知って、譲るということを知らない。それだから一日も安らかに生存できないのである。大昔には人類もそうであったが、すぐれた祖宗が推譲によって人道を立てられ、それから万民が安らかに生活できるようになった。実に人類と鳥獣の相違は、むさぼるか譲るかということだけなのだ。ところが、貪欲(どんよく)で飽くことを知らない者ときては、衣服を得れば酒食を求め、酒食を得れば歌舞・女色を求め、歌舞・女色を得れば不老不死を求める始末だし、禄高(ろくだか)十石の所有地を得れば百石を求め、百石を手に入れれば千石を求め、千石の次には万石を求めるというぐあいだ。こんなふうに貪欲のとどまるところがなく、推譲の道を知らないようであったら、どこで鳥獣と区別がつけられようか。

〔一〇五〕 奪わずに自ら作れ

太古の世は、人道がまだ明らかでなく、人類は鳥獣と一しょに住んで、昼となく夜となく食物をあさり、争奪を事としていたから、一日として安心な生活ができなかった。我々の祖宗はこのありさまを哀れに思って、始めて推譲の道を立て、農業ということを教えられた。それで五穀がみのって衣食が豊かになり、人道は明らかに定まって、部族という部族が安らかに治まったのだ。

ところが世も下(くだ)った今日では、民情がどうかすると太古の状態にもどりやすくなっていて、秋の末、ひとの稲田がみのるのを見るとむやみにほしくなるし、夏の初め、ひとの麦畑が熟すのを見れば又とりたくなる。まったくの話が、自分で作らずにいて、どうして刈りとれるものか。もし取ったとしたら、それこそ鳥獣争奪の道だ。だから、秋になって稲を刈ることができなかったら、自分で作らなかったのが過ちだと悟って麦をまくがよいし、初夏になって麦をとり入れることができなかったら、稲を植えるがよい。そうすれば稲でも麦でも、半年あとにはきっと収穫ができるのだ。実際、まず自分で作り育てて、それからこれを刈りとるということこそ、人倫推譲の道なのだ。衰えた国の君主も人民も、よくよくこの道理を察しなければならない。(1)　＊九

（1）　秋くれば山田の稲を鳥と猿　猪(しし)とよる昼あらそひにけり

〔一〇六〕　好ききらいは人道にある

天道と人道とは相反するものだ。なぜかというと、人が稲を好むのは食料になるからだし、はぐさをきらうのは食料にならぬからだ。また、きれいな着物を好むのはちゃんと着られるからで、ぼろの着物をきらうのは着られないからだ。ところが天はこれと違って、草ならはぐさでも何でも構わず生(は)やすし、着物はどんどん破れるに任せる。好きもきらいもありはせぬのだ。好きとかきらいとかいうことは、結局、人間が望みどおりに生活しようとするところから起るものである。　＊一〇〇・一〇三

〔一〇七〕　人道は左脚、天道は右脚

天道と人道とは決して同じものではない。自然に循環輪廻(りんね)するのは天の道で、もっぱら作為につとめるのが人の道である。天道自然に従って生息して、植え付けも刈り取りもせずに秋のみのりを争うのは鳥や獣で、天道自然に逆らって、耕したり草をとったり、農事につとめた上で秋のみのりを食うのが人道なのだ。農業の道はまったくすばらしいもので、米一粒をまけば秋には千倍にみのり、なすびなどは万倍にもなる。人の衣食は実にこの道によって得られるのだ。それを、ぶらぶらなまけて日を暮らし、耕作につとめずにおいて、みのりだけ腹いっぱい

食おうというのでは、鳥や獣と同じ根性ではないか。

人と鳥獣と道が違うというたとえに、両脚を持ってこよう。人道を左脚とすれば、鳥獣の道は右脚だ。さてしきいをまたいで出ようとするとき、まず左脚から踏み出すのは人道を履むもので、右脚から踏み出すのは鳥獣の道に走るものだ。千里も遠くに行くうちには、両者の間には天地ほどの差ができるが、もとはといえばこの両脚のあとさきに過ぎないのだ。しかも、一たんしきいを出てしまえば、あとは右脚と左脚とたがい違いに行くわけだから、ちょっと見ただけでは、人道なのか鳥獣の道なのか、見わけのつけようがない。そうしたことから、この二つの道がごちゃごちゃになったまま、ずいぶん長い年月がたっている。

だから私は、天道と人道とはここが違うのだ、人の道と鳥獣の道はこうして区別するのだ、といって説明しているのだ。人はよくよくこの関係をわきまえて、人道をふみ行うように努め、決して鳥獣の道に走ることのないようにしなければならぬ。

〔一〇八〕　耕すのは一鍬ずつ

土地を耕すには、一度に一鍬ずつ掘りおこすのが限度である。いくら力のある人でも、一度に二鍬ずつ掘りおこすことはできない。もし無理にそんなことをしようとすれば、農具をこわすばかりでなく、からだも傷つけてしまう。だから、大昔このかた、土地の良しあしはあり、耕しかたの速い遅いはあっても、一鍬一鍬掘りおこして段々に進むという限度を越すことはできない。こうして一鍬一鍬段々に進んでゆきさえすれば、一畝から十畝になり、百畝から千畝に及び、天下の田地をことごとく耕し尽すことができるのだ。　＊開発勤行談・一鍬耕耘談（全集一巻九六二頁以下）

〔一〇九〕　歩くのは一歩ずつ

人が道を行くのには、必ず一歩から始め、両脚をたがい違いに動かすよりほかに、方法はない。いくら道を急いでも、両足を同時にあげれば転んでしまう。転ぶばかりでなく、手足をくじいてしまうことさえある。だから人類が生じて以来、まだ二歩ずつ一度に歩いた者はないのだ。歩くのに健脚と足弱の違いはあっても、一歩ずつたがい違いに進むことに変りはない。これは天理からしてそうなのである。こうして一歩ずつたがい違いに進んで行きさえすれば、足弱の者でも万里の遠方まできっと行きつくことができるのだ。　＊往来自然談（全集一巻九八六頁）

〔一一〇〕　鯉を見習え

鯉を獲ってきて市場で売れば、人は必ず買って行って料理して食い、うまいうまいと言うに違いない。こうして人に賞めちぎられるのは、考えてみれば、それが川や湖にいた時分、風波をしのぎ、寒暑に堪え、浮いたり沈んだり、泳ぎまわったり、昼となく夜となく人知れず精気を働かせて育ったからだ。言わば、生きているうち困苦を積んで、死んでからほまれを受けたわけではないか。人もよろしくこの道理を察して、困苦を耐え忍び、生きているうちに精力を尽して、死後のほまれをとるべきである。

〔一一〕　**松材を見習え**

松材を伐って市場で売れば、人は必ずこれを買って製材して用い、良材だとほめるに違いない。こうして人にほめちぎられるのは、思うにそれが山林にはえていたとき、風雨を冒し、寒暑をしのぎ、長い歳月に耐えて、いばらの中に生長したからだ。これは言わば、困苦を忍んでその材をつくりあげたものではないか。人もこの道理を省みて、困難に耐え労苦を忍んで、おのおの職務につとめ、人材の名を得るべきである。

〔一二〕　**桃の木とかしの木**

小さい時に忍耐しないものは成長してから早くほろびる。桃やすももの木がそれである。小さい時に忍耐するものは成長してから久しくながらえる。くすのきやかしがそれである。人も、あるいは幼い時、学問につとめ、成人して身を立て、死後も名を残す者があり、あるいは幼いとき遊びなまけ、成人して家を失い、死んで名も残らぬ者がある。これまた忍耐するかしないかによるのだ。人は桃やすももを見て戒めとし、くすのきやかしを見て発憤するがよい。

〔一一三〕 **損得は対応する**

禍福や損得は一つである。思いがけない仕合せと、思いがけない禍とは相対応するものである。思いがけない利益を得て、それを分内に入れてしまうから、思いがけない損失が生ずる。偶然の利益を分外とすれば、偶然の損失も生ぜず、何の損得もないわけだ。たとえば米相場をして利益をはかる場合に、元手を始めから分外としておき、安く買って高く売った利益を分内に繰り入れさえしなければ、たとい高く買い安く売って損をしても、少しも心配はないのだ。

〔一一四〕 **幸不幸はとなりあわせ**

幸と不幸とは一つである。自分に都合がよいのを幸いと言い、自分に不都合なのを不幸と言う。たとえば包丁を使う場合のようなものだ。よく切れる包丁で、かつおぶしがよく削れれば幸いとするし、間違って指先をけがすれば不幸だと言う。

反対に、切れない包丁で、かつおぶしがよく削れなければ不幸だとし、間違っても指先をけがしなければ幸いだったと言う。いったい指先をけがしないような切れない包丁は、かつおぶしもよく削れないし、かつおぶしがよく削れるような切れる包丁は、うっかりすると指先をけがするものだ。こうしてみれば、世のいわゆる幸不幸なるものは、人間一己の好都合と不都合から出てくるものなのだ。

〔一一五〕 天地の一呼吸

天地は一年を一呼吸とする。つまり春夏の百八十日間、吸う息によって万物を生じ、秋冬の百八十日間、吐く息によって万物を滅ぼすのだ。春風は吸う息によって地から生じ、秋風は吐く息によって空から起って、それで草木を生滅させる。[1]人の呼吸も同様で、語気が腹から出れば事は必ず成功し、語気が背から出れば事は必ず失敗する。

（1） 全書三巻一五頁「天命四季の順序で変化するの図」参照。この図では夏至の所に呼、冬至の所に吸としてある。

〔一一六〕 地震の原理

（弘化年間に、信州に大地震があって、[1]山は崩れ、川はせき止められ、地面は裂けて泥が湧き出し、人畜が多数死んだ。ある人が震災の原理をたずねたのにこたえて）――天地は一大活物である。地震は、人体にたとえれば、ちょうどできものがつぶれたようなものであろうか。

（1）弘化四年（一八四七）三月二十四日善光寺附近。

〔一一七〕食物を本とする

つばめは日本の鳥である。それがどうして万里の波とうを越えて南の国まで行くのであろうか。かりは北の国の鳥である。それがどうして絶海万里を渡って日本に来るのであろうか。漁師は陸地の住民である。それがどうして陸地を去って見渡すかぎりの青海原に浮かぶのだろうか。これらは皆、食物を求めるためである。あるいは絶海万里を渡り、あるいは見渡すかぎりの青海原に浮かんで、身命をも顧みないのはなぜかといえば、ほかでもない、食物を身命より重く感ずるからである。「民は食をもって天となす。[1]」と言われているのも、もっともなことではないか。

＊全集一巻三五六頁

（1）史記、麗食其（れいいき）伝、「王は民をもって天となし、民は食をもって天となす。」

〔一一八〕天下の乱を治めるものは仁譲だけ

武というものは、治世に用いるものであって、乱世に用いるものではない。医者が病気をなおすのにたとえてみると、心身の丈夫な者がどこか病気にかかったというのは、医者の力でなおすことができる。ところが心身ことごとく病気になってしまっては、医者は手のつけようがない。これと同じことで、天下が治まっていて辺境だけ乱が起ったというのは、武力によって治めることができる。

しかし、天下がことごとく乱れてしまっては、武力ではもう手のつけようがない。この場合ただ仁譲の道だけが、これを治めることができるのだ。孟子が「仁者に敵なし。」（梁恵王上篇）と言ったのは、このことである。

〔一一九〕　たたりは自分で招く

世にいわゆるたたりが来るということは、自分が招くのである。仏教で殺生を戒め、人心がこれを信ずるから、それでたたりというものがあるのだ。もし生きものを殺してたたりが来るのであれば、人の食物はことごとく生きものではないか。鶏はみみずをついばみ、へびは鶏卵を呑み、犬はきつねを咬むが、何のたたりもありはしない。なぜならば、大が小を食い、強が弱を呑むのは自然の勢いだからである。

〔一二〇〕　水帳の名の由来

郷にも村にもそれぞれ土地台帳がある。これを名づけて水帳という。その名と実物とそぐわないようであるが、考えてみれば水というものは、平らならば治まり、平らでなければ乱れて、自然と平均する徳を持っている。

思うに大昔は、まだ土地の標準が定まらず、山や谷や野原に高い低いがあり、田畑の形も広い狭いや四角い円いがあり、地味も肥えたところ、湿ったところなどの違いがあり、その上きまった尺度というものがなかった。そこで祖宗は地形を測って地積を定め、産米をしらべて租税を定めた。そして肥えた土地は狭く測って租税を重くし、やせた土地は広くとって租税を軽くした。その法の公平なこと、ちょうどおだやかな水面のようであった。これが、こうして出来た土地台帳を水帳と名づけたわけであろうか(1)。

(1)　地方凡例録（じかたはんれいろく）という書物には、「検地帳を水帳といういわれは、むかし民部省に、田畑の数量をしるした大図帳というものがあった。それゆえ『御図帳（みずちょう）』というべきところを『水帳』と書き誤ったのであると古書に見える。又ある説では、土地を水土ということから、『水土帳』を略したものであると言い、また田は水が第一であるから水帳と唱えるのだと言う人もある。」とあり、一般には第一説が穏当と認められている。

〔一二〕　貧者の方が安心

貧者はむしろ安心で、富者のほうが苦労だと言える。なぜならば、貧者は余分の食物も余分の金もないから、鶏や犬にとられる心配もなく、泥坊（どろぼう）に盗まれる心配もいらない。富者は大きな屋敷や倉庫があり、金や宝物があるだけに、失火も気をつけねばならず、盗難も防がなければならない。その上飢きんに遇えば、貧者の心配は食うことだけで小さいが、富者はぶちこわされはしないかと大いに心配する。ちょうど小さい草は風あたりが少く、高い木は風あたりが大きいようなものである。それなのに世人は、やむを得ぬ天分現在の貧をもきらって、不道徳をしてまでも富を得ることを好むのは、いったいどういう気だろう。

〔一二三〕　求める前に働け

貧乏人が飯にありつこうとするとき、農家に行って、主人にむかい、「よくお手伝いしますから、まず飯を食わして下さい。」と言っても、主人は決して承知すまい。ところが、もし、「きょうはよいお天気で、田を耕すのにもってこいです。私はのろまですが、どうか手伝わせて下さい。」と言って、ひとがどうあろうと構わず、力をつくして手伝いをすれば、主人は必ずお礼に飯や酒を出すに違いない。これが自然の人情であって、万事みなこのとおりである。いわゆる「己を舎てて人に従い、(1)」「事を先にして得ることを後にすれば、(2)」「天下服せざるものなし。(3)」なのである。

また、駕籠をやとった人が、中途で駕籠から降り、その上酒代までやれば、かごかきで有難がらないものはない。古語に、「孝弟の至りは神明に通じ、(4)」「思わずして得、(5)」「為すことなくして成る。(6)」というのは、このことである。

(1) 書経、大禹謨篇。
(2) 論語、顔淵篇。
(3) 孝経、「詩にいわく、西より東より南より北より、服せざるなし。」
(4) 孝経。
(5) 中庸、「誠は勉めずして中り、思わずして得。」
(6) 孟子、万章上篇、「為すことなくして為るものは天なり。」

〔一二三〕 かえって多忙を求める

なまけ者がある。暑い時にはそっと涼しい所をさがしてなまけ、寒い時にはきっと暖かい所を見つけてなまける。また人にやとわれれば、きまって忙しい家をきらう。けれども忙しいのをきらえば、かえって必ず忙しい家にやとわれるはめになる。これは理の必然なのだ。たとえば、かりに酒屋にやとわれて、その忙しいのに閉口しているとき、たまたま山寺のひまそうなのを見ると、あそこにやとわれたいなと思う。

ところが山寺では、年末の忙しい時になって、始めてこれをやとう。だから行って見るとはなはだ忙しい。そこでまた出てよそに行く。行けば行くほど、ますます忙しい家にやとわれるのである。中庸に、「患難に素して患難に行い、君子入るとして自得せざるなし。」とあるが、その男もよく忙しいのを辛抱して自得したならば、必ずひまな時がやってくるものなのだ。

〔一二四〕 鎌は借りずに買え

貧乏な百姓が草を刈りたいが鎌がない。そこで困って隣から借りる。これが貧乏をのがれられないわけである。もし鎌がなくて困れば、隣の日雇いになり、賃銭をもらって鎌を買うに越したことはない。そうすれば一日のかせぎで鎌が自分のものになる。これがとりもなおさず天照大神の開国の道であって、およそ貧をのがれ富をいたす方法は、この道理をおしひろげさえすればよいのだ。　＊五五

〔一二五〕 目先の利をはかる者は貧

貧富の本は、利をはかることの遠近にある。遠い先の利益をはかる者は、木を植えてその生長を楽しむ。穀物の種をまくなどはもとよりである。だから富裕がその身を離れない。ところが、手近の利益しか考えられない者は、穀物の種まきさえ先が遠すぎるとする。木を植えるなどはなおさらのことで、ただ目前の利益を争い、種をまかずに刈りとろうとする。だから貧困がその身を離れないのだ。

いったい、種をまかずに刈りとる道理がどこにあろう。春まいて秋刈りとる、これが万世不

易の仕事であって、年々これを努めてゆけば、その利益は尽きることがない。経文（観音経の偈文）にいわゆる「福寿の海無量」とは、このことなのだ。

〔一二六〕　富を保つ道

人に貧富があるのは、自然に陰陽があるのと同じことだ。陰が極まれば陽が生じ、陽が極まれば陰が生ずると同様に、貧が極まれば富が生じ、富が極まれば貧が生ずる。このように陰陽・貧富が循環してやまないのが天の道であって、これに対して、みずからつとめて富を保つのが人の道である。その道とは何をいうかといえば、分度がそれである。分を立て、度を守れば、その富は極まることがない。極まることのない富をもって人を救えば、上は天命にかない、下は人心に合するわけで、富を保つ道として、それにまさるものがあろうか。

〔一二七〕　貧富は偶然でない

人に貧富があるのは、決して偶然ではない。必ずよってきたるところの原因がある。およそ金は、倹約する者に集まり、おごる者から散じてゆくのだ。つまり、百両の収入で百両の支出をする者は、貧乏もせず富みもしない。百両の収入で八十両の支出をする者は、金が集まって富み、百両の収入で百二十両の支出をする者は、金が散じて貧乏する。してみれば、貧富の本は、支出が分外に進むか、分内に退くかの二途にあるわけだ。分内に退く者は天理に合するから、なすことが必ず成功し、自然と富裕が来る。分外に進む者は天理にそむくから、なすことが必ず失敗し、自然と貧困が来るのである。貧富はどうして偶然と言えようか。

〔一二八〕民を救う時節

貧民を救うのには時節がある。それはちょうど、種まきに時節があるのと同じことだ。春夏にあたる時節もあり、秋冬にあたる時節もある。その好期をとらえてこれを救えば、茂り栄えること間違いないが、もしも時期を失したならば、茂り栄えないばかりでなく、かえって消滅を促すことになる。わが道を行う者は、心得ておかねばならない。　＊報徳記三巻五章（全書一巻一五二頁以下）・同六巻一章（全書二巻七七頁以下）

〔一二九〕根が着くまで待て

なす苗を植えて、根がまだ着かないうちに動かせば枯れてしまう。動かさずに肥しをやって育てれば、根が張って幹が伸び、幹が伸びれば実を結ぶ。そのように、無利息金を借りた者は、五年なり、七年なり、十年なり、年を逐うて償還してのち、始めて家政が確立する。家政が確立すれば何をやってもうまく行くのだ。ところがもし償還を待たずに、婿をとったり、嫁をとったり、うまやを造ったり、馬を買ったり、あるいは着物を作ったり家具をそろえたりすれば、借金が再び生じて、家政は困窮してしまう。よく考えねばならぬことだ。　＊六〇

〔一三〇〕　貧富の貸借と男女の道

貧富があり貸借があるのは自然の勢いである。これを男女の道にたとえよう。男はからだに余るところがあり、女はからだに足らぬところがある。男は余りがあるからして、これを女に貸す。女は足らぬところがあるからして、これを男に借りる。こうして男女が貸借によって和楽する。だから子孫が生ずるのである。

同じように、富者は金に余りがあり、貧者は金が足らない。富者は余りがあるからして、これを貧者に貸す。貧者は足らぬところがあるからして、これを富者に借りる。こうして貧富が貸借によって和楽する。だから財貨が生ずるのである。このことを、男女相和して子孫生じ、貧富相和して財貨生ずというのだ。

〔一三一〕　財貨は川水のようなもの

天下の財貨は、ちょうど川水のようなものである。泳ぎのじょうずな者は水によって川をわたるが、泳ぎのへたな者は水のためにおぼれる。同様に、分度をよく守る者は、財貨によって

身を立て家を興すが、分度を守らない者は、財貨によって家を滅ぼし身を失う。同じ財貨で、一方は幸福を得、一方は禍(わざわい)を得る。同じ川水で、一方は川をわたり、一方はおぼれる。よく考えねばならぬことだ。　＊四二〇

〔一三二〕　商売の要領

千両の資本を持った商人が、その半分で商売をし、その半分を遊資としておけば、安い商品が知らず知らず集まって来て、多大の利益を得ることができる。これが商人の道である。また、店の商品のうち何ほどかを分外として原価で売れば、そのためにまた多大の利益が得られる。これも商売のこ丶つ丶である。

なぜなら、品が値段よりまさっていれば、お客ばかりでなく、通りがかりの人まで店先に足を止める。反対に値段が品物にくらべて高ければ、お客でさえも顧みず、通行人などもちろんのことだからだ。さて、千両の資本で千両の商売をするのさえ、人は危く思う。まして千両の資本で二千両の商売をしたならば、失敗せぬのが珍しいくらいなものだ。　＊夜話一四五（旧版一〇七）

〔一三三〕　高利をむさぼらぬだけで大富商

商人が高利をむさぼらなければ、天下の売買は皆そこに集まって来る。天下の売買が集まれば、大富商となること必定である。これは、強いて高く買って安く売るというのではなく、ただ高利をむさぼらないだけのことなのだ。商人が高利をむさぼらないだけでもこのとおりの効果がある。ましてわが無利息金貸付法にいたっては言うまでもないことで、これは高く買って安く売るというようなこととは類がちがうのだ。

＊夜話一四三（旧版続三四）

〔一三四〕 農業は半ば天道に従い半ば逆らう

農業というものは、半ば天道にしたがい、半ば天道に逆らい、順逆相倹って成り立つものだ。これを水車にたとえてみると、水車は半ば水中にはいって、流れにしたがって回り、半ば水上に出て、流れに逆らって回り、順逆相倹ってうまく循環するのだ。もしことごとく水中にはいるか、ことごとく水上に出るかすれば、循環できなくなる。これと同じで、野原が草ぼうぼうとしているのは天道である。その天道に逆らってこれを開墾する。

また、田畑に雑草がはえるのも天道である。その天道に逆らって草とりをする。それから、春、万物が生ずるのも天道である。その天道にしたがって種をまく。秋、万物が枯れるのも天道である。その天道にしたがって刈りとる。まったく、半ば天道にしたがい、半ば天道に逆らうわけではないか。そこで、天道にしたがって種まきの時節を失わず、天道に逆らって草をと

り作物を育てることに怠らないのが、人の道なのだ。　＊夜話四七（旧版三）

〔一三五〕施肥の時期と程度

およそ作物に肥しをやるには、来客を手厚くもてなすようにするがよい。そして、肥しをかけるにも撒くにも、時期と程度とがある。たとえば苗代に肥しをするには、田植近くなってから、ほしかを撒いてやれば、苗の緑色が増す。そこで田植をすれば、新しい根がよくはえて苗が伸びる。ちょうど娘を育てるのに、常々倹素にしておいて、嫁入りのとき衣裳道具を豊かにしてやれば、嫁入先で喜ばれるようなものだ。

また、きびを作るには、始めのうちやせたままにしておいて、穂が出るころに下肥をかけてやれば、長い穂を生ずる。これはちょうど二三男を育てるのに、常々苦労をさせておき、婿入りの時に持参金を豊かにしてやれば、婿入先で喜ばれるようなものだ。すべて作物に肥しをやるには、皆このように方法がある。しかし下肥が分に過ぎても実を結ばないものだ。およそ糞土にはえたものには実がのらず、もしみのったとしても、きっと馬たでとか水びえとか、人に益のないものばかりである。人間も同じことで、金持で常々衣食にぜいたくしている者には子どもがない。もしあっても、きっと頑愚で世の中に益のないものである。

〔一三六〕　陰徳と陽報

古人の言葉に、「陰徳あれば必ず陽報あり。[1]」とある。これを農事に励むこと、学問につとめることにたとえよう。春から夏にかけて耕作除草に努力するのはすなわち陰徳であって、秋のみのりを得るのが陽報である。朝早くから夜おそくまで、学問に苦心するのは陰徳であって、禄位（ろくい）や名誉を受けるのが陽報である。柴（しば）を刈る子どもがやかましく叫び、学生が声高く読書するのも、もとより陰徳である。なぜなら陽報を得るもとだからだ。世人が、ただこっそり金を施すのを陰徳だと考えているのは、一を知って二を知らないものである。　＊全集一巻五五二頁

「陰徳は隠し行うものにあらず」

（1）　淮南子（えなんじ）、「陰徳ある者は必ず陽報あり、隠行ある者は必ず昭名あり。」

〔一三七〕　野ぐその陰徳

野原で野ぐそをすれば、よもぎが肥えて茂る。秋になって霜が降れば枯れしぼみ、野分（のわき）が吹けば落葉が枯茎に集まり、野火にあって灰となり、しぐれにあってうるおい、明春必ず大きなよもぎがはえる。これはほかでもない、野ぐその陰徳によるのだ。財貨と貧富の関係もやはり同様で、陰徳のある者は財貨が必ず集まって富み、陰徳を積まない者は財貨が必ず散り去って貧乏する。

〔一三八〕ひょうたん作りの陰徳

ひょうたんを作るには、一株の元肥にいわしかすと米ぬか二升ずつを用いなければ、決して丸く大きな実にならない。しかし、そのあとで油菜をこのうねにまけば、必ずよくできる。いわゆる、「積善の家必ず余慶あり、」(1)「陰徳あれば必ず陽報あり。」(2)とはこのことなのだ。

(1) 易、坤(こん)の卦(か)の文言伝。
(2) 淮南子(えなんじ)。

〔一三九〕氷は氷室で富は分度で

世人はこつこつと働き、けちけちと貯(たくわ)えて富を得ると、大きな屋敷を造り、土蔵を建て、これを子孫に伝えて、永久安泰だと思っている。だがこれは、たとえばかちかちの氷を積んだようなものだ。氷というものは、見たところ鉄や石のように堅いけれども、もともと寒気で凍ったものなのだ。

だから暖気がひとたび来れば融けてしまう。昔の支那の猗頓(いとん)とでもいうような大金持でも、もともと、こつこつと働き、けちけちと貯えてそうなったものだ。だから一たん怠(なま)けと奢(おご)りが生ずれば、くずれてしまう。それで、もし長く氷を蓄(たくわ)えようと思うならば、氷室に入れなければならぬ。同様に長くその富を保ちたいと思うならば、よろしく分度を立てて経費を制限し、怠けや奢りを禁じて勤と倹とを守り、余財を推しゆずって窮乏者を恵み、陰徳を積んで永久安泰を計るべきである。

〔一四〇〕忘恩と報恩

事の成否は、恩を忘れないか恩を忘れるかにかかっている。前に受けた恩を忘れず、これに報いようと心掛けるものは、する事が必ず成功する。前の恩を忘れて、これからの恩徳をむさぼり取ろうとするものは、する事が必ず失敗する。だから成功と失敗の分れ目は、恩を忘れないか恩を忘れるかにあるのだ。

〔一四一〕茶わんを洗うのは報徳

報徳の心を持ち続ける者は、必ずその家を富ます。報徳を忘れる者は、きっと貧困を免れない。これは理の必然である。人が食事をするには、毎日なべかまや皿（さら）、茶わんを用いるが、食べ終ってこれを洗うのは、そのつぎまた使うためだろう。

もし食物がもうなくなって、このつぎ使う当てがなければ、洗わずにほうっておくに違いない。これは毎日使ってきた恩徳を忘れたものだ。このような人は、一生貧困を免れない。たとい餓死しようというときになっても、やはりこれらを洗って戸だなにしまうとすれば、これは毎日使った恩徳に報いるものであって、このような人は必ずその家を富ます。貧富得失の分れ目は、ただ徳に報いるか徳を忘れるかにあるのである。

〔一四二〕 刑罰なしに悪を懲らす

刑罰を用いないで悪を懲らすには、方法がある。たとえばおのを用いずに大木を倒すようなものである。大木の根株を伐(き)ることは骨が折れる。そこで周囲の根のないところを掘りめぐらしておけば、大木は風雨に遇(あ)って自然と倒れる。仏教でいう、「五逆消滅、即心成仏(1)」とは、これである。

（1） 延命十句観音経、「種々重罪、五逆消滅、自他平等、即身成仏」。二宮先生はこの語に対し、「種々貸借、元利消滅、自他平等、即心皆済」といわれている。（全集一巻五七七頁）

〔一四三〕 君民・主僕は一本の木

国君が人民を恵まなければ、人民は脱税して利益だと思うようになる。主人が下男を可愛がらなければ、下男は油を売るのが得だと思うようになる。これは自然の勢いである。このようなことであれば、国はすたれ、家は衰え、これほど大きな損はない。国君と人民、主人と下男は、たとえば一本の木のようなものだ。その根に肥しをやれば枝葉は茂り、花も美しく、実も盛んになる。国君が人民を恵めば、人民はつとめて租税を納めるようになり、主人が下男を可愛がれば、下男は忠実に働くようになる。これも自然の勢いである。このようになれば、国は興り家は栄え、これより大きな得はない。

〔一四四〕 土台石と誠

土台石の深く地中にはいっているものは、どっしりとして、動かそうとしても動かない。地にはいり方が浅いものは、ぐらぐらしていて、動かさないでも自然に動く。人の決心のしかたも同様で、誠のあるものはどっしりしており、誠のないものは、ぐらぐらしている。ちょうど土台石を見るようなものだ。

〔一四五〕 米麦は本、金銭は末

世人は金銭を尊んで米麦を卑しむが、これは本末を知らないものだ。そもそも米麦が本であって、金銭は末なのだ。なぜならば、一日でも米麦がなければ飢えてしまい、金銭があっても買って食うことができない。仮に、もし金銭で田畑を埋めつくしてしまったとすれば、作付ができない。作付ができなければ米麦はとれない。米麦がなければたちまち飢餓が来る。とすれば、その金銭をとり除いて作付しなければならない。作付すれば米麦がとれる。米麦がとれてのち、始めて金銭が用をなすのだ。なんと、この本末を考えないでよいものだろうか。

〔一四六〕 足らなければ少なくとれ

論語（顔淵篇）に、魯の哀公が「今年は凶作で、国費が足らないが、どうしたらよいか。」とたずねたのに対して、孔子の門人の有若が、「どうして昔のとおり十分の一の税率に切り下げないのですか。」とこたえたという話がある。まことに良い言葉である。私はあるとき人夫をさとしてこう言ったことがある。

「人夫賃一日三百文とって足らないようならば、二百文だけとれ。二百文とって足らなければ、百文だけとれ。百文とって足らなければ、何もとらずに働け。そうすれば決して足らないことはない。」と。これは有若の言ったことと同じ意味である。　＊一九五・一六五・夜話一二七（旧版九七）

〔一四七〕 満腹すれば譲る

管子は、「衣食足って礼節を知る。」と言った。[1] もっともな言葉だ。いま小さいこどもに食物を与えるのに、腹いっぱいにならなければ泣くし、腹がいっぱいになればもう食べない。おとなならばもちろんで、意地きたない者でも満腹すれば必ず譲るのである。これが真の礼儀ではないか。

（1）原文は、「倉廩実つればすなわち礼節を知り、衣食足ればすなわち栄辱を知る。」

〔一四八〕幾諫の章

（父母にもし過ちがあって、諫めるときは、怒りにふれぬよう、そっといさめる、という論語の幾諫の章(1)を読んで、）――良いことだ、人の子として親をいさめる道は、まことにこうなくてはならぬ。ただ親をいさめるだけの道ではない、およそ事を処するにはこのようにするがよい。　＊三九七

（1）里仁篇、「子いわく、父母に事えては幾に諫め、志の従われざるを見ては又敬んで違わず、労して怨みざれ。」

〔一四九〕立脚地を定めよ

争論がおきるのは、おのおの立脚地を定めないからだ。立脚地を定める以上、何の争論もあろうはずがない。いま東西を論ずる者がある。東にいる者はあそこは西だと言い、西にいる者はあそこは東だと言う。米価を論じて、高い方がよいと言うのは売手であり、安い方がよいと言うは買手である。かぼちゃを論じて、つるがこんなに伸びたと可愛がるのは生えたての時で、

つるばかりこんなに伸びてと憎がるのは実を食うころだ。遠近を論じて、近くてよかったと言うのは使いに行く時で、遠くてよかったと言うのは火事が出た時だ。一切、ものごとを論ずるのにおのおのの立脚地を定めてかかれば、よしあしははっきりして、何の争論もおきるわけはない。

〔一五〇〕　努力を分外に進める

耕作をするのは農夫の常で、ばかでも知っている。ただ努力が分外に進めば秋のみのりが多く、秋のみのりが多ければその家は必ず富むのだ。農家で富を得る道がほかにあろうか。同じように、父母を養うのは人の子の常で、わからずやでも知っている。ただ努力が分外に進めば、父母は必ず喜ぶ。父母が必ず喜べば、これを孝行というのだ。孝はわが徳を修めることだ。人として徳を修める道がほかにあろうか。

〔一五一〕　本当の安楽

人生は安楽を好む。しかし、何が本当の安楽であろうか。それは、春植えて秋収めることである。まけばはえ、はえれば育ち、育てば花が咲き、花が咲けばみのる。そこで、種をまいて、はえるのを楽しみ、育つのを楽しみ、花が咲くのを楽しみ、みのるのを楽しみ、そうしてその

収穫を食えば、すなわち身は安らかで心は楽しい。なんとこれが本当の安楽ではないか。(1)

（1）　春植えて秋のみのりを願う身はいく世経るとも安さ楽しさ

〔一五二〕　猫と小刀

飼猫（かいねこ）を毛なみに撫（な）でればねむり、逆撫（さかな）ですればおこる。小刀を使うとき、柄を握れば切れない小刀でも役に立つが、刃を握れば切れる小刀でも役に立たない。物事を処理するにはこの道理をわきまえるがよい。

〔一五三〕　消費の分度と増産

農家が秋のみのりを得て、ことごとく秋冬の間に使ってしまえば、来年の食物がない。それゆえ、秋のみのりを得たならば、租税を納め、種子および備荒をたくわえ、その残りを十二箇月に割って、堅くその分度を守り、そうして父母を養い、妻子を育てるのが農夫の道である。なまけものは、耕作に力を尽さずにおいて、秋のみのりが何俵かとれただけでも天恩と思わねばならぬのに、それでは不足だとして、ばくちで大もうけをしようと考える。迷いもはなはだしいもので、大もうけできないばかりでない、ばくちに負けて家を滅ぼすまでになる。

いったい秋のみのりの多いことを願うのは農夫の常だが、みのりの多いことを願う以上は力を耕作に尽くさねばならぬ。一うねよく耕せば一うねだけの利益があり、二うねよく耕せば二うねだけの利益がある。これを「至誠神のごとし。」（中庸）というのである。

〔一五四〕興亡のきざし

深山には雪があり、谷の奥は凍り、寒気が身にしみるときでも、川べりのねこやなぎが芽を出したならば、もう春の訪れであって、氷や雪はあっても無いと同然である。また、山野に草木が青々と茂っていても、一枚の葉が枝から落ちたならば、もう秋は来ているのであって、青々とした景色はあっても無いと同然である。国家が衰微し、田畑が荒れ、借財が山のようにあっても、国君や家老で深くこれを心配する者が出れば、衰微も荒地も借財も、もう無いと同様である。反対に、国家が安寧で、財貨が豊富であっても、国君や家老でぜいたくを好む者が出れば、安寧も豊富も、もう無いと同様である。

中庸に、「至誠の道は、もって前知すべし。国家まさに興らんとするや、必ず禎祥（良いきざし）あり。国家まさに亡びんとするや、必ず妖孽（悪いきざし）あり。」とあるのは、このことをいうのだ。(1)

（1）奥山は冬季にとじて雪ふれど　ほころびにけり前の川柳

〔一五五〕　貧富二つの弊害

物があれば必ずそれに伴う弊害がある。(1)かぶをまけばかぶの虫が生じ、たばこをまけばたばこの虫が生ずるようなもので、これが自然の道理なのだ。だから、富には奢侈(しゃし)の弊害があり、貧には怠惰の弊害がある。この二つの弊害は国家の大患である。わが法は、ほかならぬこの二つの弊害を除くものであって、奢侈を転じて倹譲とし、怠惰を変じて精励とする。この二つの弊害が除かれさえすれば、それで国家は安泰である。

（1）　忠勤を尽してその弊を知らなければ忠信に至らない。（二宮先生真筆選集）

〔一五六〕　父母の子を育てる道

父母が子を育てるには、もっぱら慈愛を尽し、たとい無頼の子になっても、養育費を損したとは思わない。農夫が田を作るには、ひたすら耕作に努め、たとい凶作という災にあっても、培養費を損したとは思わない。舜(しゅん)や禹(う)はひたすら天下を治めて、これをわがものとせず、(1)道を万世に伝えたし、釈迦(しゃか)は王位を避けてもっぱら人を導き、法を万年の後までも残した。これらはちょうど、物を買うのに財布のひもを解くように、当然の譲であって、わが道を行う者は、よろしくこの心掛を持つべきである。

（1）　論語、泰伯篇、「巍々乎(ぎぎこ)たり舜禹の天下を有(たも)てるや。而(しか)して与(あずか)らず。」参照一八四。

〔一五七〕 父母はわが身

父母や祖父母や先祖代々の心は、皆わが身に集まっている。なぜならば、およそ天下の父母という父母で、わが子の死を喜ぶ者はない。わが身をもってわが子の死に代ろうと願うのが父母の心なのだ。してみれば、父母の心はわが身の内に存するわけではないか。だから人の子たるものは、よろしくわが身を愛し、わが体を敬し、そうして父母の心を奉ずべきである。(1)

（1） 父母もそのちちははもわが身なり　我を愛せよわれを敬せよ

〔一五八〕 父母を安心させるのが孝行

人の子たるものは、父母を安心させることを第一とするがよい。父母を安心させようとするからには、心を正しくし、身を修めるがよい。心が正しく、身が修まっておれば、たとい他国に奉職して帰省する暇がなくても、父母は、表彰式があると聞けば喜んで、わが子もそれに加わっているだろうと思い、犯罪者があったと聞いても平気で、わが子ではないと思う。このようになれば孝行ということができる。

ところが反対に、心が正しくなく、身が修まらないならば、父母は、犯罪者があったと聞けば、わが子も罪を犯したのではないかと心配し、表彰式があると聞いても、どうせわが子ではあるまいと思う。このようなありさまでは、たびたび帰省しても決して孝行とはいえないのだ。

〔一五九〕 物には命数がある

物にはおのおの命数がある。猛火が炎々と燃えていても、薪炭が尽きれば止（や）んでしまう。激烈に飛ぶ弾丸でも、勢いが尽きれば子供のおもちゃになる。人が高官にのぼり、主君の寵愛（ちょうあい）を得ても、どうして久しく保つことができよう。命数が尽きれば、免官科罰がたちどころに来るのである。よくよく考えなければならない。

〔一六〇〕 航海と世渡り

航海するのに、ただ風波に任せていては、望みどおりの岸に達することができない。望みどおりの岸に達しようとする以上は、かじをとり、風波を避けねばならない。人生を渡るのも同様である。むやみに欲情に任せていては、願うところの富貴安楽は得られない。願いどおり富貴安楽を得ようとするからには、欲情をしりぞけて節制しなければならない。もしも舟がかじをとって風波を避けなければ、漂流沈没の難をのがれられぬと同様、欲情をしりぞけて節制せずに、酒食をむさぼり、美しい着物を着、華美な家を造り、百両の収入で二百両の支出をしていれば、滅亡の運命はのがれられないのだ。

〔一六一〕 寿命は天命

若死にを悲しみ長生きを喜ぶのは人情である。けれども寿命は天命なのだから、ただ身を練り修めて天命を待つほかはない。いま五十歳で死んだとしても、逆算すれば五十年前にはその人はなかったわけだ。してみれば、五十年間生きていられたというだけでも、何と幸いではないか。

〔一六二〕 儒教と仏教の比較

手で物を取るとき、左手が出れば自然に右手が出、右手が出れば自然に左手が出る。親指が出れば人差指が出、人差指が出れば親指が出る。口で飯をかむとき、上の歯がさがれば下の歯があがり、下の歯があがれば上の歯がさがる。これらは自然の勢いである。仏教の説法のしかたもこれと同様で、南と言えば無と言い（＊二二五）、空と言えば色と言い、死と言えば生という。すべての言葉がみなそのとおりだ。

だからきつねやたぬきもたぶらかすことができず、悪鬼も近づくことができない。ところが儒家の言葉はそうではない。たとえば、ただ田は耕すべし家は造るべしと言う。仏教の方は、田は必ず荒れ、家は必ずこわれ、生きものは必ず死ぬと言う。たとえてみると、家の中に泥坊がいるとき、戸の外で「御用だ」と呼べば、家の内で「召し捕った」と叫んで、これを縛りつけるようなものだ。儒家の方は、ただ戸外で「御用だ」と呼ぶだけで、泥坊が裏口から逃げ出すのを知らないのである。

〔一六三〕 永久に存続するもの

この世に形をあらわすものは、滅びないことがない。けれども、浅草観音像のごときものは、始めこれを鋳た時の火はとうに消えてしまったが、その像は永久に存在して、衆生にあがめられている。つりがねも同様である。それを鋳たときの火はすでになくなっても、その音は永久に鳴り響いて、民衆が時のしるべにする。わが無利息金貸付法を行う者もまた同様であって、その身はすでに死んでも、その報徳金は永久に存続して、人民が頼りにするのである。(1)

(1) たとえば「彰道院殿御菩提のため御回向料永代増益手段帳」(全集一九巻一三九九頁以下)によれば、嘉永二年、小田原大久保忠真公の回向料として金三百両を青山教学院に寄附し、年々利子の一部を野州その他の仕法地に無利息金として運用し、仕法資源と回向料と公の遺志とを永久に増益しようとした。

〔一六四〕 明中暗と暗中明

明中暗あり、暗中明ありと言える。真昼間に大きい目をむいて、利欲を思い、悪心をはびこらす、これが明中暗ありである。真夜中に目をつぶって、道理不道理を思い、善悪を判断する、これが暗中明ありである。

〔一六五〕 百両の収入で百十両の支出

人が家計を経理するのに、いくら勤労を尽しても、いくら倹約を守っても、大みそかになって勘定が足らなければ、勤労も倹約も一向そのかいがなくなる。世人の勤倹には、これに類するものがある。なぜならば、百両の収入で百十両の支出をする。だから収入が減って九十両になる。そこで借金によってこれを補う。だから収入はまた減って八十両になる。こうなって始めて浪費を省いて九十両の支出とする。だから収入はまた減って七十両になる。

そこでまた節約して八十両の支出とする。ついに滅亡に至るまで、ずっとこの調子である。実際、始め百両の収入が減って九十両になったときに、すぐに悪い習慣を改め、大いに浪費を省いて、八十両の支出としたならば、ただ百両の収入に回復できるばかりでなく、ついには千両の富をつくるのもむずかしいことではないのだ。世人はこれをさとらず、ただ一時しのぎで安心するうち、ついにその家を滅ぼすようになる。まことに悲しいことだ。

〔一六六〕 天禄を保つ

堯（ぎょう）は子孫に帝王の道をさとして、「四海困窮せば天禄（てんろく）永（なが）く終らん。」と言ったが（書経、大禹（たいう）謨（ぼ）篇）、天禄は決して君主だけのものではない。人民にもおのおの天禄がある。というのは、衣食住はもちろん、およそわが身を助けるものは、ことごとく天禄すなわち天のたまものから出たものだ。だから天禄を尊んでその恩を忘れない者は、困窮の憂いがない。反対に天禄を卑しんでその恩を忘れる者は、困窮の憂いを免れないのである。

思うに天下の政治行政も、神儒仏の三教も、みな天禄を保つのが主旨である。だから人民が飢えずこごえず安らかに生活するのを王道の極致としている（孟子、梁恵王上篇）。さてわが道はといえば、天禄の破れこわれたものをつくろい、廃絶した国や家を継ぎ興す道である。なんと、大したものではないか。

〔一六七〕　昔の木の実は今の大木

世の中の道として、小を積むことを尊ぶ。小を積んで大となす日掛縄綯法（ひがけなわないほう）のようなことは、人々は疑わずに努める。これこそ天下の法とすべきものだ。ところが目先を離れた高遠なことは、人々はとても企て及ばないと思っている。けれどもこれは根本を考えないからである。いま大地主がここにあるとすると、これはにわかに大地主になったものではない。

始めは一鍬（くわ）一鍬の小を積んで、ついに大地主となったものだ。また芝増上寺（しばぞうじょうじ）の二本柱や、永代橋（えいたいばし）の橋けたのような巨材でも、そのはじめは小さな種から生じて、幾百年を経、風雨を冒し寒暑をしのぎ、日夜精気を働かして、大きくなったものだ。昔の種だけがこうなのではない、今の種でも同じことだ。とすれば、昔の種は今の大木、今の種は後世の大木である。人ははっきりとこの道理をわきまえ、大をうらやまず、小を恥じず、すみやかにしようと思わず、朝から晩までよく努めて、小を積む功果をなしとげるべきである。(1)　＊三〇二

（1）　昔まく木の実大木となりにけり　今まく木の実後の大木ぞ

〔一六八〕　甘い性と辛い性

甘い辛いは物の味で、甘いものをますます甘く、辛いものをますます辛くすれば、これは偏（かたよ）りである。偏りでなければその真の味を保つことはできないが、それでは人の口に適しない。だから甘さと辛さを調和せざるを得ないのだ。人にも甘い性（しょう）の者があり、辛い性の者がある。これもまた偏りである。

だから出しゃばる者は控え目にさせ、引っ込み思案の者は引き立ててやり、甘い辛いを調和して、始めて世の中に容（い）れられ、人に用いられるようになる。けれどもまた、偏らなければその真の性分を保つことはできない。たとえば漬物（つけもの）を作るのに、浅漬には甘味と塩味と半々にするが、長く漬けるには塩ばかりでするようなものだ。

〔一六九〕　稲作と日光

米は地に生ずるものではあるが、また天から降るものである。なぜならば、日光照射の功を積んで米となるからだ。だから春耕してから春分を過ぎ、田の草とりを経て秋分に至るまで、試みにものさしでこれを計れば、十日間の日射は十日だけの分量、三十日間の日射は三十日だけの分量があって、稲の生気はこれを地中に積みたくわえるのである。かりに後日冷雨があっても、それまでに積んで地中にある分量だけは、その稲は必ずみのるものだ。

けれども、人力を尽さなければみのりは少く、人力を尽せばみのりは多い。思うに、深く耕し、たびたび草をとれば、それだけ日光が深く地中にはいるから、秋のみのりが多いのである。だからよく勤めねばならぬ。

〔一七〇〕　金持の下の貧乏人

貧乏人で金持の世話になって生活している者は、必ず家が絶える。なぜならば、これに泣きついて借りては不足を補っているからで、たとい婿をとり嫁をもらってもきっと子孫ができない。たとえば、小さな木が大木の下にはえて、風雨をしのぎ、辛うじて花だけは咲いても、実が結べないのと同じようなものだ。そこで、もし大木の枝を切りすかせば、小木も日光を受けて実を結ぶし、金持が分内を譲ってこれを貧乏人に施せば、貧乏人は必ず生活を保つことができる。

〔一七一〕 飢きんと予備

貧民が飢きんにあって飢えを免れないのはなぜであるか。それは、予備ということを心掛けないからだ。米は毎日はえて毎月みのるものではない。ただ春生じて秋みのるだけである。それなのに一年中飢える心配がないのはなぜかといえば、それは予備ということを心掛けるからだ。もしも米が一年おきに一回みのり、あるいは三年に一度みのるものであったとしても、予備を心掛けさえすれば、何も飢えるなどという心配はない。まして、三十年もしくは五十年に一度だけ来る飢きんのようなものは、全く恐れるに足りないのだ。

〔一七二〕 才人は道徳に乏しい

多才の人は道徳に乏しく、書物を著わし、古語を引用しても、もっぱら諸子百家の説や歴史の類であって、大学・中庸・論語[1]には触れないのである。思うに聖人の言葉は才知では解きにくいのであろうか。あるいは自分の心に合わないためであろうか。これらの人は、大学・中庸の道を行い難いものとしている。考えが足りないこと、はなはだしいものだ。

〔一七五〕 吝嗇と倹約

世人は吝嗇（りんしょく）な者を見て倹約家だと言い、倹約な者を見て吝嗇家だと言う。これを論ずる者があっても、吝嗇と倹約との境をはっきりさせたためしがない。倹約と吝嗇とは、実は分において定まるのだ。分が定まらなければ終日論議しても何の役にも立たない。その上、倹約か吝嗇か、外形によって判断できぬことは、ちょうど精業か私欲かという場合と同じことだ。ここに農夫があって、朝早く起きて稲を刈るとする。これは精業か私欲か、たれにも区別ができまい。それは、自分の田を刈れば精業なのだし、他人の田を刈れば私欲なのだ。同様に、ここに武士があって、悪衣悪食でむさくるしい家に住んでいるとする。これは倹約か吝嗇か、たれにも判断がつくまい。

もしその人が、天分の祿高（ろくだか）を守ってその職務のために用い、私生活の費用をはぶいて人に推し譲っているならば、それは君子の行いであって、倹譲の道である。反対に、もしその祿を惜しんでわざと使わず、米を虫食いにし、金を隠し、衣類を腐らせながら、その職務に事欠くようならば、これは小人の欲であって、吝嗇のためなのだ。

こうしてみれば、田畑のあぜが定まり自他の区別が明らかになって、始めてその農夫が精業か私欲かの判断ができ、祿高が定まり天分が明らかになって、始めてその武士が倹約か吝嗇かの区別がつくのだ。勤業して分を譲り、人のためにするものは倹約である。私欲から財を惜しみ、おのれのためにするものは吝嗇である。いやしくも人のためにする以上は、国君の身で悪衣悪食を用い、見苦しい住居に住んでも、たれがこれを吝嗇と言おう。シナの聖天子禹が宮殿を質素にしたのは力を治水工事に尽すためであった(1)。してみれば、倹約は君子の公道であって、吝嗇は小人の私欲である。決してその外形によってこれを混同してはならない。

(1) 論語、泰伯篇、「禹はわれそしるべきなし。飲食をうすくして孝を鬼神にいたし、衣服を悪しくして美を黻冕(祭衣)にいたし、宮室を卑くして力を溝洫に尽す。禹はわれそしるべきなし。」

〔一七六〕ふるまい酒を飲まぬ

他人の酒食をむさぼり食うような者は、国家の用をなすに足らない。好んでふるまい酒を飲みに行くような者は、相談相手とするに足らない。私は幼い時から酒もりに行くのを好まなかった。酒もりに行って、むだに時間を費やすよりは、手さげかごを作って人にやる方が楽しかった。そうすればまた、きっと酒やさかなを届けて来たものだ。自分が好きなことをして楽しんだ上に、居ながらにして飲み食いできる。なんとうまいことではないか。　＊四五五

〔一七七〕 世のために尽せばおのずから衣食あり

私は、自分の衣食を得ようと努めず、ひたすら人を救済することに努めている。そして、先君の命を奉じて興国安民の仕事に従事し始めてからは、自分の家の飯米がどこからはいるか、金銭がどこにどれだけ出るかなどということは一向構わず、家計に心を用いないで、もっぱら力を職務に尽して来たのである。

けれども衣食は自然と間に合い、一度も欠乏したことがない。これはちょうど、農業をする者が衣食のためを考えず、もっぱら耕し、草とり、水かけ、肥しかけに力を尽せば、衣食は自然とそのうちにあるのと同じことだ。世の中に、あくせくと衣食のために駆けまわりながら貧困をのがれられぬ者があるのは、何としたことか[1]。

（1） 御仕法中の一家の生活は、俸禄全部を仕法のために差し出し、御仕法用として人夫などを含めて最低限度の衣食を供したから、生活の問題もなく、工夫もしなかったのである。

〔一七八〕 現量鏡の意味

わが法で使用する出納簿は現量鏡という。量とは枡（ます）であり俵である。およそ米というものは人命を養うものだが、散らばればすずめやねずみのえさになるばかりだ。そこでこれを集めて何升とし何俵とし、そうして人命を養うのだ。日掛縄綯法（ひがけなわないほう）も同様で、縄一ひろや二ひろの代価では家を興すに足らず、一村一郡はもちろんのことだが、これを集めれば国をも興すに足りる。ちょうど枡で米粒を量るのと同じことだ。これがすなわち現量鏡と名づけたわけである。

〔一七九〕 世界の法は世界に比較して立てる

なぜ人はわが法を迂遠というのであろう。私は一俵の米を分度外として、それをもとに、二十余年[1]の勤労を積んで一家を成し、今や余財を譲って諸侯の衰廃した町村を復興しつつある。また、かの日光廟の祭田は無窮に存続するものだ。だから成功を無窮に期してその復興法を立てた。世人は事をなすのに、その年限を自分の一代に比較し、その成功を自分の目で見たいと望む。だからわが法を迂遠だなどというのだ。思うに、天下の法を立てるには、よろしくこれを天下の長久に比較すべきである。世界の法を立てるには、よろしくこれを世界の広大に比較すべきである。どうして自分の短い一生に比較してよかろうか。 ＊二九

（1） 一家離散した享和二年（先生十六歳）から桜町仕法受命の文政五年（先生三十六歳）まで二十一年間である。

〔一八〇〕 農は国の大本

一郷こぞって従事して、いつまでたってもさしつかえのないものは農業である。これを国家

の大本とする。儒仏のごときは末であり、その他の技芸百工はいうまでもない。なぜかといえば、一郷こぞってこれらの事をして、農業をやめたならば、飢餓の憂いがたちどころに来るではないか。

そうなれば、たとい儒者が経書を講義し、仏僧が経文を説き、芸人が演技をやり、百工が細工に精を出しても、何の役にも立つものではない。してみれば、農の大本が立ってのち、始めて儒仏を主薬とし、技芸百工を補いとして、一郷を治めることができるのだ。実に、五穀九菜は身命を養い、五常十戒(1)は心の病を治め、技芸百工それぞれ用をなす、本当にこういう姿になれば、万世にわたって弊害がない。これを、「本立って道生ず。」（論語、学而篇）というのである。

（1）五常は通常、仁・義・礼・智・信。十戒には種々あるが沙弥すなわち少年僧の十戒は、通常、殺生・偸盗・邪淫・妄語・飲酒の五戒に、食肉・邪見・毀・謗・期誑の五悪を加えたもの。

〔一八一〕わが説を伝えよ

（弟子たちに対して）――私が日夜説くところの道理は、多くは古人のまだ発明しなかったことがらである。そなたたちは、日光廟祭田のわずかな開墾に従事するよりは、むしろわが説をしるして後世に伝えるがよい。(1)

（1）斎藤高行・福住正兄の両門弟が先生の教説を筆録しようとしたとき、先生はこれを制して、自分の言うところは筆録して終りとするべきものではない、よろしく実践し体験し修証すべきであるとさとされたので、面前言下に筆録することをやめ、寝後ひそかにこれを記録したと、福翁昔物語に見える（福住正兄翁伝）。それと、本章の記事と矛盾するようであるが、あるいは福翁の記事は入門当初、仕法実施の体験を持たぬ時分のことであり、本章の記事は相当の実地修証を経たのちのことであるかも知れぬ。ともあれ、実地の体験を欠いて観念に流れることも、実地の一部業務にのみ没頭して深い原理の研さんを欠くことも、共に大道の真の握伝達にならぬことを意味するものであろう。　＊三九〇

巻　三

〔一八二〕人心危く道心微かなり

書経に、「人心これ危く道心これ微かなり。これ精、これ一、まことにその中をとれ。四海困窮せば天禄永く終らん。(1)」とある。まことに至言である。これを一村一家にたとえて言えば、自分の家の便益を計ろうとするのが人心である。この心は常に生じてやまない。それで「危し」と言うのだ。それから、倹約して人に推し譲るのが道心である。この心はたまたま生じてもすぐ厭になる。それでこれを「微かなり」と言うのだ。だから、自己の天分を精察して、百石の田地を持つ者は専一に百石の天分を守り、その半ばをもって家事を経理し、その半ばを譲ってこれを人に推すがよい。このようにする以上は、一家も一村も必ず安泰である。ところがもし、おのおの自分の家の便利ばかりをたくましくして、日ごとにぜいたくと怠惰に流れたならば、一村をあげて日ごとに困窮してゆき、反当産米四俵を出すところは三俵に減り、又減って二俵となり、ついには荒地になって、一村一家の田禄は永く絶え、無人の廃墟となってしまうに相違ない。実に、恐れ戒めねばならぬことではないか。

また、これを草原と畑との関係にたとえて言えば、人心は草原のようなものだ。草原は自然である。だからこれを開墾して畑にしても、草かずらが日々に生じて荒れようとする。まさに「危い」ではないか。そして、道心は畑のようなものだ。畑は人のこしらえたものである。だから努めて耕せば畑となり、努めて耕さなければ草原に帰ってしまう。まさに「微妙」ではないか。すなわち草原に帰るのは天道であり、耕作に努めるのは人道である。およそ人道は、半ば天に従い、半ば天に逆らうものだ。なぜならば、草原になろうとする天道に逆らって畑をひらき、春、はえようとする天道に従って種をまき、夏、雑草の茂る天道に逆らって草をとり、秋、枯れようとする天道に従って刈りとるからである。

ひとの忠言が耳にさわるのもまた自然である。寒中に用排水を修理するとき、人々を戒めて、寒さを冒して働けと言えば逆らい、人々をねぎらって、火をたいて休息せよと言えば従う。来年必要な用排水のことでさえ、寒苦をきらい、働くことをいやがるのが自然の人情なのだ。だから頭から命令しても行われない。これは天道と人道と異なるからだ。そこで、あるいは自然の人情に従って、酒食を与えてこれをねぎらい、あるいは自然の人情に逆らって、精出して働かせるというようにすれば、命令しないでも行われるのだ。　＊三九・四五・二六三・夜話六三

（旧版四〇）・報徳記二巻八章（全書一巻一二〇頁）

（1）　大禹謨篇にある。舜が禹に譲位するときに与えた言葉である。

〔一八三〕誠なれば明らかなり

中庸に、「誠なればすなわち明らかなり。明らかなればすなわち誠なり。」とあり、また「至誠は息むことなし。」とある。これは、縄をなうのにたとえると、一房なって銭に換えれば四

文になり、銭を四文払えば縄が一房来る。これを「誠なればすなわち明らかなり。明らかなればすなわち誠なり。」と言うのだ。縄を出して銭に換え、銭を出して縄に換え、万世までも止(や)むことがない。これを「至誠は息(や)むことなし。」と言うのだ。また米を量るのにたとえると、枡(ます)を使って量れば何回くりかえしても決して違わない。これを至誠と言うのだ。また珠玉でたとえるならば、上下四方から見てきずのないものが至誠であって、一方だけから見てきずのないものは至誠ではないのである。

〔一八四〕己を恭しくして天職にはげむ

孔子は、「無為にして治めし者はそれ舜(しゅん)か。かれ何をか為(な)せる。己(おのれ)を恭(うやうや)しうして正しく南面せるのみ。」（論語、衛霊公篇）と言った。「無為」とは何を言うのか。もっぱら天職を行って他事を顧みぬことである。「己を恭しうして正しく南面す」とは何を言うのか。天子は天徳を拝して上帝に仕える。だから太陽にむかって南面する。百官は天子の命令を奉じて、天の生じた万民を治める。それで天子の方に向くから北面である。さて天子が天職を尽し、百官はそれぞれ職務を奉じ、農夫は農耕を営み、工商は工芸や商業に従事し、かごかきや馬方もおのおの生業を勤めて、皆ことごとく、力をもっぱら己の職務に尽くすような国となるとき、これを「無為にして治む」と言うのだ。

今の世の中はそうではない。人君が臣下の職務を兼ねたり、臣下が主君の位を乗っ取ったり、武士が商人を兼ねたり、百姓が武士のまねをしたり、鍛冶屋が大工を兼ねたり、米屋が酒屋をまねたり、豆腐屋が屑屋を兼ねたりしている。これらは皆、「己を恭しうして正しく南面する」ものとは言えないのである。

中庸に、「君子はその位に素して行い、その外を願わず。患難に素して患難に行う。君子入るとして自得せざるなし。」とある。これは「己を恭しうして正しく南面す」という言葉と相対している。豆腐屋は豆腐を造ることを楽しみ、かごかきも馬方もおのおのその生業を楽しむ。これが「患難に素して患難に行う」である。しかるに豆腐屋が、家業がもうからぬからと言って屑屋になろうとするのは、志が定まらないのだ。志が定まらなければ心と身と離れればなれになる。だから家業を患難に思って、これを変えようとする。これは迷いもはなはだしいものだ。豆腐屋として生業を営むことはすなわち天命であり、患難に安んずることはすなわち天理である。天理をわきまえ、天命に従って、心を安んじて業務に励む、これを「己を恭しうして正しく南面す」と言うのだ。

孔子はまた、「巍々乎たり、舜禹の天下を有てるや。而して与らず。」と言った（論語、泰伯篇）。「与らず」と「己を恭しうす」と相対している。「与らず」とはわがものとしないことだ。わがものとしないということは「己を恭しうする」ことだ。舜や禹は天下を保ち治めながら、これをわがものとしなかった。これが「巍々乎」と称せられるゆえんなのだ。

いったい、一人で働いて一人で食うのは鳥獣の道である。一人が農業に勤めて八人もの口を養うのが、人の道である。一人が働いて八人の口を養い、余りを推し譲って人に及ぼすならば、舜禹の「与らざる」道がそこにあるわけだ。与ってわがものとするから足らない。与らず、わがものとしなければ余りがある。余りがあることを富と言い、足らないのを貧と言うのだ。

＊一九〇

〔一八五〕仕官にも鎌をとぐ

孔子は「工その事を善くせんと欲するや、必ずその器を利にす。この邦に居るや、その大夫の賢なる者に事え、その士の仁なる者を友とす。」（論語、衛霊公篇）と言った。これを床屋や柴刈りにたとえると、床屋でも柴刈りでも仕事にかかるには、きっとまずかみそりをとぎ、鎌をとぐ。これは必然の道理だ。そして、床屋がかみそりをとぐには、きまって砥石を用いる。こういうことを、「その大夫の賢なる者に事え、その士の仁なる者を友とす。」と言うのである。

〔一八六〕民政の要道

論語に、「滅国を興し、絶世を継ぎ、逸民を挙ぐれば、天下の民、心を帰す。[1]」とある。もっともな言葉である。私がすたれた村を興す場合も、荒地をひらいて、とだえた家々を取り立ててやり、投票によって良民の表彰を行い、そのようにしているうち、次第に一村の民が心服するようになるのだ。論語にまた、「民の重んずるところは食・葬・祭。[2]」とある。食とは、米びつに米があることだ。米びつに米があれば、民衆はいわゆる「終りを慎み遠きを追う。[3]」で、親を手厚くとむらい、先祖の祭りをねんごろにする。親先祖の葬祭が手厚くできるようであれば、禁令を守って家業に勤める。禁令を守って家業を勤めれば、妻子が離散し土地が荒れ果てるというような心配はない。

ところがもし米びつに米がなければ、民衆は生活ができない。生活ができなければ、親先祖の供養をするゆとりがない。親先祖の供養ができないようだと、禁令を犯し、家業を怠るようになる。禁令を犯し、家業を怠れば、ついに、妻子は離散し土地は荒れ果てるという難儀に陥ってしまう。だから、民の重んずるところは、実に米びつにあるのだ。

また論語に、「信なればすなわち民、任ず。[4]」とある。一言も約束にたがわないのを信という。信であれば、人は必ずこれに物事を依託する。子どもが菓子を母親に預けるときは、必ずしもその数を勘定しないで渡す。これは母親の信が子どもに透徹しているからである。相手が兄弟姉妹の場合はそうではない。きっとその数を勘定してから預けるものだ。小田原の先君忠真公が桜町の復興を私に任ぜられたとき、十年を期限として、その間の処置や会計を一々報告する

に及ばぬとせられた。これは私の信が先君に透徹していたからである。(5)

（1）堯日篇。
（2）堯日篇。正しくは、「重んずるところは、民の食と喪祭となり。」と読む。
（3）論語、学而篇、「曾子いわく、終りを慎み遠きを追えば、民と徳厚きに帰す。」
（4）堯日篇。（2）の文がこれに続く。
（5）参照　報徳記一巻三章（全書一巻二七頁以下）

〔一八七〕不幸な者をあわれむ政治

孔子は、「国を治むる者は、あえて鰥寡を侮らず、しかるをいわんや士民においてをや。」（孝経、孝治章）と言った。米を大切にする者は、庭に散りこぼれた米粒さえも、洗って団子にする。まして俵の米は言うまでもない。薪を大切にする者は、切りくずとても捨てず、細片でさえ乾かしておいて燃す。まして束ねた薪などは言うまでもない。ところで、やもめ、やもめ、みなし子などは、再びもとの境遇にかえることのできないもので、まことに哀れみ恵むべきものだ。こういう人たちを侮らず、まず第一に憐恵を加えるような政治家であれば、国家を治めることは、手のひらの上でめぐらすほど容易である。

〔一八八〕知者は過ぎ愚者は及ばず

孔子は、「道の行われざるや、我これを知る。知者はこれに過ぎ、愚者は及ばざるなり。道の明らかならざるや、我これを知る。賢者はこれに過ぎ、不肖者は及ばざるなり。」（中庸）と言った。これを捨て網代木にたとえよう。およそ天が人を生ずるのに、賢い者、知恵のある者も出来、愚かな者、不肖な者も出来る。もとよりこれは自然であって、天としては、どれを君にしどれを臣にし、どれを宰相にしどれを小役人にしようというような意図があるわけではない。しかるにその知愚・賢不肖の差別がよろしくないと言って、これを平等に取り扱おうとするのは、ちょうど捨て網代木を集めて、その長短大小をそろえようとするようなものだ。長いものは、長過ぎて用に適しない。短いものは、短か過ぎて用に適しない。これは、ほかでもない、もともと寸法をとって作ったものではないからである[1]。

そもそも、天道は自然であり、人道は自然ではない。これを家屋でたとえよう。家屋を建築することは自然ではない。もしそれが自然であるならば、山林に四寸角の柱がはえてよいわけだ。ところが、そんなものは一度もはえたことがなく、しかも立木は長短・大小・曲直みな同じでない。それゆえ、これを割ったり削ったりして、その長短・大小・曲直に応じて、おのおの役に立つようにするのが大工の仕事だ。人の知愚・賢不肖も同様であって、それぞれの人材に応じてこれを用いるのが君主や宰相の任務なのだ。国君や宰相が人を用いること、大工が材木を用いるようにするならば、国家を治めるのは何の造作もないことである。

（1）　世の中は捨て網代木の丈くらべ　それこれ共に長し短し

〔一八九〕まげて生きるもの

孔子は、「これを罔げて生けるや、幸いにして免る。（1）」と言った。これをはぐさにたとえよう。田の草をとる者は、努めてこれを抜き去る。けれども稲に似ているので、免れてみのるものがある。すると刈りとる人がきっとそれをとり除く。それでも免れて俵にはいるものがある。すると精米する人がこれをふるい去る。又々免れて飯となって口にはいっても、到頭そこで吐き出されてしまう。これが、幸いにしてしばしば免れても、ついに免れきれないというものである。悪人が悪事をするのもこれと同様だ。天を欺き、法を犯し、刑をのがれて、幸いにして免れたと思っても、彼らには必ず子孫がないものである。

（1）　論語、雍也篇、「人の生るるや直、これを罔げて生けるや、幸いにして免る。」

〔一九〇〕「与らず」ということ

孔子は「巍々乎たり、舜禹の天下を有てるや。而して与らず。」（論語、泰伯篇）と言った。「与らず」とは何のことか。天下をわがものとしないことである。いまここに先祖伝来の田地があるとき、これをわがものとしないで、仮に負債であると思いこみ、収穫の十分の一を出して、その利息を返すつもりでこれを貧者に推譲すれば、子孫の長久は間違いない。またこれを作物の栽培にたとえよう。その収穫の十分の一を肥料代として施せば、年々必ず収穫を増す。ところがもし一度でもその肥料代を出さないと、収穫は必ず減る。たとい豊年にあって、その年は減らなくても、あくる年には必ず減るのだ。人はよろしくこの道理をわきまえて、推譲によって子孫の長久を計るべきである。　＊一八四

〔一九一〕大学の三綱領

孔子は、「大学の道は、明徳を明らかにするにあり、民に親しむにあり、至善に止まるにあり。[1]」と言った。これを田畑にたとえれば、明徳が物欲に覆われているのは、荒地ができたようなものであり、明徳を明らかにするのは、荒地をひらくようなものである。荒地をひらいて米穀を産み出す、それが「明徳を明らかにする」ことである。そして、その産米を得たならば、その半ばを食って半ばを譲り、くりかえし開墾して荒地を起させてゆく、それが「民に親しむ」ということである。そして、この開墾と推譲の道は、万世までも易わるべきではない。これが「至善に止まる」である。[2]

(1) 大学の開巻第一節。このうち「親民」は「新民」だとする説が古くからある。語録の原文も、送りがなから見ると、「民をあらたにするにあり。」と読ませるようである。

（2）豊あしのふか野が原を田となして　食を求めてくらふ楽しさ
田をひらき米を作りて施せば　命あるものみな服すらん
田を作り食を求めて譲りなば　いくよへるともこれに止まる
夜話三八（旧版続四六）には、この三綱領は実は二綱領と考えてよい、なぜならば、至善の内容は前二者に過ぎぬからだ、とある。

〔一九二〕耕せば食その中にあり

孔子は、「君子は道を謀りて食を謀らず。耕すや餒(うえ)その中(うち)にあり。学ぶや禄(ろく)その中にあり。(1)」と言った。第二句の「餒」と第三句の「禄」と相対しているが、どうも意味がはっきりしない。良農が道を得て年々譲りたくわえたならば、凶荒の年でも何の飢えがあろうか。反対に、学者が道を失ったならば、今は用いられていても、どうしてその禄を長く保てようか。農夫については過って道を失った場合をあげ、学者については道を学び行う功果だけあげている。だから、この言葉がはっきりしないのだ。これは、「餒」の代りに「食」と書いたならば穏当だろうと思う。(2)

（1）論語、衛霊公篇。今日の読み方に従えば、「君子は道を謀(おも)いて食を謀(おも)わず。耕すも（学ばざれば）餒その中にあり。学べば（耕さざるも）禄その中にあり。（ゆえに）君子は道を憂えて貧を憂えず。」

（2）「耕すも餒その中にあり。」というのは、良農がひたすら耕作に努めても時には凶作があるという意味に解釈されているが、二宮先生は、年々譲りたくわえれば決して飢えないから、「耕せば食（必ず）その中にあり。」と言う方がよいというのである。結局は「道」と「学」との概念にかかってくる。 ＊二〇九

〔一九三〕恵んで費えず

孔子は、「民の利するところによってこれを利す。すなわちまた恵んで費えざるにあらずや。」（論語、堯日篇）と言った。これを稲に肥しをするのにたとえれば、稲の利とするところによってこれに肥しをかけてやると、秋のみのりが多い。あるいは、子供が十文のおもちゃを求めるとき、代りに二十文の紙を与える。あるいは又、人に魚を贈るべき時に、新鮮なものを贈れば人はきっと喜んで受け取る。こういうことを「恵んで費えず」と言うのである。ところが、もし腐った魚を贈れば人はきっと捨ててしまう。子供にいい加減なおもちゃを与えればむだになる。これがすなわち「恵んで費える」のである。

また同じところで、「仁を欲して仁を得たり。またいずくんぞ貪らん。」と言っている。これを米や豆にたとえよう。米を欲して下肥をかければ米が得られるし、豆を欲して下肥をやれば豆が得られる。ほしいと思うものでこうして得られないものはないのだが、それがどうして貪ると言えよう(1)。

こういう調子で、経書は万事に通ずる。通じないものならば、経典とするには足らないのだ。

（1）二宮先生の藤曲村仕法書等に掲げられた解釈によれば、報徳金を積んで無利息金として貸与し、借財を償還し、荒地を開いて、村を興させ、そうして元金を償還せしめるときは、元金は永久に仕法資財となり、衰廃を復興し、いよいよ繁栄させる、それが恵んで費えずである、とされている（全書三巻七七頁以下）が、この章の解はそれよりも卑近である。

〔一九四〕天下の父兄を敬するゆえん

孔子は、「教うるに孝を以てするは、天下の人の父たる者を敬するゆえんなり。教うるに弟を以てするは、天下の人の兄たる者を敬するゆえんなり。」（孝経、広至徳章）と言った。これを、木を伐るのや草を刈るのにたとえて言えば、鋸の歯を立てるのは、天下の木たるものを伐るゆえんである。草刈り鎌をとぐのは、天下の草たるものを刈るゆえんである。いやしくも鋸の歯を立てた以上、伐れない木とてはなく、いやしくも鎌をといだ以上、刈れない草とてはない。こうなれば、天下の木は皆すでに伐ったも同然、天下の草は皆すでに刈ったと同様である。わが法もまた、そうであって、いやしくもこれをよく理解する者がある以上は、天下の荒地という荒地は皆すでにひらけ、天下の負債という負債は皆すでに償還されたと同じである。

〔一九五〕徹法と植木鉢の分度

魯の哀公が孔子の門人有若に、「今年は飢きんで、国用が足らない。どうすればよいか。」と尋ねた。有若が答えて、「どうして古来の徹法すなわち十分の一の税法を行わないのですか。」と言った。哀公は、「十分の二を取っても余はなお足らない。どうして徹法が行えようか。」と言った。有若は答えて、「人民が足りたならば、君だけがどうして足らないことがありましょうか。」と言ったと、論語（顔淵篇）にある。これを鉢植の木にたとえよう。「木が枯れそうで、養分が足らない。どうしたらよかろうか。」と尋ねる。「どうして枝を切らないのか。」と答える。「枝を切れば枯れてしまうだろう。」と言う。「根が枯れなければ、木がどうして枯れることがあろうか。」と答えるのと同じである。鉢植の木というものは、植木鉢が天分なのだ。養分が足らなくても、その鉢を大きくするわけには行かぬ。そして、養分が足らないというのは、分外の枝葉が繁茂するからだ。

してみれば、枯れるのを救う方法は、分外の枝葉を切るよりほかに、道がないではないか。同じように、一万石の国は、一万石を天分とする。国用が足らなくても、国を大きくするわけにはゆかない。そして、その国用が足らないのは、分外の支出をするからだ。だから、その不足を済う道は、徹法によって歳入額を定め、用度を節約して支出を制限するよりほかに、別に方法がないではないか。

＊一四六・夜話一五四（旧版二二三）

〔一九六〕両端を執ってその中を用ゆ

孔子は、「悪を隠して善を揚げ、その両端を執ってその中を民に用ゆ。(1)」と言った。これを、俵入りの米を売買するのにたとえよう。いまここに二俵の米がある。その量をしらべてみると、一方は三斗六升で、一方は三斗四升あったとする。これを合わせて折半すれば、三斗五升が一俵ということになる。そこでこれを売買する。これが、いわゆる「悪を隠して善を揚げ、その両端を執ってその中を民に用ゆ」である。いったい道というものは、もとよりわが国に備わっているのだ。漢籍などなくても差しつかえない。漢籍がなくては、うちの米は売買ができない、などと言う人がどこにあろうか。

(1) 中庸第三章。孔子が舜をほめた言葉である。

〔一九七〕父子の道は天性なり

孔子は、「父子の道は天性なり。」(孝経、聖治章)と言った。いま、一枚の紙を引き裂いて二つにし、その片方を持って天下をたずね回っても、決してこれに合うものはあり得ない。もう片方のほか、作為をもってこれに合わせることはできないのだ。これをば天性と言うのである。

＊夜話二四五(旧版一八四)

〔一九八〕下流に居ることを悪む

子貢は、「君子は下流に居ることを悪む。天下の悪皆ここに帰す。」（論語、子張篇）と言った。田のあぜに水口を切れば、田の中のちりあくたは皆ここに集まってくる。それが自然の勢いなのだ。

＊夜話二七三（旧版九四）

〔一九九〕礼の用は和を貴しとなす

有子は、「礼の用は和を貴しとなす。先王の道も、これを美となす。小大これに由る。」（論語、学而篇）と言った。和というものは、かれこれと相交る道である。これを縄をなうのにたとえれば、三尺の藁をもって、三尺の縄をなうことはできない。縄を三尺なおうと思えば、必ず三尺五寸だけ藁を使わなければならない。これがすなわち和である。ただ縄をなうときだけではない、むしろを織るにも同様であって、三尺のいぐさで三尺幅に織ることはできない。むしろを織るときばかりではない、織物でも同じことだ。どんな微細なものでも、この道理にはずれることはない。だからこそ、「小大これに由る」と言うのである。

〔二〇〇〕三人行えばわが師あり

孔子は、「三人行えば必ずわが師あり。(1)」と言った。富者が奢りと怠りによって貧に陥るのと、貧者が勤倹によって富を得るのとをくらべて見るがよい。それこそ、まさに師となすべきものだ。

（1）論語、述而篇、「三人行えば必ずわが師あり。その善なるものを択びてこれに従い、その不善なるものはこれを改む。」

〔二〇一〕これを如何といわぬ者

孔子が門人の問いに答えるのに、一つを問えば一つを答えるだけで、はなはだ言葉を惜しむように見える。思うに、その言葉の深い浅いは、問う者の勉学修養がよくできているか、いないかによるのである。私もまた、よい質問をする者がなければ道理をつくして答えることができない。つまらぬ者の問いは、たとえば髪の毛一本で大きなつりがねをつくようなもので、どうして真音を発することができよう。孔子が、「これを如何、これを如何と曰わざる者は、吾これを如何ともするなきなり。」（論語、衛霊公篇）と言ったのも、もっともなことである。

*三九三・夜話二七四（旧版九六）

〔二〇二〕器一杯に成しとげれば仁

孔子が仁を人に許すには、人によってその徳に大小があっても、おのおの精一杯に成しとげていれば、それを仁と認めている。たとえば、茶わんや皿（さら）や杯などを盆の上にならべて雨水を受けたとすると、茶わんとか皿とか杯とかによってそれぞれ大小があっても、雨水がその器に一杯になれば、それを仁とするのである。たとい大きな器であっても、すっかり一杯にならなければ、仁ではないのだ。

〔二〇三〕聖人の治と旅芝居

聖人が天下を治めるのは、たとえてみれば旅芝居のようなものだ。旅芝居の連中は、その小屋が将軍や大名のお道筋に当れば、さっそくとりはずして、よそへ行ってまた組み立てねばならぬ。運んで行ってむしろを張ること、東西どこと限らない。そうしては、たちまち笛太鼓（ふえたいこ）を鳴らし始める。煩劇も実にはなはだしい。ところで聖人が国家を治めるのも、仕事は違うが気持ちは同じである。仁義礼智のむしろを張って、どうにかして天下を治めようとする。その煩劇もまたはなはだしいものだ。（1）

（1）孔子が天下を周遊して道を行おうとしたが実現できず、あるいは九夷（い）に居（お）ろうと欲したり、いかだに乗って東海に浮ぼうかと言ったりしたことを思い合わすべきである。

〔二〇四〕孔孟は玉と氷

程子が孔子と孟子とを比較して、玉と氷とになぞらえたのは、[1]至当と言うべきである。孔子が衛の霊公に答えたことば[2]と孟子が梁の恵王に答えたことば[3]とを比較すれば、玉と氷との区別がはっきりわかる。[4]

（1）朱子の注した「孟子」の序文。

（2）論語、衛霊公篇に、「衛の霊公、陳（陣）を孔子に問う。孔子対えていわく、『俎豆の事は則ち嘗てこれを聞けるも、軍旅の事は未だこれを学ばざるなり。』と。明くる日遂に行る。」とある。すなわち孔子は、ひたすら仁の本質を説き、行わせようとして、得なかったのである。

（3）孟子、梁恵王上篇に、「孟子対えていわく、『王、戦を好む。請う、戦をもって喩えん。塡然として鼓うち、兵刃すでに接す。甲を棄て兵をすてて走げ、あるものは百歩にして後とどまり、あるものは五十歩にして後とどまる。五十歩をもって百歩を笑わば即ち如何』と。（王）いわく『不可なり。ただ百歩ならざりしのみ。これまた走げたるなり。』と。（孟子）いわく『王もしこれを知らば、則ち民の隣国より多からんことを望むなかれ。』と。」すなわち孟子は、仁政と懸隔した戦争のことなどを談じてでも相手を説破すればよいとした、弁論の士に過ぎなかったと先生は見られる。

（4）しかるに、趙氏の「孟子題辞」によれば、「衛の霊公陳を孔子に問えるとき、孔子は答うるに俎豆をもってし、梁の恵王国を利せんことを問えるとき、孟子も対うるに仁義をもってせり。……旨意合同かくのごときもの衆し。」と言っている。見識の及ばぬこと遠いものである。

〔二〇五〕 呼び名は相手がつけるもの

古語（書経、洪範（こうはん））に、「天子は民の父母となり、以（もっ）て天下の王となる。」と言うのがある。これは、その意味はよいが、言い方はよくない。なぜなら、父母というのは子の立場からの呼び名であって、自分で勝手に父母と称することはできるものでない。してみれば、「庶民を子とし（て恵み）、以て天下の王となる。」と言って然（しか）るべきである。たとえば老人でも子がなければ父母とは言えないし、若い者でも子があれば、父母と言うことができるのだ。

このようなことは、空言（そらごと）としてはどうでも差しつかえないが、実際の物事に接するときになって、差しつかえてくるものである。わが日本という国号なども、やはり外国からの呼び名である。外国がわが国を日本と称するようになってから、わが方でそう称するならばよいが、外国がまだそう呼ばないうちに、わが国みずからそう呼ぶのはよくない。

〔二〇六〕 儒仏は中流での道

大昔には法というものはなかった。なぜならば、原始時代には、生民はただ食を求めるだけであった。だから何の法もあるわけはない。中ごろになって、田畑が開け、人民の数もふえてから、始めて祖宗が法を設けて、天下を治めたのである。法は、たとえば橋とか舟のようなものだ。今日から孔子や釈迦（しゃか）を見ると、ちょうど水源のように見えるけれども、それはすでに原始時代を去ること幾千年の後のことなのだ。下流からずっと上流の橋をながめれば、やはり水源のように見えるが、その橋の上に立ってみれば、水源ははるかかなたの深山幽谷にあることがわかる。そしてそれは、ちょろちょろとした細い流れで、何の橋もいりようがなく、何の舟もいりようがない。

ところで、いくつものそうした細い流れが集まって、はじめて大きな川になるが、こうなれば橋もなければならず、舟もなければならない。孔子や釈迦は、その橋から下流のことを説いたものだ。釈迦は王家に生れた。だから王家の富を譲った。もし大昔に生れていたならば、まず田畑をひらいて米麦をふやし、それから始めて施す心を生じたはずである。孔子は法制完備の後に生れた。だから「人あればここに土あり、土あればここに財あり。」(大学)と言った。これは、人民を得て田畑をひらき、田畑をひらいて米麦をふやすことを言ったものだ。もし太古にさかのぼって説くならば、まさに「土あって人あり、人あって田あり、田あって米あり。」と言わねばならぬ。してみれば、孔子や釈迦はもっぱら橋から下流のことを説いて、水源には説き及ばなかったのである。　＊二一二・一・四二七

〔二〇七〕　天地の令命

太宰(だざい)春台が孝経の序文に、「天下、父母なきの人あることなし。」と書いた。これもまた下流

を知って水源を知らないものである。しらみは自然と人のからだに湧(わ)くもので、何の父母があろう。人類も同様であって、天祖の始めに、どうして父母があったろう。私はそれゆえ、「父母の根元は天地の令命にあり、身体の根元は父母の生育にあり。(1)」と言うのだ。けれども、あながち太宰氏ばかりを非難することはできない。孔子でさえ、やはり同様なのだ。おおよそ中ごろの昔から論を立てて大昔には及ばず、枝葉を説いて根本には及ばないのである。

（1）　報徳訓の一節。しらみが自然に湧くというのは当時の動物学の知識が幼稚であったからであるが、一元開びゃく説をとる二宮先生は、人類のみならずすべての生命の根元を宇宙の大生命に帰し、天地は大父母なりと言っておられる。

〔二〇八〕　尭の大仁

「井を鑿(うが)って飲み、田を耕して食う。帝の力何かあらん。」と人民に歌わせた(1)のは、尭(ぎょう)の尭たるゆえんである。地球上の草木ことごとく花を開き実を結ぶ。これが天の天たるゆえんである。もし一部の民だけを愛育し、一種の草だけを生長させるならば、それは小恵であって大仁ではないのだ。国家を治める者は、よくよくこれを考えねばならぬ。　＊夜話二一四（旧版九五）・二一五（旧版二二三）

（1）　帝王世紀に、「帝尭の世、天下はなはだ和し、百姓無事なり。八九十の老人あり、壌(じょう)を撃って歌う。歌にいわく、『日出でて作り、日入りて息い、井を鑿って飲み、田を耕して食う。帝の力我において何かあらん。』と。」

〔二〇九〕腐れ儒者

孔子は「言尤寡く、行い悔い寡ければ、祿その中にあり。」[1]と言った。私はこの言葉について、むかし腐れ儒者にむかってこう言ったことがある。「私が今この文句のとおりに実行すれば、必ず祿を受けることができるか、どうだ。それから、やはり論語に、『学ぶや祿その中にあり。』ともある。ところがお前さんは、祿のある家には教えにゆくが、祿のない私のところには教えに来ない。それならば、いっそのこと、『祿あって学その中にあり。』と言うがいい。」こう言って詰めよると、腐れ儒者は答えずに行ってしまった。[2]まったく、腐れ儒者などというものはちょうど蠅のようなもので、食物がありさえすれば飛んで来るのだ。そもそも儒仏二道が皇国に来たのも、金や穀物が豊かだからではなかろうか。

もしも全く不毛の土地だったならば、必ず来ていたとは限らない。たとい来たとしても、まるで蓮を石の上に植えたようなもので、盛んに行われるわけがない。実に、わが沃野の富は、これを開き耕せば百穀がみのりふえる。だから、大地の尊さは、まさるものがないのだ。これをば捨てておいて荒地と称し、ただ儒仏の教を尊いと言っている者は、本末を知らないのである。

（1）　論語、為政篇、「子張祿を干むる（道）を学う。子いわく、多く聞きて疑わしきを闕き、慎みてその余を言えば尤寡く、多く見て殆しきを闕き、慎みてその余を行えば悔い少し。言尤寡く、行い悔い寡ければ、祿はその中にあり。」

（2）　この経験は青年時代のことであろう。当時の俗儒の言行不一致が儒教に対する先生の批判的態度を養った。　＊一九二・二一四

〔二一〇〕　老子の道と舜禹の道

老子は、「道の道とすべきは常の道にあらず。名の名とすべきは常の名にあらず。」（道徳経上）と言った。常とは天地自然、万古不易を言うのである。舜や禹は人道をつとめ、溝や堀をほって用水を野原にそそぎ、これを開墾して田とし、五穀を作らせた。老子はこれを見て、「溝の溝とすべきは常の溝にあらず。田の田とすべきは常の田にあらず。洪水たちまち至れば、堤をやぶり低きに走る、これ常の溝なり。耕作しばらくも怠れば、すなわち原野に帰す、これ常の田なり。」と言うのである。

そもそも人道は自然ではない、だから溝は埋まり田は荒れるのが常だとするのが老子の道である。舜や禹はそうではない。田畑はその荒れてゆくのを憂い、溝や堀はその埋没するのを恐れ、一生懸命に努め励んでこれを管理し修繕するのが、舜禹の道である。老子と舜禹とでは、

その道に差異のある次第を、よく知らねばならない。　＊夜話六九（旧版五三）

〔二一一〕　**老子は舌足らず**

老子の言葉は、意を尽さない。たとえば、乳飲児（ちのみご）が、父親のことを「トーヤ」と言い、母親のことを「カーヤ」と言うようなものだ。乳飲児も大きくなれば「おとうさん」「おかあさん」と正しく言うようになる。老子も、私が教えたならば、道に至ることができただろうに、惜しいことだ。

〔二一二〕　**土あれば人あり**

大学に、「人あれば、ここに土あり。」とある。朱子がこれを注釈して、「人ありとは衆を得るをいう。土ありとは国を得るをいう。」としている。これらは中ほどの昔から説いたものだ。もし大昔から説くならば、当然「土あればここに人あり。」と言わなければならぬ。ちょうど、「池あればここに魚あり。」と言うのと同じである。池があれば魚が生じ、土があれば人が生ずる。これが自然なのだ。もし、「この魚あるがゆえにこの池を掘る。」と言ったならば、それは今のべたとおり、中ほどの昔から説くものだ。経書の中には自然の筋道と食い違うことがらがある。心得ておかねばならぬ。　＊二〇六

〔二一三〕 巧言令色は仁でない

孔子は、「巧言令色、鮮し仁。」（論語、学而篇）と言った。程子は、「巧言令色の仁にあらざるを知れば、すなわち仁を知る。」と言っている。程子の言葉の方が明白で、本文よりまさっているように思う。朱子は、「聖人の詞迫切ならず。専ら鮮しと言えば、すなわち絶えて無きことと知るべし。」と言っている。朱子の注解もまた、聖人の心を得たものと言える。

〔二一四〕 四書を実証した

私は年少のときから四書を読み、これを儒者の行うところに照らし合わせてみて、はなはだその食違いを疑問とした。それでひそかに、巻中どこかにきっと道にそむいた言葉があるに違いないと思い、もし仮に一字一句でも道にそむいた言葉があったならば、天下の書籍をあげて、その不純な箇所を削り、純粋な部分だけ残してやろうと考えた。そこで、小刀を手にしてこれを読んだ。ところが終篇金科玉条であって、ついに一箇所も小刀を下すことができなかった。それからは、これを躬行によって証拠立てること多年であった。ただ一つ、「言忠信、行い篤敬ならば、蛮貊の邦といえども行われん。」（論語、衛霊公篇）という言葉にいたっては、蛮貊の邦に行かなければ実行ができない。実行できなければ、それが間違っているかどうかがわからない。それで、それればかりは残念に思っていた。

ところがその後、野州の廃村を治めるようになったが、その住民のありさまは、いわゆる常産なくして常心を失い、風俗は頽廃（たいはい）し、田畑は荒れ果てて、まったく貧困の極に達していた。私は朝早くから夜おそくまで、苦心努力を重ねてこれを治めようとした。しかるに東を治めれば西が敗れ、左を治めたと思えば右が敗れるというふうで、どうにも方法がつかなくなった。そこでひそかに、これこそ蛮貊であるわいと思った。しかし、ひたすら言忠信、行い篤敬だけをつとめて、ついにこれを治めることができたのである。そこでますます聖語に間違いのないことを知ったわけだ。そのような困難な時にあたって、儒者や仏僧はもとより、名主・組頭（くみがしら）にいたるまで、あまねく相談したけれども、みな話相手とするに足らなかった。ただこれを大学・中庸・論語（1）に相談して、ついに功を奏することができたのである。

（1）　四書のうち孟子を除いていることに注意すべきである。

〔二一五〕　儒教は現在、仏教は過去未来

儒教と仏教とは、その教えを異にしている。儒教は現在を主として、過去未来を説かない。仏教は過去未来を説いて、現在を主としない。これは風土の相違から来たもので、もとより当然のことである。ところで、仏教が過去未来を説くのは、たとえて言えば去年の米を食って来

年の米を作り、去年のみそを食って来年のみそを作るようなものだ。　＊一六二

〔二一六〕　空と仁

儒教で仁義礼智信と言い、仏教で空風火水地と言う。しかし、仁と空とは姿のないものである。風火水地はおのおの形がある。これを、形のない空とどうしてならべることができよう。義礼智信はみな体認することができる。これを体認することのできない仁とならべてよいはずはない。本当は、義礼智信を合すれば、すなわち仁なのである。風火水地を合すれば、すなわち空なのである。風火水地を除き去れば空はないし、義礼智信を除き去れば仁はない。これをあんどんにたとえると、木と、紙と、油つぼとを合すれば、すなわちあんどんであり、木と紙と油つぼとを除き去れば、あんどんはないのである[1]。

次に、風火水地というち、風と土とは相対している。風は土から生ずる。天空は風を生ずるには縁がない。これが、万里の大洋に風のない理由である。また水と火とが相対している。これを燈火にたとえてみると、油があれば火があり、油が尽きれば火は滅する。海水も同様である。海に水があれば太陽が出る。海水が尽きれば、太陽は出ず、世界は滅びてしまうだろう。

（1）　これは先生の卓抜な創見で、全集一巻一五二頁以下、空仁二名論稿にくわしい。なお、同三四四頁には、「屋敷という文字と、空という文字と、仁という文字とは一理である。屋敷の

中からやぶ敷・家敷・蔵敷・土手敷・庭敷と引き去れば、屋敷はなくなる。品々合わせて屋敷であることをよくわきまえよ。」と説明してある。

〔二一七〕 天上天下唯我独尊

釈迦が誕生したとき、左手で天を指さし、右手で地を指さし、「天上天下、唯我独尊」と揚言したという(1)。その真偽は知るかぎりではないが、道理から言えば、手には左右があり、一般に左が陽、右が陰とされている。陽は上って天となり、陰は下って地となる。だから左手で天をさし、右手で地をさしたので、これは自然の道理である。では唯我独尊とはどういうことか。およそ天地間に生ずるものは、賢愚となく、貴賤となく、貧富となく、かったい・こじきから鳥獣虫魚に至るまで、我より尊いものはあり得ない。釈迦の意味したところは、ここにあるのだと思う。世人はこれを察しないで、釈迦が自分自身の徳を称えたものだとしている。なんと、大間違いではないか。それから、「天上天下」と、言葉の起し方もはなはだ雄大で、これを「唯我独尊」と受けついでいる。至れり尽せりである。　*夜話四五（旧版一七〇）

（1）伝燈録に、「釈迦牟尼仏はじめて生るるや、一手天を指さし、一手地を指さし、周行すること七歩、目に四方を顧みていわく、『天上天下唯我独尊』と。」このほか諸経にも同様の記事が多く見える。

〔二一八〕 太陽は如来

経文（観無量寿経）に、「光明遍照、十方世界、念仏衆生、摂取不捨」とある。その、「光明遍照」とは何のことか。如来の光明が遍く世界を照らすことをいうのである。如来とは太陽のことである。太陽は毎日東の方から出て、まるで毎日来る如くである。だから如来というのだ。(1)では「十方世界」とは何のことか。東西南北と西北・西南・東南・東北と、天地との、十方のことである。如来の光明があまねく十方世界を照らすとは、はなはだ大きな言葉である。これにくらべると、儒教でいう「中華・東夷・南蛮・西戎・北狄」などは、ただその国境に言い及んだだけで、言葉として小さなものだ。それから、「念仏衆生」とは何のことかといえば、人類や鳥獣はもちろん、あらゆる虫魚・草木も、ことごとく太陽を仰いで生々を念願とする。草木などでも、枝葉は必ず太陽に向かうし、種をまけば太陽に向かって芽を出す。だから世の中にあるものは、例外なしに念仏衆生なのである。最後に、「摂取不捨」とは何のことかといえば、いやしくも生々を願うものは、太陽があまねく洩らすことなくそれらを照らして、ことごとく生々を遂げさせてくれることをいうのである。

＊二二一・夜話九（旧版六五）

（1）「如来」は普通、「真如から来生する」意味とされている。

〔二一九〕 米色に米光あり

経文（無量寿経）に、「極楽国土に七宝の池あり。池底もっぱら金砂をもって地に布き、八功徳水その中に充満す。」とある。しかし池の中がことごとく金砂だったとしたら、普通の石や砂と異なるところはなく、何も珍重するに足らぬではないか。この言葉は、私に言わせれば、田地を見立てて宝の池と言い、灌漑のことを功徳水と言い、米をたとえて金砂と言ったものにちがいない。この田地を耕し、草とり水かけに怠らなければ、年々歳々米を産み出して尽きることがない。これこそ「金砂を布く」ものではないか。また、「池中の蓮華、青色に青光あり、黄色に黄光あり。」（阿弥陀経）ともある。これは、田地の産米について言うのである。精農が米を収穫すれば、これを土蔵に納めて、自分のものとすることができる。これこそ「米色に米光あり」ではないか。惰農は米を収穫しても、借金のために取り上げられてしまう。これが、「米色に米光なし」ではないか。

およそ経文をこんな風に講釈すれば、今日の役に立つはずである。思うに、むずかしい経文も、印度では女こどもでも理解できるはずだ。それはちょうど、わが法の日掛縄綯帳が、わが国では女こどもでもよくわかるが、これを印度に贈ったならば、智者でも理解できぬかも知れぬのと同じことだろう。

〔二三〇〕 極楽浄土は現世である

仏教家は極楽浄土を説いて、「地上には金銀が布きつめてあるし、山には珠玉が積み重なっている。海はといえば、珊瑚や琥珀や瑠璃や硨磲や瑪瑙がいっぱいある。」（阿弥陀経）などという。人々はそれをきいて、そういう所に生れたいと願う。けれども、金銀珠玉や宝貝の類がそんなに沢山あったとすれば、砂利と相違がない。そうなれば金銀珠玉も別段尊ぶに当らなくなるのではないか。いまつくづく世の中を見渡すと、網を海に入れれば魚類が得られ、おのを山林に入れれば材木が得られ、田地を耕せば百穀が得られて、年々歳々尽きることがない。これらは皆、金銀珠玉に換えられるものであり、たとい換えられなくても、実際の値打は金銀珠玉にまさるべきものである。実に、我々の住む現世はこのとおり豊饒なもので、これこそ真の極楽浄土ではないか。

しかし、働けばそういう宝が得られるが、働かなければ得られない。よく働けば多く得られ、少し働けば少しだけ得られる。実に至妙の理法というべきだ。なんとこの世は、尊ぶべき極みではないか。世人はこれを尊ぶことを知らず、十万億土の先の、金銀珠玉が砂利と区別のないような土地に往きたいと願っている。いったいどういう気か知れない。よくよく考えねばならぬことだ。　＊夜話一一三（旧版六八）

〔二三〕 観音経の偈文

観音経に、「一切の功徳を具し、慈眼もて衆生を視る。福寿の海無量なり。このゆえにまさに頂礼すべし。」とある。「一切の功徳を具す」とは何のことか。天地間に生々するものが、みな役に立つ徳を具えていることである。身体の働きでたとえれば、物を持つには必ず手があり、道を行くには必ず足がある。あるいはなわをない、あるいはわらじも作る。これをば「一切の功徳を具す」と言うのである。次に、「慈眼もて衆生を視る」とは何のことか。日月が世界を照らすのが、それである。世間のことでたとえれば、なわやわらじを売る者は衆生であり、これを買う者が観音なのだ。そして買うときには、きっと、きれいか汚いか、ていねいかぞんざいかを見て、それに応じて代銭を払う。これをば「慈眼もて衆生を視る」と言うのである。

では、「福寿の海無量なり」とは何のことか。田畑には百穀が生じ、山や海には鳥獣・虫魚・草木が生ずることが、すなわちそれである。これを人の生業でたとえれば、なわを一房なえば代銭四文が手に入り、二房なえば八文が手に入り、田地を一反耕せば米が一石とれ、二反耕せば二石とれ、それを売ればまた必ず買う者がある。これを「福寿の海無量なり」と言うのである。観音の功徳はこのようにありがたい。だれだって、うやうやしく拝まずには居られまい。それで、「このゆえにまさに頂礼すべし」と言うのである。

〔二二二〕　如来の大徳

経文に、「東方薬師瑠璃光如来」ということがある。「東方」は、春であり、仁である。「薬師」はすなわち薬種である。無形のものを伝えるのを師といい、有形のものを伝えるのを種というのだ。師を人の中にまけば、文武の色々な技が生じ、種を地にまけば、百穀や草木が生ずる。さて「瑠璃」は暗黒であり、「光」は光明である。すなわちこの如来は日の出のことである。また「中天天道大日如来」ということがある、中天は夏であり、礼である。これによって万物がことごとく繁茂する。それからまた「西方極楽阿弥陀如来」というのがある。西方は秋であり、義である。これによって万物がことごとく消滅する。そこで、三千世界に生々するものは、これらの如来が守護すると言ってあるのは、つまり太陽の徳をさしたものである(1)。

それから、如来の坐像を見ると、両手を膝の上に置いて、目は見ようとせず、耳は聞こうとせず、救済しようとするのでなく、守護しようとするのでもない。ただ無為の姿である。これを無比の大徳とするのだ。その他の諸菩薩は、あるいは手をさしのべて、施し済おうという念慮を示し、あるいは剣をとって降魔の念慮を示している。およそ菩薩界には、みな念慮がある。だからこそ、その徳が如来に及ばないのだ。

「如来」を訓で読めば「来る如し」である。まけばはえ、肥しをすれば茂り、茂れば花が咲き、花が咲けばみのる。善をまけば善が生じ、悪をまけば悪が生じ、勤倹をまけば富が生じ、怠奢をまけば貧が生ずる。朝はやがて昼となり、昼はやがて夕方となり、夕方はやがて夜となる。これらは皆、来るが如く少しも間違いがないのだ。釈迦は三十のとき成道した。そして、「私の説くことがらに誤りはない。もし疑うならば、じっと辛抱してその結果の来るのを見るがよい。必ず少しの相違もないはずだ。」と言っている。(2) 孔子や孟子が詩経・書経を引用して証拠としているようなけちなものではないのである。

（1） 薬師経。　＊二二八（旧版続三五）
（2） 三十成道説は道行般若経巻一〇など。以下の仏言は妙法蓮華経、如来寿量品の偈に似る。

〔二二三〕 阿弥陀は天地人

経文にいわゆる「阿弥陀」は、天地人のことである。天を虚空蔵とし、地を地蔵とし、人を観音とする。天は雨露を降し、地は万物を生じて、ともに無尽蔵である。人は世の中の音声を観じて、今日を営む。すなわち観音である。ここに三仏の徳が具備するから、これを名づけて阿弥陀といい、仮に仏像の姿かたちを設けて、衆生を済度しようとするのである。そして、「阿字十方三世仏」という。これは万古永遠に尽きぬところのもの、すなわち虚空蔵のことである。「弥字一切諸菩薩」という。これは、善悪・正邪・満ち欠け・高低の音を観るもの、すなわち観音のことである。「陀字八万諸聖教」という。これは、万物を化育生々して窮まりないもの、すなわち地蔵のことである。最後に「皆これ阿弥陀仏」という。これは、三仏を合して阿弥陀とするという意味なのである。(1) 阿弥陀の徳はまことに大きい。世人はその像を見て、三仏の外に、別に仏があるのだと思っている。たとえば織物を呉服屋で求めるようなものだ。織物は呉服屋ではできず、機屋(はた)でできる。いくら大きな呉服屋でも、機屋から仕入れなければ、店はからっぽになる。世人はこれを察しないで、織物は呉服屋にあると思いこみ、機屋こそ無尽蔵なのに気がつかない。だから迷いこんで、悟ることができないのである。

（1）　出典不詳。

〔二二四〕「南無阿弥陀仏」の意味

釈迦が「南無阿弥陀仏」の文字を綴(つづ)ったが、至れり尽せりである。この六字七音にはまことに深い意味がある。もとよりこれは天地人に象(かたど)ったものだ。天を虚空蔵とし、地を地蔵とし、人を観音とする。こころみに三画を書いて説明しよう。第一画を斜に引いて、その両端を南北とする。これは「南無」にあたる。第二画を逆に斜に引いて、その両端を東西とする。これが「阿弥」にあたる。第三画を直立させて、その両端を天地とする。これがすなわち「陀仏」である。そして「仏」の上の音「ブ」を地とし、下の音「ツ」を人とする。人は地に着いているからだ。「ナムアミダブ」の六音は開いた音で互いにつながっており、「ツ」の一音だけ舌音なのも面白いといえる。

さてそれで、東西南北天地人という代りに「南無阿弥陀仏」といったのだと思う。後世永遠に、ふたたびこのような至言を発する者はあるまい。もし発する者があっても、必ず道理は言い足らず、言葉は余計なものがあるに相違ない。(1)

（1）これは先生一流の独断的解釈であるが、梵語（ぼんご）の語源からいえば、「南無」は「すがる」「合一する」「帰命（きみょう）する」というような意味、「阿弥陀」は「無量寿」と「無量光」とを兼ねた意味である。＊全集一巻五七六頁報徳訓六二

〔二二五〕「南無」と「往生」

経文には、ことさらに凡夫が理解できないような言葉を作ってある。たとえば、いわゆる「南無」とは、実は南北のことなのだ。南といえば北というべきだし、無というならば有（う）といわねばならぬ。しかるに南無というのは、半分ずつつきまぜた、いわゆる互文である。(1) また、いわゆる「往生」とは、実は往来のことなのだ。往といえば来というべきだし、生というならば死というがよい。しかるに「往生」というのは、これまた互文である。(2) 仏語には往々このようなものがある。その意味は、自分で考えてそれが解けぬような者は、使いものにならぬとい

うのだ。なぜならば、自分で考えてそれが解けるような者でなければ、仏道を知るに足らないからだ。

（1）「南無」の語源は前章の注を参照。
（2）これまた先生独特の説明で、普通には極楽浄土に「往って生れる」意味である。

〔二二六〕 虚空蔵は天の徳

経文では、天の徳を称えて虚空蔵と言い、地の徳を称えて地蔵と言っている。万物は地に生ずる。だから大地を蔵と言うのだ。けれども太陽が照らさなければ一物をも生ずることができない。太陽が照らすからこそ、万物が生ずる。ちょうど妻は夫があってこそ子どもが産めるようなものだ。だから虚空をもやはり蔵と言うのだ。

〔二二七〕 地蔵は地の徳

経文にいわゆる地蔵とは地の蔵である。人や動物の食物は、ことごとく地から産出して、尽きることがない。いわゆる無尽蔵とはこのことだ。しかし、こういう道理を説いても、愚かな人々は理解ができない。そこで、これを縮めて宝珠とし、宝珠を持っている仏を地蔵尊として、これを信ずる者は財貨を得られることを表すことにした。本当のところは、田畑をよく耕す者は穀物が得られるということにほかならぬ。

〔二二八〕 太陽の徳を本尊とする

仏教では有を尊ばず、無を尊ぶ。形がなくてしかもよく顕われるものは功徳である。そこで天の徳を象って虚空蔵菩薩とし、地の徳を象って地蔵菩薩とし、人の徳を象って観世音菩薩とした。また日の出を象って瑠璃光如来とし、日盛りを象って大日如来とし、日没を象って阿弥陀如来とした。およそ太陽の徳は広大無量であるのに、人はこれを忘れている。それゆえ仏像という形を作って、本尊としたのだ。王公の尊さも、これとは比べものにならない。実に天下の至尊ではないか。

〔二二九〕 不動の徳

経文に出てくる不動尊とは、どういう意味かといえば、動かざることを尊しとするのである。その像は火炎の中にあるが、これは心中の欲情を顕わして大衆に示したものである。昔このかた、貴賤上下を問わず、家を失い国を滅ぼした者は、みな、炎々たる欲情に焼かれたものであった。日夜炎々たる欲情の中にあって、毅然として動かないことが、不動の徳なのである。この不動の徳をよく修めたならば、何で家を失ったり国を滅ぼしたりすることがあろうか。

*夜話二六六（旧版五〇）・報徳記一巻七章（全書一巻六〇頁以下）

〔二三〇〕 三つの尊いもの

仏教でいう三尊(1)とは、父母と我とのことである。あるいは、天地と我とのことである。父母が相和すれば子どもが生育し、天地が相和すれば万物が生育する。君民と財貨との関係も同様で、国君が分度を守って人民を恵めば、人民は農事に努めて租税を納める。これをば君民相和すと言うのである。君民が相和すれば、財貨はいくらでも殖(ふ)やすことができる。

(1) 三尊とは通常、阿弥陀如来と観音・勢至両菩薩をいう（弥陀三尊）が、また釈迦牟尼如来(しゃかむににょらい)と文殊・普賢の両菩薩（釈迦三尊）、薬師如来と日光・月光(がっこう)両菩薩（薬師三尊）をさすこともある。

〔二三一〕 三千世界の無常

釈迦(しゃか)が世界のことを三千大千(1)と称し、万物を無常と言ったのは、まことに至言である。無常の二字で大千世界を覆(おお)ったものと言ってよい。人類はじめ鳥獣・虫魚・草木にいたるまで、一つも永久に存するものはない。生ずるものは必ず滅する。まことに無常ではないか。

(1) 須弥山(しゅみせん)を中心に、日月・四大州・六欲天・梵天(ぼんてん)などを包含した一世界を、千合わせたものを小千世界といい、小千世界を千合わせて中千世界といい、中千世界を千合わせて大千世界とも、三千大千世界とも、三千世界ともいう。

〔二三二〕　餅も酒も豆腐も仏

経文にいわゆる仏とは何をいうのか。豆をひいて豆腐にすれば、それが仏である。米を蒸して酒とすれば、それが仏である。もち米をついて餅にすれば、それが仏である。餅と酒と豆腐と、名は異なっても、人の養いになることは同じだ。いわゆる虚空蔵菩薩が、それである。

〔二三三〕　釈迦の説法のしかた

釈迦は衆生をさとして、このように説く。「私は王子である。王位にあれば、これに越した安楽はない。けれどもお前たち衆生のために王位を去り、肉食妻妾を断って独り身となってから、一日の食事は鉢一杯を限りとし、着物はぼろぎれをまとい、ただ飢えと寒さをしのぐだけのことにしている。それでも勤めなければやってゆかれない。だから寒暑となく風雨となく、西に東に走りまわって、鉢一杯の米をもらい集め、ようやく命を保っている。独り者でさえこのとおりだ。ましてお前たち衆生の苦はどれほどであろう。父母を養い、妻子を育て、家屋によって風雨をしのぎ、衣服によって寒暑をしのぎ、五穀によって口腹を満たしている。その家屋は造らなければならない。衣服は織らなければならない。五穀も耕作しなければならない。してみれば一日も働かずにはいられないではないか。働くというからには骨が折れる。もし苦労を厭うならば、妻子を持つことはできない。家屋にも住めない。衣服も用いられない。五穀も食うことができない。お前たち衆生は、妻子を捨てて持たないことにするか。家屋を捨てて雨にぬれるか。衣服を捨てて寒さを辛抱するか。五穀を捨てて飢えを忍ぶか。」こう言って釈迦が説法すると、衆生は皆、「ほんに、ほんに、いくら骨が折れても働かなければなりますまい。」と言う。これをば「同発菩提心(1)」というのだ。実に行きとどいたさとしかたである。

*二四一・二六五

(1) 阿弥陀経の偈文、「願わくはこの功徳をもって、平等に一切に施し、同じく菩提心を発し、安楽国に往生せんことを。」

〔二三四〕 色と空、受想行識

大般若経六百巻の内容を一言でいえば、「空即是色、色即是空」である。心経がこれを補って「受・想・行・識もまたまたかくのごとし。」と言った。色とは何のことかというと、世界に生々する色々のものがそれである。いま草原をひらいて良田としたとしても、幾日もたたないうちに草かずらが生じてくる。これが空即是色というものではないか。その草かずらがはびこっても、秋の時候がくれば枯れてなくなる。これが色即是空というものではないか。

では、識とは何のことだろうか。これを木と人とにたとえて言おう。丸太を押してやっても、ひとりでには五六歩もころがらないが、人をやれば千里でも行く。書物を丸太に示してもむだだけれども、人に示せば読む。このように、受（感覚）でもなく想（意欲）でもなく、男でもなく女でもなく、肉もなく骨もなく、それでいて、ないかと言えば、ある。それが識というものなのだ。

〔二三五〕　大般若経の理趣分

大般若経の理趣分（1）は、六百巻の内容の出入り集計である。これを金貸しの歳計にたとえると、何月何日に何両を貸し出し、何月何日に元金のうち幾らがはいり、何日に利子幾らを受け取り、年末の勘定尻でまだ済まない金が何両と、その出し入れがこのようにはっきりしていれば、借金したのがでたらめな男でも、承服せざるを得ない。これをば成仏というのだ。

（1）　大般若波羅蜜多経の第五七八巻。「理趣」とは真理のおもむくところの意である。六百巻の内容の集約的なものとして、特によく読誦される。

〔二三六〕　蓮華蔵世界

仏教では世界のことを蓮華蔵（れんげぞう）という（華厳経（けごんきょう）など）。蓮（はす）というものは、泥中（でいちゅう）に根ざし、水中に伸び、空中に花をひらく。これは泥（どろ）と水と空との三世を貫くものだといえる。また、その根にも茎にも、葉にも花にも、細い脈がずっと貫き通っているが、君民・貴賤・上下の心情がこのように通じ合ったならば、天下はまさに太平である。そしてまた、あのきれいな花や葉の本は、実に泥なのである。泥がなければ枯れてしまう。同じように、王侯が尊貴に栄えられる本は、庶民なのだ。庶民がなければ滅びてしまう。なぜならば、花と根、君と民とはもともと一体だからである。仏教でこの世を蓮華蔵と称するのは、まことにもっともなことだ。

〔二三七〕　方便は足場のようなもの

仏のいわゆる方便とは、たとえば足場のようなものだ。土蔵を築くには、必ず足場を組んで、屋根をふいたり壁を塗ったりする。そして落成すると、足場をとりはずして、もう使わない。これが土蔵を築くための方便である。米とわらとの関係もそうだ。米を作る者は必ずまずわらを育てる。そして米を収穫してしまえばわらは捨てて用いない。これは米を作るための方便である。うなぎを釣（つ）るのにみみずを用いるのもやはり方便だ。けれども、これを釣って食ってしまっては仏の意思でない。ひでりの時節に、うなぎが浅い水底の穴にいるとき、これにむかって、「今に水がかれて死んでしまうぞ。その穴を出て水の深い所に行くがよい。」とさとしても、うなぎはいうことをきかない。そこでみみずでそれを釣って深い水に放してやる。これを仏の方便というのだ。

〔二三八〕　方便は米をとるための稲

世人が仏の方便とは不要のもののことだと考えるのは、まちがっている。方便とは、その始めは必要であって、成功したあとで不要に帰するものをいうのである。ちょうど米粒と稲草との関係のようなものだ。いやしくも米粒を得たいと思うならば、稲草に水をかけたり肥しをやったりせねばならぬ。稲草に水や肥しをやらなければ、米粒を得ることはできないのだ。そしてその稲草は、水や肥しをやる時分には必要なものであっても、米粒を得てしまえば不要に帰する。こういうものを方便というのである。

〔二三九〕　仏菩薩は心性の徳の表現

仏教でいわゆる仏菩薩（ぶつぼさつ）とは、もとより姿・形はなく、人間の心性のうちにあるものである。たとえば、物の道理をわきまえるはたらきがある。これを称（たた）えて文殊（もんじゅ）という。また私欲を制するはたらきがある。これを称えて不動という。また人物を察するはたらきがある。これを称えて観音という。これらは皆、人間の心性の徳を表示して、仮に姿・形を設け、仏菩薩と名づけて人々に仰ぎ依らしめるものである。だから人々もこれに帰依せざるを得ないのだ。

〔二四〇〕　豆の三世

仏教は三世を説く。肉眼ではこの三世を通観することができない。これを迷いという。心眼はよく三世を通観できる。これを悟りという。いま一本の豆草でこれを説明するならば、豆草にも三世がある。現在豆草であるとすると、その過去を悟れば豆種であり、その未来を悟っても豆種である。現在豆種であるとすると、その過去を悟れば豆草であり、その未来を悟っても豆草である。三世を迷うも悟るもつまりは一つである。種草花実もまた一つである。ただその居所によって名が異なるだけなのだ。　＊二五七・夜話八四（旧版一〇九）

〔二四一〕　托鉢の行

釈迦の托鉢（たくはつ）のしかたは、施された米が鉢一杯になればやめて、それ以上は施す人があっても受けず、毎日一鉢ずつ勤めて怠らなかった。行（ぎょう）として実に徹底したものだ。今これを行っているのは、ただ禅宗だけである。一日の托鉢で三百戸歩くのを限度とし、施されても施されなくても一軒ごとに経を誦するという。鉄鉢は米びつである。その上必ず紙と皿と茶わんと箸（はし）とを持って歩く。これは、たれしも欠くことのできないものである。この行もまた徹底したもの

だ。　＊二六五・二三三

〔二四二〕 阿弥陀経は飾りがない

阿弥陀経は一言ごとに「舎利弗」という。これは、言葉に飾りがないのである。阿弥陀経というものは、釈尊の一大事の際の説法である。これは、老人が病気で死のうとする時の言葉にたとえられる。子どもらを呼んで、目を開いて、「たれそれは居るか」ときく。「おります」と答える。病人は眠るようにしていて、しばらくしてから、「たれそれは居るか」ときく。「おります」という。「よく子どもを育てよ。」「はい」。またしばらくして、「たれそれは居るか」ときく。「おります」という。「よく孫を育てよ。」「はい」。またしばらくしてから、「たれそれはおるか」という。生死の一大事にのぞんでは、その言葉に飾りのないこと、このようになる。阿弥陀経も同じことだ。(1)

（1）舎利弗は釈迦の高弟の名。史実としてはともかく、信仰的には、特に浄土宗方面で、阿弥陀経を釈迦一代の結経、すなわち遺経と仰いでいる。

〔二四三〕 浄土ということば

仏教家のいわゆる九品浄土(1)のうち、安養浄土というのは、富貴ではあるが子孫がないものである。極楽浄土は、富貴ではないが父母もそろっており、兄弟も故障なく、子孫は生育し、一家がむつまじく暮すものである。その他は推して知ることができる。また、浄土ということばは、「ジョウ」という音から推しはかると、浄土と書けば清浄の美しい土地である。静土と書けば閑静なよい土地である。上土とすればこの上なくよい土地である。定土とすれば安居できるよい土地である。常土ならば、常住できるよい土地である。

実に、浄土という音も面白いものではないか。けだし、一心を悟れば、どのような土地に居(お)っても、すべて浄土である。士農工商がおのおの業務を楽しみ、その他のことを顧みないならば、それも浄土である。たとい子孫が多くてもその家に安住できず、衣食を失ったならば、すなわち地獄である。仏語の妙を得ていることは、このとおりだ。

（1）極楽浄土には、往生する者の善根の度合いなどによって、上品上生(じょうぼんじょうしょう)から中品中生を経て下品下生(げぼんげしょう)にいたる九つの段階があるとされる。安養浄土は極楽浄土そのものの異名であるから、本文の説明は通説ではなく、あるいは一部に行われた俗説でもあろうか。

〔二四四〕　迷故三界城は人道の立場

仏教にいわゆる「迷故三界城(めいこさんがいじょう)」（1）とは、物事を作為するところの人道をいうのである。たとえば鳥を射落して食うとすると、食う者は楽しいが食われる方ははなはだ苦しい。これを迷いというのだ。それに用いる弓矢もまた迷いの道具である。なぜかといえば、五尺の弦（つる）を六尺の弓に張ってあるからだ。矢をついで放てば弦音がする。これまた迷いである。そういう迷いに乗じて射るから、二十歩先の鳥を射殺すことができる。これは、迷いであるからこそ用をなすのだ。もし弓と弦と長短がなければ、弓は弓、弦は弦で、矢をついでも何の用もなさない。これがすなわち、「悟故十方空」というものである。それだから、迷わなければ人道は成り立たない。迷えばこそ人道が成り立つ。人はよろしくその迷いに立脚して、人道をつとめるべきである。

＊夜話五（旧版八）・一九（旧版二二九）

（1）夢窓疎石「谷響集四」に出ており、巡礼の笠などによく書かれる文句である。「迷うがゆえに三界は城になり。悟るがゆえに十方は空なり。本来東西なし。いずれのところにか南北あらん。」

〔二四五〕魚の地獄

仏教家は地獄を説いて、人を戦慄（せんりつ）させる。いま、漁師が魚類を捕（と）って、割（さ）いたり、煮たり、あぶったりして食うありさまを、彩色で描き、細かに記述して、それを魚の国に送り、魚の言葉で説いたならば、ちょうど仏説と変わらないものになるだろう。

〔二四六〕　巧みな説法

仏語は、着物を縫うのと同じ調子だ。いわゆる「空即是色」は縫うのであり、「色即是空」は返し縫いである。衆生をさとすには必ず言葉を返して、「わかったかどうじゃ。よくわかったならば、仏門の戒めがある。これを守らねばならぬ。」と言う。農夫をさとすのにたとえると、「お前は農家に生まれたからには、耕作につとめるがよい。去年耕作につとめたから、ことし食糧を得た。ことし耕作につとめなければ、来年食糧が得られないぞ。わかったならば、よく働かねばならぬ。」と言うようなものだ。

その説法の術は、手品師のやりかたに似ている。手品師は、白い棒をのみこんで見せて、それからその種を明かし、「棒などが何でのみこめましょうや。それ、ここにそっくりございい。」と言う。ちょうど、からだをくすぐるようなやりかたである。だから見物人は笑わざるを得ない。仏教家のほうは、ちょうど、つかむような具合に、痛切に理法を説く。だから聴衆は感動せざるを得ないのだ。

〔二四七〕　達磨の悟道無心

達磨の悟道は至極徹底したものというべきだ。その像は、あるいは大寺院の中にすわるかと思えば、あるいは子供のおもちゃにもなる。経文などは、切れはしでも人は汚すのを恐れるが、おきあがりこぼしならば、おもちゃにしたり、踏んだり、破ったり、小便までかけたりする。人も別にそれを怪しまない。これは悟道の至り、無心の極が、そのようにさせているのだ。

〔二四八〕 五輪の塔と生死

仏教家は五輪で人体を象徴している。五輪とは何かというと、空・風・火・水・地の五つの要素のことである。それが集まるのを生といい、それが散ずるのを死という。これを能楽にたとえてみれば、舞台はすなわち人体である。楽人がずらりと並んで、能が始まる。これが生である。能が終って楽人が退散する。それが死である。そして、人が死ねば、空と風と火の要素は、たちまち散じてしまうが、水と地の要素は散ずることが遅いから、死体としてかつぎ出される。ところで、楽人たちは解散しても、おのおのの家に居(お)るし、五輪は散じても引き続き天地の間にある。どちらもそれっきり消滅してしまうものではないのだ。(1)

(1) 二宮先生が風火水地の綜合を空と見られたことは二一六のとおりであるが、ここでは五輪の塔などに見るように、五つを平等の元素とする世上一般の観念に従ってたとえられたものであろう。

〔二四九〕 縁なき衆生

生まれた者は必ず死に、壮年の者も必ず老いる。溝や堀は埋没し、堤防は崩壊する。これは自然である。愚かな者が道を失って悪に陥るのも、やはり自然である。仏教家はこれを下品下生といって、救い難いものとしている。なぜならば、善縁がないからである。善縁のない者は、善を聞けば居眠りをし、悪を聞けば目を覚ます。だから教えることができないとされている。これを、米をまくのにたとえると、米を山の頂上にまいても発芽はできない。まして長い穂を出すことなど思いもよらぬ。なぜかといえば、肥しや水の縁がないからである。

〔二五〇〕いやなものを引き受ける道

人情というものは、清浄を好んで、汚穢をきらう。それゆえ人が死ねば汚穢として、これを忌み遠ざける。仏教家はこれを引き受けて、死後を救済する。これは人のきらうところを好むものだといえる。こうして、ただ人のきらう事柄を好むというだけのことで、仏法はますます盛んになって来たのだ。昔、江戸に大火があり、十万八千人が焼け死んだ。そこで一つの寺を建立して、これを弔った。また小塚原の刑場で、刑死者が千人になったときも、同様にした。(1)

これらは、寺を建てて人が死ぬのを待つわけではなく、死をのがれようとしてものがれられなかったとき、その死後を救済してやるのである。わが法もこれに似たところがある。荒地や借財は人のきらうものだ。私はこれを引き受けて、その荒地を開き、その借財を償還してやる。

これはわが法を設けて荒地や借財ができるのを待つわけではなく、そういう難儀をのがれようとしてものがれられなかった場合に、その難儀を救済してやるのである。

（1）明暦三年（一六五七）正月の振袖火事で建てられた寺が墨田区東両国町の回向院で、小塚原（荒川区南千住町）の回向院は寛文二年（一六六二）その分院として建てられた。

＊二五九

〔二五一〕因果の説明と現量鏡

仏教家が大衆をさとすのに、みそにたとえを引いて、「このみそはどうして塩からいのか。ほかでもない、塩が多かったからだ。これこそ過去の因縁というものではないか。もし甘いみそがほしかったら、塩を少なくするがよい。」と教える。過去の因縁の説明のしかたとして、実にうまいものだ。私も、現量鏡を作ってその道理を明らかにした。百文あって、五十文出せば五十文残る。一丈のなわがあって、一尺使えば九尺残る。これを見れば、口で説くまでもなく、因果の道理が明白である。(1)

（1）現量鏡とは米麦・金銭・資産などの収支計算帳で、差引現在量を明了に示したものを一般にいう。全集一巻七七一頁以下「常船現量鏡」はそれを模式化したものの一つ。

〔二五二〕「山王」の意味

天台宗では山王を尊ぶが、その意味には深いものがある。山という字は、三画（かく）を縦に引き、一画を横に引く。すなわち前後・左右・遠近・中央地方を貫通する徳を表わすものである。また王という字は、三画を横に引き、一画を縦に引く。すなわち天・地・人の理法に貫通するから王としたものである。まったく、天地人三才の理法に通じ、中央地方の事情にも通じたならば、国家を治めるのは何ごとでもないのだ。

〔二五三〕「今日」の意味

禅宗では今日（こんにち）を尊ぶが、それには深い意味がある。今日（きょう）という訓と経という音と同じである。妙を得たものといえる。経というのは縦糸のことであり、今日（きょう）はすなわち横糸である。王侯から武士庶民にいたるまで、おのおのその道があって万世かわらない。これを経という。おのおのその道を行って今日（こんにち）を正しくいとなむ。これを今日（きょう）という。たとえば、布が縦糸に横糸を織りなしてできあがるようなものだ。実に、万世かわらない縦糸によって、今日をいとなむ横糸を織ってゆくならば、国家を治めるのは何ごとでもないのである。

〔二五四〕 空即是色は世界の姿

経文（心経）に「空即是色、色即是空」とある。まことに至言であって、一言をもって世界の姿を包括したものといえる。けれども、空即是色と称したから世界に万物が生じたのではない。また色即是空と称するから世界の万物が滅するのでもない。万物が生滅してやまないことは、万古以来の天地の造化であり、世界の姿である。仏教家は、つまりその姿をさして言っただけのことで、いわば酔後に玉杯を添え、錦上に百花を敷いたようなものである。

〔二五五〕 殺生戒も勝手なもの

仏教家は殺生戒（せっしょうかい）を設けているが、いったい何々を「生き物」と言うのか。彼らも米粒を食うが、その米粒だって生き物ではないか。それをまけば生（は）えるからには、一粒一粒生き物でなくて何だろう。してみれば一升の米をたくには、六万四千八百二十四粒(1)の生き物を殺すわけである。草を刈ったり、木を伐（き）ったりするのも同じことだ。米粒が人にたき殺され、草木が人に刈られ伐られて殺される、その苦痛はどれほどであろう。

もしも、言葉がないから苦痛もなかろうなどと思うならば、それはわがまま勝手な考えだ。おそらく、動物を殺すことだけを殺生として、草木に及ばないのは、血気がおのれに似通ったものを生き物とし、血気が人類に似ないものを死物としたのであろうが、どうしてこれを、公平無私の公道ということができよう。してみれば仏法もやはりわがまま勝手な私道なのだ。

（1）一升ますは縦横四寸九分、深さ二寸七分で、米一粒を一分立方として六万四千八百二十七粒はいることになる。二宮先生は小田原藩のますの改良統一を献策した際、詳細にこういうことを研究された。

〔二五六〕妻帯の禁と用排水

仏法が東漸してわが国に伝わって以来、たいていの人々はこれを奉じ、どこの家々でもこれをまつり、父母の誕生日を知らない者はあっても、釈迦（しゃか）の生誕と入滅の日を知らない者はないというほどになった。

これはなぜだろうか。ほかでもない、肉食（にくじき）妻帯を断ったことがそうさせたのだ。釈迦がもし王位にあって、宮女三千を養ったならば、三千の一般男子が配偶者を得られない。それが王位を去り妻帯を断ったために、三千の男子が配偶を得て生活を楽しむことができた。まことに至大の徳である。だからこそ、わが国民も、その領内でないにかかわらず、その徳を慕わざるを得ないのだ。今これを一村の農耕にたとえよう。もし全村こぞって、おのおの私欲をほしいままにし、互に作付を多くしようと争って、用水や排水を埋め、あぜ道を崩して田地としたならば、全村無事に農業をすることはできない。

このとき、名主たる者が、自己の所有する田地を差し出して用排水やあぜ道にしたならば、全村あまねく安らかに耕作ができ、貧富共に生活を全うすることができるだろう。実に、仏僧が肉食妻帯を断つのは、名主が田地を譲って用排水やあぜ道にするのと同じことである。しかるに、浄土真宗がその戒めを破った。これは再び用排水を埋め、あぜ道を切り崩したようなものだ。仏法が廃滅せずにおられるわけはない。それでもこれが廃滅しないでいるのは、他の宗派が戒めを守っているからだ。もしもすべての宗派が破戒したならば、仏法は廃滅すること必定である。　＊二六四・夜話四一（旧版二一二）

〔二五七〕豆草菩薩と豆種菩薩

経文にいわゆる「本尊」とは「本を尊ぶ」ことであり、「如来」とは「来るが如し」である。これを豆草にたとえて言おう。豆草にむかって説教するには、「お前は何のおかげで豆草になることができたのか。お前の過去を悟れば豆種である。未来を悟っても、やはり豆種である。してみればお前は豆種菩薩の化身ではないか。今は葉をひろげ、花を開き、肥しを吸って、生きることを楽しんでいるが、ついには豆種となる運命をのがれられないのだ。今生はすなわち仮の世であり、未来がすなわち真の世である。だから、すみやかに実を結んで豆種となるがよい。」と言うわけだ。まさに、「本を尊ぶ」ものではないか。そしてさらに、「もしいつまでも葉をひろげ花を開きたいという欲情に迷って、実を結ぶ時節を失ったら、子孫が滅びてしまうぞ。もしわしのいうことに疑いをいだくならば、秋を待って試(ため)すがよい。決して相違はない。」とさとす。まさに「来るが如し」ではないか。

また豆種にむかってさとすにも同様で、「お前は何のおかげで豆種となることができたのか。お前の過去を悟れば豆草であり、未来を悟っても豆草である。してみればお前は豆草菩薩の化身ではないか。今は葉もなく花もなく、また肥しも吸わず、閑静なところに安住しているが、ついには豆草となる運命をのがれられないのだ。今生(こんじょう)は仮の世であり、未来こそ真の世である。すみやかに芽を出して豆草となるがよい。

もしいつまでも閑静なところで安住していたいという欲情に迷って、芽を出す時節を失ったならば、子孫が滅びてしまうぞ。もし疑いをいだくならば、来春を待って試すがよい。決して間違いはない。」と言うのである。衆生があればすなわち仏がある。形があれば必ずその種がある。その「本を尊ぶ」次第を「来るが如く」に証明する、その意図は至れり尽くせりである。　＊二四〇・夜話八四（旧版一〇九）

〔二五八〕　金胎両部の大日

経文に出てくる金胎両部(こんたいりょうぶ)の大日(だいにち)[1]というのは何のことか。それは、儒教でいわゆる道心と人心とのことである。心は水と同じで、もともと一いろのものであるのに、しかも道心と人心との区別があるというのは、いわば水いれの水と硯池（けんち）の水との相違のようなものだ。硯池の水は、朱が加われば赤となり、墨をすれば黒となる。しかし水いれの水はもとより赤も黒もない。

これと同様で、心性にはもともと悪はないが、ただ肉体の欲望にもとづいて悪となるのだ。暑さをいやがったり、寒さをきらったり、逸楽を喜び好んだりする心は、みな肉体から生ずるものである。これを胎蔵界の大日という。すなわち人心のことである。もしこの肉体の欲望をとり去ったならば、水いれの水と同様で何の悪もあるわけはない。これを金剛界の大日という。すなわち道心のことである。

（1）真言密教の根本経典たる大日経によれば、金胎両部すなわち金剛界と胎蔵界とは、大日如来の顕現の二部門であって、前者は一切を超越するという知徳の面を、後者は一切に内在するという慈悲の面を示すもののようである。

〔二五九〕　仏法の至大の徳

釈迦（しゃか）は何千里の向うの西域に生れ、しかも数千年後の今日、芝増上寺（しばぞうじょうじ）の本堂に座を占めて、前田・伊達（だて）の二侯を火事番にしている。彼としてまことに礼を失しているようだし、こちらとしては恥辱に思わねばならぬようだ。それなのに人が別に怪しみもしないのは、ほかでもない、その至徳大法のためなのである。釈迦は、「わが法千歳の後、これを大王に附属す。(1)」と言っているが、予言がはずれなかったというべきだ。しかしながら、その至徳大法というのも、ただ己を捨てて人を救うということに過ぎないのである。明暦の大火の後、焼けた死体を集めて一つの寺を建て、また刑場で刑死者が千人に達したときにも寺一つを建てた。それで死体をすっかり成仏させるというのである。死体はたれでもみなきらうものだ。その忌みきらうところのものを引き取って済度する。これこそ己を捨てて人を救うことではないか。その徳、その法、まさに至大ではないか。　＊二五〇

(1)　出典不詳。仁王経には、「大王よ、吾この経をもって汝らに付嘱す。」という語はある。

〔二六〇〕悟って済度せねば無益

仏教家は人欲を去ることを悟りだとしている。これは、たとえばよごれた着物を洗うようなものだ。釈迦は万苦を積んで成道し、その上で力を済度に尽した。これは、一度雪白の布となってから、改めて模様をつけたようなもので、実に至道というべきである。ところが末世の僧侶のごときはそうではなく、その中の名僧知識と称する者でさえ、ただ白い布となっただけで、さらに模様をつけることを知らない。だから人生に益がないのだ。これを、荒地の開墾にたとえてみよう。ここに野原があって、あしがぼうぼうとはえている。

これはちょうど人欲のようなものである。農夫がこれを刈り、起し返して良田にしたとする。それはちょうど、苦行して人欲を去ったのと同様である。ところがそこで農夫が、ただ良田をいとしむばかりで、五穀を植えなかったとしたら、何の益があろう。同様に、名僧がただ白い布をいとしんで模様をつけないのも、人生に益がないのだ。それゆえ、良田にはよろしく五穀を植えて秋のみのりを収めるべきだし、白布にはよろしく模様をつけて衆生(しゅじょう)の済度につとめるべきだ。これは無欲であって無欲でなく、有欲であって有欲でない。これこそ至道というものである。

〔二六一〕 九々と仏法

算術で九々八十一という。実際に九を九つ積んで数えてみれば八十一にほかならない。だからこれは、結論を最初から示したものなのだ。仏法も同様であって、たとえば、「生者必滅(しょうじゃひつめつ)」と言う。実際、およそ天地間に生ずるものは、貴賤・賢愚・迷悟の差別なく、鳥獣・虫魚・草木にいたるまで、すべて滅しないものはない。いわゆる「諸行無常」とはこのことである。

〔二六二〕 仏国では仏、神国では神

仏の国に生ずるものは、人類はじめ鳥獣・虫魚・草木、ことごとく仏である。神国に生ずる

ものは、人類はじめ鳥獣・虫魚・草木、みなことごとく神である。たとえば冬瓜（とうがん）は、根もつるも葉も花も実も、みなすべて冬瓜であるのと同じことだ。してみれば、わが神国に生まれた者は、上下貴賤を論ぜず、死後みな神として取り扱うことにすれば、西域の仏法を用いるには及ばないのである。　＊八五・夜話四四（旧版一五二）

〔二六三〕　空海と最澄

空海は衣食と情欲とを用いた。これは仏の教にそむいたように見える。最澄は衣食と情欲とを捨てた。これは仏の教にかなっているように見える。しかるに高野山は日々に盛んになってゆき、比叡山（ひえいざん）は月々に衰えてゆく。それはなぜだろうかというと、一見空海は正しくないようで、最澄が正しいように見えるけれども、いま寒中に村民を集めて用水堀や排水堀をさらえるのにたとえれば、空海は人々に、たき火をたいて暖まるがよい、と指示する。これは姑息（こそく）なやりかたのようだけれども、情欲に順応するから、人々はこれを歓迎するのである。

ところが最澄は彼らにむかって、この仕事は来年の農作のためなのだから、寒さを冒して勉励せねばならぬ、と差図する。これは正しい道ではあるが、情欲に逆らうものだから、人々はこれをきらうのである。　＊一八二後段

〔二六四〕　親鸞の誤り

親鸞は深く後世のことを念慮して、末法の僧侶には肉食妻帯の戒めを守ることができまいと推察し、みずから戒めを破って一宗を開いた。これは考え違いと言わねばならぬ。戒めを破ってまで末法の僧侶を存続させるよりは、戒めを守ってみずからたおれたほうがましなのだ。

＊二五六・夜話四一（旧版二二一）

〔二六五〕　托鉢と分度

仏教家の托鉢は、施米が鉢に一杯になればやめる。そして毎日怠らない。これは、家産は捨てても、身命は捨てずに、衆生済度につとめるものである。わが法の分度は、すなわちこの鉄鉢であって、鉢からあふれた分外を、年々に推譲する。これは、家産を捨てずに済世救民に努めるものである。　＊二四一

〔二六六〕　仏法の長所と限界

釈迦の説法のしかたは、たとえば、なまけ者を見ると、「お前たちが現在腹いっぱい食ってぶらぶらしておられるのは、去年作った米のおかげではないか。もしも去年なまけて耕作しなかったら、今ごろ遊んで食っておられるわけはない。してみれば、現在なまけておっては来年

らくに食えぬ始末になるではないか。それでは困るだろう。だから、来年のために耕作に努めるがよい。」というふうに説く。だから愚夫愚婦でも承服せざるを得ないのだ。

そして釈迦は、天下の紛争を和解させたり、夫婦げんかを裁（さば）いたりするのが上手（じょうず）だったという。いったい、夫婦げんかの仲裁がよくできるような人は、天下の争訟を聴（き）くに足る人なのだ。けれども釈迦は、文化のととのった時代に生れ、しかも王子であった。それゆえ文化時代の道を説いて、原始時代には及ばなかった。たとえば、まだ嫁をもらわないのに夫婦げんかのあるわけはなく、何の仲裁もいらないようなものだ。だから仏法も、荒地をひらき、衰廃を興す道については、力が及ばない。荒地をひらき衰廃を興すことは、わが天照大神の道によらなければ実行できないのだ。　＊前段二四六、後段二〇六

〔二六七〕不思議を説くのは無用

祖師や名僧が奇妙不可思議なことがらを説くのは、手品師と異なるところがなく、何の役にも立たない。彼らは、要は一つの宗派を開けばそれでよいのだ。わが道はそれとは違って、米をまいて米を得、麦をまいて麦を得るのである。何の奇妙もなく、何の不思議もない。これに反して、麦をまいて米を得、ひえをまいて麦を得るようなことは、いくら祖師名僧でも行えるものではない。　＊夜話八（旧版一五〇）

〔二六八〕 大数現量鏡

仏教家のいわゆる恒河沙（ごうがしゃ）・阿僧祇（あそうぎ）、あるいは無量・大数などという数称[1]は、あまり大きくて、はっきり算え知ることができない。かりにその数を一から勘定して行こうとしても、暗夜に砂を算えるようなもので、到底見分けがつかなくなってしまう。私はそれゆえ「大数現量鏡」を著わして、一から大数にいたるまで、おのおのこれを図解してみた[2]。これによればどんな大きな数でも一目了然である。

（1） 十の五十二乗を一恒河沙、同じく五十六乗を一阿僧祇、同じく六十八乗を一無量、七十二乗を一大数という。

（2） 全集一巻六九九頁以下。面積の図と立方体の図を交互に二五ずつ掲げて、これらの概念を克明に、具体的に図解してある。たとえば、縦横高さ一分の立方体を単位として積みあげてゆくと、一千大数を示す立方体の一辺は、里数にして七、七一六、〇四九、三八二、七一六、〇四九、三八二里と二十五町四十六間四尺になることが示されている。

〔二六九〕 凡夫凡婦の悟り

仏教家のいわゆる悟りなるものは、名僧知識でもむずかしいこととされている。これと違って、肉眼で見ることのできぬものは心眼で見、肉耳で聞くことのできぬものは心耳で聞く。すなわち、光なき光を見、声なき声を聞き、表を見てその裏を知り、末を見てその本を知るという、これが私の悟り方である。また権兵衛(ごんべえ)八兵衛にも悟りがある。彼らは、わらじを買うには、銭を出せば得られることを知っている。これをはけば足がいたまないことを知っている。山に行けばたきぎが得られることを知っている。たきぎがあれば飯がたけることを知っている。また草を刈る際には、これを馬に与えれば肥料になることを知っている。その肥料を田地に施せば収穫が多いことを知っている。収穫が多ければ家計が豊かになることを知っている。みなあらかじめ知ってこれを実行しているのだ。これこそ三世四世を悟るものではないか。

僧侶(そうりょ)には僧侶の悟りがあり、権兵衛には権兵衛の悟りがある。ただその立場立場によって違いが出てくるだけで、その本義は一つである。私があるとき詠(よ)んだように、女房連中が腹いっぱい食って、そしてあとの食事のために搗(つ)いたり挽(ひ)いたりしている、その悟りは、いい加減な仏教家にまさることはるかなものなのだ。(1)

（1）腹くちく食うてつきひくあまかかは　仏にまさる悟りなりけり

〔二七〇〕観音経と無利息金

経文にいわゆる観世音菩薩(かんぜおんぼさつ)とは、世界の音声を観じて、衆生を救済するものである。音声とは何をいうかといえば、およそ人類から鳥獣虫魚にいたるまで、喜怒哀楽、愛憎、欲望の音声を出すのがそれである。そして、どれの音と指して言わず、大まかに世界の音と言ってあるのは意味が深い。普門品ということも同様の意味である。およそ天地間の万物は、みな「品」なのである。

私は観音経の深い意義を探り、それによって無利息金貸付法を設けた。すなわち出納簿で言えば、入金を観音とし、出金を衆生とし、通計を菩薩と見るのだ。入金があれば出金があることは、五尺の木には五尺の根があるのと同様である。むしろを織る場合も同じことで、表へ五分出れば、裏へ五分はいる。布を織るのも同じことだし、万物みなこのとおりである。さてまた、人について言えば、無利息金の貸付を行う者は観音であり、貸付を受ける者は衆生である。いったん貸付を受けても、これを返せば観音になる。なぜかといえば、その返金によって他の窮乏者を救済できるからだ。観音経の深い意味が、ここに実現される。すなわち、困っている人々の音声を観じて、その苦しむところを除き、その足らないところを足し、その求めるところに応じ、その欲するところを与えるのである。だから、まったく、この帳簿の題の代りに観音像を描いても、さしつかえないくらいではないか。

〔二七一〕　不止不転の世界

天地があって陰陽があり、陰陽が循環して寒暑が生ずる。寒中には凍結が極まり、土用には炎熱が極まる。たとえば大豆を盆の上にのせ、ぐるぐる傾けてころがすように、かたよることによって万物が生ずるのである。仏教家はこれを名づけて「諸行無常」と言った。

人類・鳥獣・虫魚・草木の生死から、国家の治乱・盛衰・興亡にいたるまで、およそ天地間に現れるすべてのものごとを、諸行という。万物は生じては滅し、生じては滅する。天地のはじめからこのかた、滅しなかったものは一つもない。これを無常というのだ。「色即是空、空即是色」も同じ意味である。これらは共に、世界の無常を悟っただけの言葉であって、あえて世を治めようとするものでもなく、あえて人を教えようとするものでもない。これを押し広げて説明したものが一切経である。その説は非常にくわしく明細で、たとえばなぞを解く者が一々、その心は何々と言うようなものである。こうすればこのような利益がある、こうすればこのような損がある、こうすればこのような得失がある、こうすればこうなる、と、その詳細なことはちょっと想像も及ばない。

けれども、一言でいえば「諸行無常」に尽きるのだ。私はこの言葉を破って、「不止不転」とした。天地陰陽、日月星辰(せいしん)。四季寒暑、昼夜長短、死生生滅、ことごとくに止(とど)まらず、さりとて転ぜずである。天には昼夜がなく、地に昼夜がある。もし太陽について回って行ったとすれば、何も昼夜などありはしない。たとえば、すりばちとすりこぎの関係のようなものだ。すりばちのまん中に仕切りをしたと考えれば、まわすにつれて、両側で交互にすりこぎの生滅が見られる。その仕切りを取り去れば、すりこぎは生滅も何もなく、ただぐるぐる回るばかりである。銭を出して豆腐を買えば、銭が滅して豆腐が生ずる。しかし、もし銭のあとについて行けば、銭は滅しないで豆腐屋の銭箱の中にあることがわかる。銭を出して豆腐を受け取るから、死生生滅を現わすのだ。こういうことを、不止不転の世界というのである。

〔二七二〕　宗派は五色の水

青・黄・赤・白・黒の五色を差別しないのが大地の徳である。だから五色の水を大地に捨てれば、みな清水に還元する。この清水を汲(く)んで、青で色をつければ青い水となり、黄を加えれば黄色い水となる。赤でも白でも黒でもみな同様だ。名僧知識が一宗一派に立てこもるのは、ちょうど、青をとかして青水とし、黄色を加えて黄水としたようなものである。結局一宗一派を開くというようなことは、偏(かたよ)りである。たとえば、とうがらしが大いに辛い方にかたより、砂糖が大いに甘い方にかたよるようなものだ。わが道はそうではない。名僧知識の上を行って、神儒仏の理をきわめ、そうして一大法としたものである。

＊夜話五（旧版八）・万物発言集草稿四（全集一巻三四二頁）

巻四

〔二七三〕 大久保彦左衛門の深慮

大久保忠教（彦左衛門）は創業・守成の良臣である。けれども世人は、その豪勇をほめるばかりで、その深慮・至忠を知らない。あの、世にまれな忠勲がありながら、その祿は二千石に過ぎなかったし、しばしば恩命があっても固く辞退して、死ぬまでそれで押し通した。これは深い考えがあってのことなのだ。

なぜかというと、旗本八万騎の面々もやはり直参勲労の士だ。それが、てんでにその勲労をたてにして大小名に封ぜられることを求めたならば、どうしてこれに応じ切れよう。求めて得られなければ恨みをいだくのは人情の常だ。八万の旗本がおのおの恨みをいだいたとすれば、守成のためにきわめて不利である。だから忠教は、世にまれな忠勲がありながら、小祿無爵で終生忠を尽し、武士の節義を全うした。それだからこそ八万の直参も不平不満の念を断ったのだ。これこそ守成の功を全うするゆえんであって、まことに深慮・至忠ではないか。世人がここに思い及ばないのは惜しいことだ。

〔二七四〕 大久保忠隣への親書

家康公は大久保忠隣に対し、「一張弓を以て天下を治め、三尺剣を以て国土を安んず。」という親書を与えた。家康公が戦乱を平定したのは、決して一つの弓、一つの剣の力ではないが、これは忠隣の好みが分外に出るのを戒めたものなのだ。忠隣は天性剛勇で、小田原城の北壕（きたぼり）を掘るにも一昼夜で仕上げたという。そういう人だから、兵器をたくわえることも分に過ぎていたに相違ない。これが嫌疑（けんぎ）を生じ讒言（ざんげん）を招いて、ついに罪を得たいわれなのだ。もし忠隣がよく親書の教えに従って、慎んでその分を守ったならば、どうして罪を得ることがあろうか[1]。

私はあるとき、先君忠真（ただざね）公にこの事をお話しした上、「論語を読んでもまた、このように解釈せねばなりません。なぜならば、聖人の言葉はもとより定例というものがなく、みなその人その人に応ずる戒めだからであります。殿様は幸いに老中になられました以上、どうぞその教えを、省みてわが身に求められますよう。」と申し上げた。先君は嘆息して、「まことにそうじゃ、まことにそうじゃ。」と言われた。

（1）大久保忠隣（一五五三－一六二八）は、家康に従って戦功あり、永禄二年（一五五九）父をついで小田原城主となり、本多正信と共に家康を補佐して威望最も高かったが、のち正信と争い、国法を破るものとして讒言され、慶長十九年（一六一四）所領を没収されて近江に流され、そこで死んだ。

〔二七五〕三浦氏の堅城はさざえのから

三浦荒次郎（義意（よしおき））は猛将であって、相州三浦郡にいた。その城の築き方は北に高山を控え、南は大洋に面し、ただ一つだけ城門を設けて、最も地の利を得ていた。北条氏がこれを攻めたが、落すことができず、ついに糧道を断って始めて落しいれることができた。その、城門を一つだけ設けたのは、敵を防ぐがためであった。しかし、なるほど陸路の敵を防ぐのには有利だったが、糧道には不利であった。これをあわびやさざえにたとえると、両方とも貝がらを堅城として、いったん変事があればもぐりこんで災難をのがれるが、ついには人に煮られてしまうのと同じことだ。世に、荒次郎が自尽したとき、その首が飛んで小田原城の松の木に止まり、たたりをした、そして北条氏の滅びた日は、その自尽の日と同じであったと伝えている。[1] 仏教家のいわゆる因縁というものだ。

（1）三浦義同（よしあつ）・義意父子が籠城三年ののち北条早雲に滅ぼされたのは永正十五年（一五一八）七月十一日、北条氏が豊臣秀吉に降ったのは天正十八年（一五九〇）七月五日である。なお、籠城した新井城は、三方が海で、一方の陸地にも空壕（からぼり）をめぐらし、全く島の形となっていたという。

〔二七六〕毛利元就の野望と禅譲

（ある人が、「天下の主（あるじ）になろうと思う者は、ようやく一地方の主になり、一地方の主になろうとしてようやく一国の主になれる、と古人が言っているが、[1] どうですか。」と問うたのに対して）――それはそうだ。しかし、そういうことは聖賢の言わないことである。舜（しゅん）や禹（う）が天下を保ったのは、決してそれを望んで得たものではない。舜や禹は、ただその道を尽しただけなのだ。親に仕えれば子としての道を尽し、君に仕えれば臣としての道を尽し、君と親とがあることを知ってわが身わが家のあることを知らず、もっぱらその務むべきことを務めているうちに、願い求めずして天子の位を譲られたのだ。これはちょうど、商人と番頭との間柄で、忠実な番頭がついにその商家を継ぐようなものである。このようにしなければ、一家一村でも治めることができない。一国一天下ならばなおさらのことだ。

もしその家を取ろうとしてこれを取り、名主になろうとしてなったならば、その家その村は決して心服しない。一国一天下においてはなおさらのことだ。なぜならば、策略を用いるからだ。策略の力によって得たものが、どうして長く保つことができよう。これこそ、聖賢が深く戒めるところである。商人はその家を愛すればこそ、ちょうど堯舜（ぎょうしゅん）が天下を愛したように、必ずこれを忠実な者に授ける。堯舜もまた天下を愛すればこそ、商人がその家を愛するように、必ずこれを賢哲に譲った。それだから長く保つことができたのだ。今日、衰えた国の君主は、国家を愛すること商人に及ばない。たとい位を譲らないまでも、どうして政治を賢哲に任せないのであろうか。

（1）　毛利元就（もとなり）。参照日本外史巻十二。

〔二七七〕　必死の勝負と借財返済

むかし、河津氏と股野（俣野）氏とが角力をした。河津氏は両足が地面を離れ、倒れかかりながら、かえって勝った。これは、両足が地面を離れれば、すでに敗けたに決まっている。だから勝ちを得たのだ。(1)借金した者が、貸主に責められて、すでに家が没落しようとするとき、田地も屋敷も家財道具も売り払って返金に行けば、貸主は必ずしも受け取らない。これは、死を決すれば生を得る道理で、河津氏と同様である。仏教家のいわゆる寂滅為楽とは、このことなのだ。　＊二八〇

（1）河津三郎祐泰は曾我兄弟の父。その剛力は伊豆・相模に比肩する者なく、大剛大庭景久（通称俣野五郎）と角力して勝った。そのときの手が今日の「河津掛」になったという。河津掛は、片手を相手の首に巻き、片足を相手の片足の内側にからめ、後ろへ反って相手を倒す手である。

〔二七八〕　枡の改良

わが小田原藩では、一定の正しい枡がなくて、それにつけこんで余分に取り立てられるので人民は苦しんでいた。私の父はこれを憂いとし、常に慨嘆していた。私は父のこの遺志を、寝てもさめても忘れられなかった。家老服部氏の求めに応じてその家政を改革したのは、私の本来の意思ではなかったが、服部氏は代々家老の家柄であるから、これが縁になって枡の改正が

実現できるかも知れないと、ひそかに思ったわけだった。

その後、先君の下問を受けて、「権量を謹み法度を審かにす。」（論語、堯曰篇）という言葉と、枡改正の方法とをしるして献策した。その枡は高さ八寸八分を定めとする。寸は十であるから八十八で、ちょうど米という字に当る。先君はこれを良しとして採用せられ、私は始めて父の遺志を全うすることができたのである。　＊全書一巻三七頁

〔二七九〕　さざえと山芋の教訓

さざえのからやあわびの貝は、至って堅いものだ。それが生長して大きくなってゆくのは不思議といえる。また、山芋は至って柔らかいものだ。それが堅い土をわけて伸びるのも、不思議といえる。これはほかでもない、あるいは海底のあくたを食い、あるいは土中の水気を吸って、食を求めるために誠をつくすからこそ、どちらもよく生長するのである。人が事をなすのもこれと同様だ。他の力を願い求めず、実行して怠らなければ、その事は必ず成就する。これを「至誠神の如し。」（中庸）というのである。もし始めから必ず成功すると予期していると、怠惰が生じて、その事はついに成就しない。これは自然の道理である。

〔二八〇〕 訴えなからしめる道

今日、訴訟を聴く者は、先例にこだわり過ぎる。だから判決がややもすれば誤るのだ。よろしく中正不偏の心をもって聴くべきである。ところで孔子は、「必ずや訟え無からしめんか。」(論語、顔淵篇)と言ったが、私にもその方法がある。それはほかでもない、原告を戒めさとすのだ。ここに借金した者があって、かえって貸主の無道を訴えるとする。そのときこれをさとして「お前は貧困のため金を借りて、その金で仕事をしたのではないか。その金で嫁を迎えたのではないか。またその金で屋根をふいたのではないか。してみれば実に大恩だ。その大恩をどうして償わないのか。

たとい督促が厳重に過ぎるとしても、まさか貸さない金を催促する者はあるまい。恩を受けて恩を忘れる者は人ではないのだ。すみやかに家産全部を売り払ってその金を返すがよい。その上で妻子を連れてここに来い。私が必ずそれだけの家産を与えよう。」と言うのだ。借主は了解して、家産を売り払って返しにゆく。こうすれば貸主がいかに無道でも、これを受け取るには忍びない。必ず利息は棒引きにし、元金の償還期限を延ばしてくれるに相違ない。これが、貸主をさとさずにおのずから承服させる方法である。こうすれば何の訴訟もあり得ないし、何の判決も必要でない。けれども、こちらにそれだけの家産を与える資力がなかったならば、みだりにさとしてはならない。その資力もないのに、ただその道理だけを説いても、それは空言

である。空言がどうして実行されよう。　＊二七七

〔二八一〕　天保改革の失敗

老中水野忠邦が時の政治を改革しようとしたのは、はなはだ良いことであった。ぜいたくを禁じたのも天下に大きな利益がある。けれども、これはちょうど、手で竹を押えつけても久しく保つことができないのと同様で、成功しなかったのは惜しいことだ。(1)もし増封の五万石(2)を譲って賞賜すること二回、信任を天下に示したならば、必ず改革は奏功したであろう。これはちょうど、肥料を重ねて田畑に施すようなものだからである。

（1）天保の改革は、天保十二〜十四年（一八四一―四三）に行われ、綱紀の粛正、文武の奨励、奢侈・離農・商業独占等の禁止を図ったが、功にあせり、過酷に陥って失敗した。
（2）忠邦ははじめ唐津六万石を継ぎ、のち同じ六万石で浜松に転封され、天保十年老中・御勝手御用掛として西丸の再建工事に精励したかどで一万石を加封され、弘化二年失脚に際して加封の一万石と本領のうち一万石を削られたとあるから、本文の五万石は、一万石の誤りであろう。

〔二八二〕　彦根藩の美風

彦根藩の船が利根川を上下するのに、夏は炎熱を冒して昼間航行し、冬は寒冷を衝いて夜間

航行して、便益を民間の商船に与えた。商船は感謝し信頼していた。ある日某藩の船が衝突して争論を生じ、彦根藩の船長が某藩の船長を斬った。そこで公儀に訴えて裁決するところとなったが、某藩の方が負けたという。某藩の権威も、圧力を加える余地がなかったのだ。これはほかでもない、彦根藩が平素威光を用いず、分を譲ったことの結果である。また、その領地が野州にあるので、藩の役人が交代に往来するとき、道々人夫や馬をやとわず、みずから振分けをかついでゆくという。

わが小田原藩のごときは、老中の権威を笠に着て、むやみに人馬を求め、いつも駅長をしかりつけて得意になっている。もしも彦根藩が威光を振るったならば、どうして小田原藩の比ではない。しかるにみずから荷物を肩にして往来する。その威光を用いず、分を譲る美風は、まことに嘆賞せずにおられない。徳川氏創業の際の元勲の子孫であるから、その家法もまた奥ゆかしいものがある。

〔二八三〕　山内総左衛門の失政

代官山内某（総左衛門）が東郷から真岡に転勤して、到着早々役所を改造した。その用材は旧代官が植えたところの木を伐って使ったのである。孔子の門人閔子騫は、「旧貫によらば如何。何ぞ必ずしも改作せん。[1]」と言った。山内氏はこの言葉を理解しないのであろうか。もしわが安民法を用いて領民を恵み治めるならば、その任務をはずかしめないものと言い得よう。しかるに、その居室を改造して費用を領民から取り立て、領民の喜憂を度外視している。本末を失すること、はなはだしいものではないか。(2)

（1） 論語、先進篇、「魯人長府（魯の昭公の別館）を為る。閔子騫いわく、旧に仍りて貫わば如何、何ぞ必ずしも改め作らん。子いわく、夫の人は言わず、言えば必ず中る。」
（2） 山内総左衛門との関係については報徳記八巻一章（全書二巻一九〇－二〇九頁）参照。

〔二八四〕 無利息金は国家を救う

人体に故障がなければ健康で安らかであり、病気があればそのために苦しんだり死んだりする。国家に疾患がなければ豊富かつ安寧であるが、疾患があればそのために危うくなったり滅びたりする。今日、国家の疾患は、実に荒地と借財とにある。この二つの疾患を除こうと思うならば、わが無利息金貸付法によるに越したことはない。この無利息金貸付という方法は、欲があるのでもなく、ないのでもなく、助けがあるのでもなく、ないのでもなく、また増すのでもなく減ずるのでもない。まさに日月とその徳を同じうするものである。

そもそも、財を施さなければ民衆を救うことができないが、むやみに施すだけでは足らなくなる恐れがある。そこで私は、思慮をつくし工夫をこらすこと数年、日月が大地に照臨して万物を生育する徳に法(のっと)って、ついに無利息金貸付の法を立てた。いやしくもこの法による以上は、荒地と借財との二つの疾患を取り除き、国家を必ず豊富安寧に立ち帰らせることができるのだ。

〔二八五〕 売るために道を曲げるな

およそ物事は、人に用いられようと思ってするときは、知らずしらず道を失う。たとえば白菜を売る者が、売ろうと思えば、土を洗い、枯葉をとり、畑にあるときと違った姿にするようなものだ。わが法もこれと同様で、国君に用いられようと思うと、ややもすれば本来の姿を失いやすい。ひとたび本来の姿を失ったならば、民を害し国を危うくすることは決まっている。慎まねばならぬことだ。

〔二八六〕 芋を植える時季、道を行う時機

里芋やや、つがしらは人を養う徳がある。だから寒さに堪えられないで凍ってしまう。それゆえ、真冬にむかってこれを植えても無益である。山も谷も野原も雪をいただき、川も泉も氷結し、北風ははげしく吹いて、再び暖かい時が来ないように思われても、やがて春の日ざしがめぐって来ると、雪は消え氷は解けて草木が芽を出す。そこで去年囲っておいた種を出して植えれば、畑一面にはびこり茂る。もしも去年種を囲わず、寒さで凍り腐らせてしまったとすれば、

植えることができない。それゆえ、春に種をまき植えて、耕作に努め、秋に種をとりいれて春を待つのが、農夫の常なのである。

道が行われるのと行われないのとも、同様である。道の行われない時に当っては、学芸・才弁・智勇があっても用いることができない。ただ巻き納めてふところに入れておくほかはない。(1)けれども行われない事情には限りがあり、行われる時機もまた必ず到来するものだ。ここにおいて、のべひろげてこれを行う。巻くのと、のべるのと、行うのとひそむのと、(2)そのけじめをいい加減にしてはならない。さもなければ、わが道を行うには足らないのである。

(1) 論語、衛霊公篇、「君子なるかな蘧伯玉、邦道あればすなわち仕え、邦道なければすなわち巻きてこれを懐にすべし。」

(2) 原文「巻舒行蔵」。「巻舒」は淮南子の語。「行蔵」は論語、述而篇、「子、顔淵に謂いていわく、これを用うるときはすなわち行い、これを舎くときはすなわち蔵る、ただ我と爾とのみこれあるかな。」

〔二八七〕　成功を永遠に期せよ

国を興し民を安んずるのは、いわゆる創業垂統の道である。それゆえその成功を期するには、よろしくこれを天地に比較すべきであって、これをわが身に比較してはならない。わが身に比較する者は成功を眼前に期するから、木を植えることすらまわりくどいとする。後世に道をのこす大業など、もとよりのことだ。反対に、これを天地に比較する者は、成功を永遠に期する。だから後世に道を継がせてゆくことをまわりくどいとは思わない。こうして、成功を永遠に期する者は手本とすべきであり、眼前に期する者は手本とすべきではない。

〔二八八〕　葦から稲へ、茅から麦へ

稲と葦(あし)とは一つである。なぜならば、葦を生ずる土地をひらけば、稲を生ずる田となり、稲を生ずる田を荒らせば、葦を生ずる土地に帰る。同じ一つの土地であって、人力を用いれば稲となり、天然にまかせれば葦となるのだ。麦と茅(ちがや)とも一つである。なぜならば、茅を生ずる土地をひらけば、麦を生ずる畑となり、これを荒らせば、茅を生ずる土地となる。同じ一つの土地であって、人力を用いれば麦となり、天然にまかせれば茅となるのだ。それだから、人道は勤労を尊しとするのである。　＊一七三

〔二八九〕　家政回復のかぎ

士農工商の四民が困窮すれば、力をその職務に尽すことができなくなる。武士は文武を学ぶことができず、また子弟を教えることができない、それでどうして武士の職務に当ることができよう。農民は、種子や肥料や飯米がなければ、わが田を捨てて人の雇いとなり、すきやくわ

やかまがなければ遊びなまけて日を過ごすばかりだ。職人はおのやのみや諸道具がなければ、器も作れず家も造れず、これまたむだに日を過ごす。商人は資本がなければ、手足をつかねてぼんやり日を送る。そしておのおの借金のために奔走し、無益に日時を費やす。これより大きな国家の損害があろうか。その遊惰を起して精励におもむかせたならば、またこれより大きな国家の利益はあるまい。私は深くこれを察して、無利息金貸付の法を立て、四民がおのおの力をその職務に尽せるようにした。けれども、借金をして元金および利息を払う心がなければ、それはいわゆる無縁の衆生、度し難いものであって、私もこれをどうすることもできない。たとい分外の借金があっても、良心を失わず、利息を払うばかりか常に元金を返そうと心掛ける者は、無利息金貸付法によって例外なく家政を回復することができるのだ。

それだから、あるいは五年、あるいは七年、あるいは十年の償還期限によって、本人はもちろん、親類友人も助け合って完済すべきである。日直勤番の侍でも、入浴や結髪のための賜暇がある。まして、千年も承け継いできた家柄を再復するのに、五年や十年の期間は何ごとでもない。よろしく万事をなげうって、人のあざけりなど顧みず、屈身勤業して、家政再復の功を全うすべきである。

〔二九〇〕　指導者は己に克って分を譲れ

世間に善人は多い。そして施しを好む者も少なくない。けれども汚俗を洗い廃村を興すに足らないのはなぜなのか。それは、恵み施すに道を得ていないからだ。たとえば、名主は豊富な財産を持っており、村民を正しく導くべき者である。それが、たとい施しを好み貧を救うとしても、自分自身が富を誇り、ぜいたくを見せびらかしたならば、施しを受ける者は、うらやんでそのまねをして、おのれの分を失うことに気がつかない。そこで貧民はいよいよ困窮し、廃村はますます衰えるのだ。

ところが、もしも名主が謙譲を重んじ、自らおごりを禁じて倹約を守り、分内を縮めて余財を推しゆずり、そうして貧民を救うならば、貧民は感動して、うらやみの念は消え、勤労をいとわず、粗末な衣食も恥とせず、分を守ることを楽しみとするようになる。そうすれば汚俗を洗い廃村を興すのは、何のむずかしいこともないのだ。儒教のことばに、「己(おのれ)に克(か)って礼に復(かえ)る。」[1]とあるが、人が私欲に勝てさえすれば、分を譲り余財を推すことは、何もむずかしいことではない。本当にこのようにするならば、名主であれば一村がみな服し、国君であれば一国がみな服し、天子であれば天下がみな服するであろう。

釈迦(しゃか)が王位を避けて、ぼろの着物と鉄鉢(てっぱつ)一杯の米とを天分として衆生(しゅじょう)を済度し、その名は天下にひろまり、なんびとも尊信しないものはないようになったのは、わがいわゆる分を譲ることの大なるものである。およそ富者となり、人の長となって、人を導き救う地位におる者は、どうしてこの道によらないのであろうか。私が常にいうことだが、富者となり、人の長となった者は、ただ粗末な着物を着るだけでもその徳は大きい。なぜならば、貧乏人のうらやみの念を断つからだ。まして分を譲って人を救うならば、その徳の大きなこと、いうまでもない。

＊二九七

（1）論語、顔淵篇、「顔淵仁を問う。子いわく、己に克って礼に復れば、天下仁に帰す。仁をなす己に由る、而人に由らんや。」

〔二九一〕　倹約も蓄財も目的がある

世の中が治まっても、異変がないわけにゆかない。異変があっても、あらかじめ準備があれば、心配するに足らない。異変があって、準備がなければ、世の中はついに乱れる。だから、「国三年の蓄えなきは、国その国にあらずという。(1)」とある。国だけの話ではない。家も同様である。およそ万物は余裕がなければ生存を保つことができない。まして一国一家においては、なおさらのことだ。わが法は倹約ばかりしていると言う者がある。倹約のために倹約するのではない。異変に備えるためなのだ。

また、わが法は財を積むと言う者がある。財を積むために積むのではない、国用を足すためなのだ。ただ異変に備え、国用を足すばかりではない、国を興し民を安んずるためなのである。これは大禹が飲食を薄くし、衣服を粗末にし、宮室を質素にしたのを手本とするものだ。(2)そなたたちはよくこれを弁別し、気をつけて、吝嗇に陥ることのないようにせねばならぬ。

（1）礼記、王制篇、「国九年の蓄えなきを不足といい、六年の蓄えなきを急といい、三年の蓄えなきを国その国にあらずという。三年耕せば必ず一年の食あり、九年耕せば必ず三年の食あり。三十年の通をもってすれば、凶旱水溢ありといえども、民に菜色（飢色）なし。」

（2）論語、泰伯篇。　＊一七五

〔二九二〕「中」は大小貧富の母

世人は何かにつけて増減・大小・貧富・倹奢を論ずるけれども、その原理を明らかにしていない。大はもとより限りがなく、小もまた限りがない。今もし禄高十石の者を小とすれば、禄のない者がある。十石をもって大とすれば百石があり千石があり万石がある。千石をもって大とすれば、世人はこれを小旗本という。万石をもって大とすれば、やはりこれを小大名という。それならばいったい何を大とし、何を小とするのであるか。

これを物の価格にたとえよう。品物と価格とを比較して、始めてよしあしも、高い安いも論ずることができるのであって、品物だけを手にとってよしあしを論ずることはできず、価格だけ持って来て高い安いを論ずることもできない。同様に、全国の禄高と諸侯の数とを比較して、始めて大小を論ずることができるのだ。千石の村で、百戸の人民ならば、これを平均に割れば一戸十石である。これは増でもなく減でもなく、大でもなく小でもなく、貧でもなく富でもなく、自然の「中（ちゅう）」である。神道の書物ではこれを天（あめ）の御中主（みなかぬし）といい、儒教の書物ではこれを君子の中庸といい、仏教の書物ではこれを中品中生（ちゅうぼんちゅうしょう）という。そうしておいて、これに過ぎるものを増とし、大とし、富とし、これに及ばないものを減とし、小とし、貧とする。その祿が十石で、その家事を営むのに九石を用いるのを倹といい、十一石を用いるのを奢という。それで私は、この「中」というものを、増減の源、大小二つの名の生れ出る母とするのである。

＊三〇一

〔二九三〕　田の水の譲りと金持の譲り

川水が直流して海にはいるのと、田に注ぎ入って、幾多の米穀を産み、それから海にはいるのと、その水に増減はない。財貨もまた同様で、金持から金持にはいるのと、それが貧乏人に推し及んで、幾多の家政を立て直し、それから金持にはいるのと、その金に増減はない。それなのに、欲ばりの男が、自分の田にだけ水を入れて、余り水を推し譲らなければ、下流の田では田植ができない。自分の田でも水があふれて苗を害し、ついにはあぜが崩れて苗が枯れ、秋の収穫が得られなくなる。金持が欲ばりで、余財を推し譲らなければ、貧乏人が安らかに生活できないばかりでなく、自分の金もまた、あふれてぜいたくの方に流れ、分度が崩れて家政はすたれてしまう。いったい、衰えた村でも、その産米は一村の人口を養うに足るだけはある。これは理の当然である。

しかるに一村あげて生計に苦しむのはなぜかといえば、ほかでもない、産米がむなしく借金の利息に散じて、金持から金持にはいるためだ。もしも金持が分度を守り、余財を推し譲ったならば、一村の民生を安定させ、長く自分の富栄を保つことができる。それはちょうど欲ばりの農夫が余り水を推し譲って、その辺一帯が灌漑(かんがい)でき、秋のみのりを得られるのと同じことである。深く考えねばならない。　＊九四

〔二九四〕　根元の父母

長生きをしたいと思うのは人情である。しかし、なぜかといえば、明日(あす)もまた太陽が必ず出ることを知っているからだ。もし明日から太陽が決して出ないと知ったならば、だれが長生きをしたがろう。思うに、昨日(きのう)は今日(きょう)を慕い、今日は明日を慕うのは、根元の父母がそこにあるからだ。何を根元の父母というか。わが身の根元は父母にあり、父母の根元は祖父母にあり、だんだんさかのぼってこれを推しきわめれば、ついに天地に帰着する。だから太陽を称して、根元の父母というのである(1)。

（1）昨日より知らぬあしたのなつかしや　もとの父母ましませばこそ　＊夜話七（旧版一八〇）

〔二九五〕　教・養兼ね至る

怠惰な貧民が、米もないのに、精励な良民で米のある者と同じに、正月の餅（もち）を食う、だから貧困をのがれられないのだ。たといこの貧民がもち米を借りに来ても、おいそれと貸してはならない。こう言って戒めさとすがよい。「お前は一年中なまけておったくせに、よく働いた者と同じに正月の餅を食おうというのは、心得違いだ。いったい元日はにわかに来るものではない。もち米はひょっこりできるものではない。三百六十日を積んで元日が来、春は耕し夏は草とり、その勤労を積んでもち米がとれるのだ。お前は春は耕さず、夏は草をとらなかった。だからもち米がない。どうして正月の餅が食えるというのだ。たとい借りてこれを食っても、返しようがないではないか。

どうしても食いたいと思うならば、さっそく山林に行って、落葉をかき、それを田の肥しにして、耕し草とりを怠らず、秋のみのりを得て、それから餅を食うがよい。」このように教えれば、貧民も必ず、なるほど勤めなければ食うことができないのだと悟って、来年勤労してそれから食おうという気持をおこす。そこで始めてもち米を貸して、食わせてやる。これを教養―教えることと養うことと―兼ね至るというのである。

＊報徳外記一九章

〔二九六〕 馬には豆で説法する

経文（観音経）に、「応に仏身をもって得度すべき者には、すなわち仏身を現じて為に説法す。」とある。大豆を馬に与えれば食い、与えずに持ち去ればきっと追いかけて来る。これを猫に与えれば食わない。ところが、猫にいわしの頭を与えれば食い、与えずに持ち去ればきっと追いかけて来る。これを馬に与えても食わない。だから、馬には豆、猫にはいわしの頭と、おのおのその好むところのものを与えれば、喜ばないものはない。これは理の必然というものだ。仏説もまたこの道理を推しひろげたに過ぎない。　＊四六〇

〔二九七〕 己に克って礼に復る

孔子は、「己に克って礼に復れば、天下仁に帰す。」（論語、顔淵篇）と言った。私欲が身から生ずるのを「己」という。ちょうど草かずらが田畑に生ずるようなものだ。力をきわめて私欲を圧倒するのを、「克つ」という。ちょうど角力で勝ちを制するようなものだ。これを開墾にたとえると、「己に克つ」とは、荒地をひらくことである。「礼に復る」とは種をまくことである。「天下」とは広く言っただけのことで、あらゆる荒地と言うのと同様である。「仁に帰す」とは、あたり一面によくみのって穀物となることを言うのである。　＊二九〇

〔二九八〕 刑政の要領

人の世は、法界である。よろしく法制を厳にすべきである。物は微細のうちは制しやすく、大きくなるにしたがって制しにくくなる。たとえば一点の火は手で消すことができるが、燃えひろがれば大ぜいの力でも消し止められないようなものだ。愚かな民が法を犯すのも、同様である。だから親不孝を戒めるには、その兆しを見たならば、すぐに警告をして、はなはだしくならないようにさせるべきである。手ぬるくしておいて、大不孝に至ってから刑罰に処するのは、いわゆる「令を慢にして期を致す(1)」もので、政治家のよろしく戒めるべきことがらである。

また、なまけ者を戒める場合、一、二畝歩も田の草を生やしたならば、厳重にこれを戒めて、すぐに草をとらせるべきである。もし草がはびこって一、二町歩にもなってしまえば、なまけ者は恐れをなし、隣近所で手伝っても、おいそれと除ることができず、ついにはどうすることもできなくなる。間違いが起りそうになったときに取り締まることこそ、農村を指導する者の戒心すべきところなのだ。

また賭博を戒めるには、鎮守の祭りの時とか、銭がはいった時とか、閑で遊んでいるような日に、大いに名主を戒めて、「たぶん賭博をやりたくなる者があるだろう。お前はこれを探って縛り、報告せよ。」と言っておく。役人自身がもし賭場にさしかかったときは、知らぬ顔をして通り過ぎるがよい。

なぜならば、賭博している者を認めたらば縛らざるをえないし、縛れば罰せざるをえないからだ。俗謡に、「権兵衛(ごんべえ)が種まきゃからすがほじくる、三度に一度は追わずばなるまい。」というのがある。この文句は浅薄で卑しいようだが、はなはだ深い意味がある。国君が政教を布(し)くのは、ちょうど権兵衛が種をまくようなものだし、愚かな民が法を犯すのは、からすがほじくるようなものだ。政治家が、三度に一度は仕事を捨てて追わずばなるまいという歌の意味を深く味わって、時にこれを懲らし、時にこれを戒め、人民を罪に陥らせぬようにするならば、人を導き治める任務に堪えるものということができる。

（1）論語、堯曰(ぎょうえつ)篇、孔子のいう四悪の一つ。「教えずして殺す、これを虐という。戒めずして成るを視(み)る、これを暴という。令を慢(あなど)り期を到(つく)す、これを賊という。これを猶(あつ)むるは人に与えんとてなり、（しかるに）内を出すことの吝(やぶさか)なる、これを有司（俗吏）という。」

〔二九九〕　分度は桶のたが

万物は地に生じて地に帰する。たとえば水桶(おけ)のたがをゆるめれば水が地にかえるようなものである。財貨は人の力でできて、上の方に散ずる。たとえばこたつにふとんがなければ火気が上の方に散ずるようなものである。わが分度法は、ちょうど水桶のたが、こたつのふとんと同じようなものだ。たがが堅固で桶の水は満ち、ふとんがしっかりしていてこたつは暖かく、分度が確立して国家は興復する。これは自然の道理である。　＊七

〔三〇〇〕聚斂の臣より盗臣

孟献子（魯の大夫）は、「その聚斂の臣あらんよりは、むしろ盗臣あれ。」（大学）と言った。盗臣が財貨を盗むとしても、国庫の中の財貨にとどまるが、租税をしぼりとることは、民をほろぼし、永久にその租税を失うものである。いま一戸の民をほろぼせば一戸の田が荒れて一戸の租税を失い、一村の民をほろぼせば一村の田が荒れて一村の租税を失う。その荒地を開墾してその村民をもとどおり安住させないかぎり、永久にそれだけの租税を失うのだ。その害は到底国庫の財貨を盗むのと比べものにならない。献子のことばは、実にもっともではないか。

〔三〇一〕「中」をとって分度を立てる

わが法で分度を立てるには、国家盛衰貧富の中をとる。何を「中」というかといえば、ものには人力を用いないでおのずからとどまるところのものがある。糸で玉をつるして、左に引けば右にゆき、右に引けば左にゆき、しばらく動揺しているが、ついにとどまるところがある。これが自然の「中」である。衣食や寝起きでも同じことで、寒くて着物がほしいときでも、十

数枚も重ねて着ることはできない。飢えて食物がほしいときでも、一度に何升も食うことはできない。ねむくなって寝ても一昼夜眠り通すことはできない。目がさめて起きても、やはり起き通すことはできない。なぜならば、おのずから身体に適するところの「中」があるからだ。

また、一年に寒い時と暑い時とあり、日の長い時と短い時とあるが、春分と秋分とには、昼夜は等分であり、寒暑も平均していて、最も人体に適する。これもまた自然の「中」である。国家の盛衰もやはり同様であって、盛んな時は酷暑のごとく、衰えた時は厳寒のごとく、共に人身に適しない。それゆえ盛衰貧富を平均して、自然の「中」をとり、そうして分度を立てれば、万世の基準とするに足るのである。　＊二九二

〔二〇二〕　小事を積んで大事を成す

大事を成し遂げようと思う者は、まず小事を努めるがよい。大事をしようとして、小事を怠り、できないできないと嘆きながら、行いやすいことを努めないのは小人の常である。およそ小を積めば大となるものだ。一万石の米は一粒ずつの積んだもの、一万町歩の田は一くわずつの積んだもの、万里の道は一歩ずつ重ねたもの、高い築山ももっこ一杯ずつ積んだものなのだ。だから小事を努めて怠らなければ、大事は必ず成就する。小事を努めずに怠る者が、どうして大事を成し遂げることができよう。　＊一六七

〔三〇三〕 無尽蔵を開く

世間で、ふえた、増したといっているものは、たとえば器の水のようなものだ。器が傾いて増減が生じ、左に増せば右に減じている。また一村の田畑のようなものだ。買い取って増やす者があれば、売り払って減ずる者がある。器の水も一村の田畑も、全体としては何の増減もないのだ。わが道はこれと異なり、鍬鎌（くわかま）を鍵（かぎ）として無尽の蔵を開き、太陽のたくわえている穀物を引き出して、天下の民を養うのであって、増すことふえること窮まりない。なんと偉大な道ではないか。(1)

（1） 増減は器かたむく水と見よ　あちらに増せばこちら減るなり
天つ日の恵みつみおく無尽蔵　鍬でほり出せ鎌でかりとれ

〔三〇四〕 大極と無極

周子のいわゆる大極(1)・無極とは何か。思慮の及ぶところ、これを大極といい、思慮の及ばぬところ、これを無極という。画家に、遠海波なく遠山木なしという法則がある。これは波がなく木がないのではない、目の力が及ばないわけだ。無極もこれと同様である。

（1） 周子すなわち宋（そう）の周敦頤（とんい）（濂渓（れんけい））の「太極図説」をはじめ、普通には「太極」と書くが、二宮先生は一貫して「大極」を用いられた。この章の原文もそうである。

〔三〇五〕 因果ということ

仏教にいわゆる因果とは何か。種をまけば実を結ぶことがそれだ。いったい、善因に善果があり悪因に悪果があることは、だれでも知っている。けれども目の前に現われないで、数十年の後に現われるから、人々はこれを恐れないのだ。まして前世の因縁に至っては、なおさらである。

〔三〇六〕 権量・法度は分度のこと

論語（堯曰篇）に、「権量を謹み、法度を審かにす。」とある。これは、天下を治める上のことだけでなく、士農工商の四民が家を治める法ともすることができる。武士は、よろしく俸禄の分にしたがい、いわゆる入るを量って出ずるを制し（礼記、王制篇）、家の分度を確立して、慎んでこれを守るべきである。農工商も同様である。四民がおのおのその権量を謹み、その法度を審かにして、固くこれを守れば、長久を保つことができるが、もし権量がなく、法度がなければ、滅亡を免れない。どうして長久を保つことができよう。

〔三〇七〕 万物帰一の理と仕法書

天地は一つである。ゆえに万物は一に帰する。草木が花を開いて実を結ぶのは、一に帰するわけである。わが仕法書は、この道理を究めて記述したものだ。そなたたちはこれを軽視してはならぬ。

〔三〇八〕 分を守る者は必ず富む

国家が衰廃に陥っても、衰時の天分をわきまえ、固くこれを守ってわが道を行うならば、必ず再興するばかりでなく、その余徳はついに天下にも及ぶ。いわゆる「過って世々に天下の法となる。(1)」とはこのことだ。ところが、もしも天分を知らなければ、千万の金があってもなお足らず、ついに衰廃に陥って、滅亡を免れない。それゆえ、分を知ってこれを守る者は、はじめは貧しくとも必ず富む。「知足の人は、地上に臥すといえども、なお安楽となす。(2)」というのは、このことだ。

(1) 中庸に「君子行えば世々に天下の法となる。」とあるが、これと、たとえば孟子、公孫丑下篇の「古の君は、その過つや、日月の食のごとし。民みなこれを見る。その更むるに及んでや、民みなこれを仰ぐ。」というような観念との結合であろう。

(2) 遺教経、「知足の法は、すなわちこれ富楽安穏の処なり。知足の人は、地上に臥すといえども、なお安楽となす。不知足のものは、天堂に処るといえども、また意に称わず。不知足の者は富めりといえども貧しく、知足の人は、貧しいといえども富めり。」

〔三〇九〕 太陽は炉のようなもの

太陽は炉を扇ぐようなものだ。東からあおげばに西が熱くなり、西からあおげば東が熱くなる。ちょうど、真冬の厳寒の際、南風が吹けば暖気が来、真夏の酷熱のとき、北風が吹けば冷気が来るようなものだ。

〔三一〇〕 武蔵と江戸

日本武尊が東征されて、凱旋の途中、秩父の武甲山に休んで武器を蔵められた。それで武蔵の国と名づけたという（江戸名所図絵）。ちょうど農夫が雨を冒して田畑に出て、雨が晴ればみのかさをぬぐようなものだ。徳川氏が乱を治めてのち、天下の武将を江戸に蔵めたのも、また武蔵ということができる。

また江戸という土地は、南は多摩川をひかえ、東北に隅田川をいだき、諸国の穢い水が流れはいることも、武を蔵めるのと意味が似ている。そうして、穢い水が流入するところは穢土と書けるが、それと江戸という音と同じなのも奇妙といえる。思うに徳川氏は日本武尊と事績を同じくしている。幕府十余代の基を開いたゆえんは、偶然ではないのだ。

〔三一一〕　興国の重任に耐えよ

廃れた国を興そうとする者は、必ず君臣上下を天分にしたがわせ、それによって貧民をめぐみ、荒地をひらくのであって、大任というべきである。重荷をになう者は、肩の痛みが堪えがたく、にない棒も折れそうになることがある。大任を負う者は、非難攻撃がむらがり起って、事業が壊れそうになることがある。この時に当っては、極力耐え忍んで、決して迷ってはならない。暴風や驟雨も一日続くことはない。逆境が変じて順境が来ることも、期して待つべきである。

〔三一二〕　俸禄を辞退して仕法に当れ

わが道は大業である。それゆえ、これを行う者は、よろしく俸禄を辞退すべきである。これが推譲を尊び成功を全くするゆえんなのだ。けれどもその大業を勤めるには、飯米・食費がなければならない。それで俸禄の代りに開墾田の産米を支給するのだ。時にこれをも辞退する者があれば、こう言ってさとす。「辞退すべきではない。自分の所有がなくてただ推譲と称しているのは、こじきが断食を自慢するのと相違がない。自分の所有でないものを譲るのはたやすく、自分の所有であるものを譲るのはむずかしい。俸禄を辞退したのは道を行うためである。

開墾田を受けるのは事業を勤めるためである。その受けたところの飯米・食費を倹約して、余財を推すならば、これこそ真の推譲と言えるのだ。[1]」

(1) この俸禄辞退の道は、二宮先生が諸領の仕法に際し、家老など仕法推進者に対して極力説かれたところで、これに従わずに失敗した例は、たとえば烏山藩の菅谷八郎右衛門である。

＊全書一巻一五五頁以下。なお報徳外記二二章。

〔三一三〕 ねた朝顔はすぐには立たぬ

わが仕法を廃村に施すのに、一人残らず出精させ、一軒残らず貧乏を免れさせることはできない。なぜかというと、遊惰がすでに不治の病となった者があるからだ。さとしたり戒めたり、教え導くことに日を重ねても、無益である。ただ仕法を施してから後に生長したところの子孫が、始めて出精して貧乏を免れることができる。これはたとえば、朝顔が地上にはびこっているとき、にわかに竹垣を作っても、まっすぐにもどることはできず、強いて立てようとすれば折れてしまう。ただ竹垣を作ってから後に伸びたつるが、始めてまっすぐになるのと同様である。わが道を行う者は、このことを知っていなければならない。

〔三一四〕 温泉の国と風呂の国

恵まれた国は、ちょうど温泉が人力を用いずにいつも温暖を得ているようなものだ。地味が肥えていて、肥しを用いないでも五穀が繁茂し、収穫が非常に多い。それゆえ人民は豊かに富み、飢きんに遇(あ)っても土地が荒れ果てたり国家が衰廃したりする恐れはない。恵まれない国は、ちょうど風呂の湯が人力を用いなければ沸かないのと同様である。地味がやせていて、肥しを用いなければ五穀はやせ衰え、収穫もはなはだ少ない。だから人民は貧乏で、たまたま飢きんに遇えば飢えて離散し、土地は荒れ果て、国家が衰廃するというわざわいを免れない。人民を導き治める者は、このことをよく察しなければならぬ。　＊全書一巻三二一頁

〔三一五〕　危急万事をなげうつ

たいまつが燃え尽きて手に迫ったならば、捨てるべきである。家財を背負って火事場から逃げる途中、また火が迫って来たならば、それをほうり出して逃げるべきである。船が台風に遇(あ)ったならば、帆柱を切るべきである。この道理を知らない者が、死んで迷鬼となるのだ。

〔三一六〕　先君からの質問

私はあるとき三弊(さんぺい)氏（又左衛門）に向かって、「あなたは主君の意思を承ってばかりいる。人臣たるものは、よろしく君を背にすべきであるのに、あなたはいたずらに君に向かってその意

を承るばかりで、臣たるものの向き方を知らない。そのほかのことがどうして分かろう。」と言った。三弊は色をなして去り、これを先君忠真（ただざね）公に申し上げたところ、先君は「その言葉は恐らく間違いであろう。」と言われたと、帰って私に告げた。私はそこで答えて、「君に向かって意を承るのはめかけなどの道である。めかけには重い任務はない。君に向かって意を承るのが役目なのだ。家老はそうではない。民を治めることを職務としている。これを軍勢を出すのにたとえると、戦士は敵に向かって、君を背にする。もし敵を背にして君に向かったら、どうなるか。また、これを将棋（しょうぎ）にたとえれば、駒（こま）はみな王を背にして敵に向かう。もし敵を背にして王に向かったらどうなるか。どの駒も王を背にして向かうが、王意をわすれてはいないのだ。家老は君を背にして民に向かっても、君意をわすれるものではない。」と説いた。三弊氏は心服して、これを先君に申し上げた。先君は嘆息して、「まことにそうじゃ。」と言われた。

私はあるとき、「昔より人の捨てざるなき物を　ひろい集めて民にあたえん」という歌をよんだところ、先君は「捨てざるを捨てたると改めたほうが、よいではないか。」と言われた。私は答えて、「私は歌道を知りませんが、捨てたるとするのは狭うございます。人の捨てるところのものには限りがありません。人が捨てもせず、取りもせずに廃物になっているものは限りがありません。あるいは荒地、あるいは借財、あるいはぜいたく、あるいは遊惰、みなそれで、そのほか数えつくすことができません。荒地のごときは、年々にとれるはずの産米を失っておりながら、これをひらこうとすれば地主があって拒みます。これが人の捨てざる無きものです。借財のごときは、利息やそのほかの雑費がかかり、また奔走に日を費します。これらはみなむだな費えに属します。これまた人の捨てざる無きものです。富者のぜいたく、貧者の遊惰、みな同様であります。まことに、世の中には、人の捨てたものでなくして廃棄に帰しているものがどれほど多いことでしょう。これを拾い集めて、興国安民の資財とするのでございます。」と申し上げた。先君は感嘆して、「まことにそうじゃ。」と言われた。

私がしばしば建白したことがらは、そのたびごとに感嘆があったが、たまたま質問をこうむったのは、この二つだけである。(1)

(1) 先生は天保六年（一八三五）の六月から七月にかけて江戸に滞在中、勘定奉行で桜町領のことも担当していた鵜沢作右衛門の付き添いで、忠真公にゆっくり面謁することができた。著者の草稿「報徳秘稿」の中には、この際のものと思われる逸話が幾つも残されているが、本書に収められたのは後段の一話だけである。

＊夜話一九八（旧版九一）

〔三一七〕背の声と腹の声

（ある人が「人が息をはっと吐けばあたたかく、ふっと吹けばつめたい。一つの息で二様になるのはどうしてですか。」と尋ねたのに対して）——風が天を吹けば寒く、地を吹けば暖かい。息を吹くのと吐くのとも同じことだ。吹く息は背から出る。だから冷たい。吐く息は腹から出る。だから暖かい。腹から出るのは喜びの声で、背から出るのは悲しみの声だ。世間で商談をする者が、悲しみの声を立てれば事は失敗であり、喜びの声を立てれば事は成功である。鶏が難にあえば悲しみの声を出す。これは背から出るのだ。時をつくるには喜びの声を出す。これは腹から出るのだ。犬でもやはり同様である。私はこうして鳥獣の声を聞けば、その悲喜がわかる。むかし、公冶長（こうやちょう）が鳥の言葉を解したという話を聞いたことがある[1]が、何も怪しむには足らない。　＊全集一巻五〇一頁以下

（1）論語、公冶長篇の注疏（ちゅうそ）に、公冶長がよく鳥語に通じ、すずめの言葉によって羊を得、また無実の罪から救われたとある。

〔三一八〕　飯と汁、木綿着物

わが道を行う者は、よろしく飯と汁（しる）と木綿の着物とをもって、自分の生活の限度とすべきである。道が廃（すた）れようとするとき、わが身を助けるものは飯と汁、木綿着物の生活だけである。これは鳥獣の羽毛のようなもので、よくわが身を守る。そのほかのものは、ことごとく自分を攻める敵となるのだ。道が順調に行われているときは、酒の一杯や、さかなの一さらぐらいは害がないように見えるけれども、一たん形勢が変れば、たちまち自分を攻める敵となる。ましてわいろ・つけとどけに至ってはなおさらのことで、ちょうどいのしいやしかが、雪の降った

のち、足跡を被いかくすことができず、ついに猟師にとられてしまうのと同様である。深く慎まねばならぬ。(1)

（1）めしと汁木綿着物は身を助く　その余は我をせむるのみなり
めしと汁木綿着ものは身をたすく　奢(おご)ればすぐにてきと成りぬる

〔三一九〕勇者と仁者

孔子は、「仁者は必ず勇あり。勇者は必ずしも仁あらず。」（論語、憲問篇）と言った。財産を積み富を得ることはむずかしく、富を得てこれを保つこともむずかしい。分を知ってこれを守ることはやさしく、分を守って譲ることもやさしい。そのむずかしいことをするのが勇者の勇だが、人は敬服しない。やさしい方のことをするのが仁者の勇であって、これは人が敬服する。人が敬服しなければ、強い者でも事を成し遂げられない。人が敬服すれば、おとなしい者でもよく事を成し遂げる。仁者の勇は、たとえばなめし皮のようなものだ。やわらかで強い。だから人々が味方になる。勇者の勇は、鋼鉄のようなものだ。強いばかりでやわらかみがない。だから人々が味方しないのだ。

しかし、やわらかな者は柔弱に流れやすい。和して柔弱に流れないのが、中庸の徳である。(1)なめし皮は自然のものではない。あるいは水に漬(つ)け、あるいは日にさらし、あるいは打ちあるいは揉んで、ようやくできたものだ。人は学ばなければどうしても偏る。玉をみがくように、切磋琢磨の功を積んで、初めて中庸の徳が完成するのだ。

また、婦女で才知のある者は、夫がだらしがなくて家産を破る気配が見えれば、化粧箱を片付けて出て行こうとする。夫の行いが良ければ尊敬もし仲も良くして偕老同穴を誓うが、悪いことがあればこれを捨て去る。婦人ばかりの話ではない、男子でも同様で、無事の時には君と称して仕え、有事の際には弓を引く。君や夫を、まるで通りがかりの人のように思っている。なんとひどいものではないか。これこそ、勇があって仁がないためなのだ。

（1） 中庸、「ゆえに君子は和して流せず。」

〔三三〇〕 農事を勧める表彰法

農事を奨励することは、国家の大きな利益である。けれども、ただ口で言いきかせるばかりでは、農民は必ずしも励まない。なぜならば、貧乏人は生活救助や免租をしてもらえなければ利益と思わないものだ。そして日に日に遊惰に流れて、秋の収穫の減ずることを知らず、金を飲み食いに費やしている。人もこれをとがめようとせず、一緒に談笑する始末だ。ただ租税滞納の際に、役人から叱責される。だから、世の中の辛苦でお上の租税よりはなはだしいものはないなどと言う。こうして、国恩の大きいこと、土の徳の尊いことを、百ぺん説諭しても耳にはいらない。

そこで私は、一つの法を設けた。すなわち投票によって貧乏ながら正直な良民を選ばせ、報徳金によってその田租を支払って、特に無税の田地としてやるのだ。こうすれば免租を求めるところの人情に合する。そこでその者は精を出して、耕し、草をとり、水をかけ、肥しかけに力を尽し、秋の収穫を得てみて、始めて国恩の大きいこと、土の徳の尊いことを悟り、租税を辛苦と思わないようになるのである。耕し草とりに精励し、水や肥しに力を尽せば、一反歩の産米一俵半を増すことは易々たるものだ。もし、遊惰に日を費やし、耕さず肥しもせず、田のあぜに葦(あし)がはえるようになれば、反対に一俵半を減ずるのは決まりきったことだ。このようになれば、無税にしてやっても何の利益があろう。だから、国家の利益は農事を勧めるより大きなものがないと言うのである。

〔三二一〕　音も寿命も空に満ちる

音は空(くう)に満ちている。だから物が物に触れれば、五声八音(1)というような色々の物音を生じ、触れるのが止(や)めば空に帰する。ちょうど井戸水をくんで、これに絵の具を投ずれば五色をあらわすが、地に捨てればやがてもとの井戸水に帰るのと同じことだ。また、音を聞いて、それぞれ別の音調と思うのを、迷いといい、すべての音が空に帰することを見るのを、悟りという。

けれども人々はこれを見ることができない。それはほかでもない。肉眼があるからだ。ちょうど隅田川の桜を見ようと思う者が、重荷を負うために門を出ることができず、花なんかあるものかと言うのと同様である。肉眼・肉耳はその重荷のようなものだ。だから真の音を見ることができないのである。

寿命もこれと同じことだ。人が生まれれば寿命があり、人が死ねば空に帰する。ちょうど桶を造って水を入れるようなもので、桶が破れれば水は大地に帰する。こういうわけで、音と寿命とは、開びゃく以来天地の間に満ちているものである。(2)

(1) 五音は宮(のどの音)・商(歯音)・角(牙音)・徴(舌音)・羽(唇音)。八音は金・石・糸・竹・匏(ふくべ)・土・革・木を材料とした楽器の音。

(2) あるなきはうてば響くの音ならん　うたねばたえてあるやなきやは
気と体と生きて働く人の寿は　たるにつめおく水のおもさよ

〔三三〕　わが身は天地のもの

人体は天地の霊気によって成り立っている。だから私物ではないのである。しかるに、その恩を知らず、それに報いることを思わず、むやみに私欲をほしいままにするような者は、天地が必ずこれを罰する。恐れ慎まないでよかろうか。

〔三二三〕 万物は本に帰する

万物は本に帰する。ねずみを追えば天井にあがり、きつねを追えば穴にはいる。集まった人が解散すれば、東から来た者は東に帰り、西から来た者は西に帰る。天下で一物として本に帰さないものがあろうか。

〔三二四〕 無利息金は貸し捨て承知

報徳金の無利息貸付は、本来貸し捨てを分とする。ちょうど軍士が死傷を本分とするようなものである。借主の家政が立つならば返金を収めるが、家政が立たなければこれを貸し捨てにする。ちょうど軍士が戦死したようなものである。すでに捨てること、死ぬことを本分とした以上、何の遺憾もない。たとえば肥しを田に施して凶作に遇っても、その費えを顧みないのと同様である。

〔三二五〕 無利息金と太陽の徳

太陽の照らすところ、草木百穀が繁殖する。そして、白い花はますます白く、赤い花はますます赤く、甘い味のものはますます甘く、辛い味のものはますます辛くなる。報徳金の貸付もこれと同様であって、その循環するところ、士農工商おのおのその業務にしたがって、その利

益を受ける。これは太陽とその徳を同じくするものだ。　＊三五七

〔三二六〕　生死をむしろにたとえる

生死はむしろにたとえられる。縦のわらと横のわらとあってむしろができる。その織りかたは、五分出れば五分はいり、出かたの長いものは目が大きく、出かたの短いものは目が細かい。わらの出るのを生とし、はいるのを死としよう。織ればむしろになり、破れれば空となる。仏教にいわゆる「本来東西なし、いずれのところにか南北あらん、迷うがゆえに三界は城なり、悟るがゆえに十方は空なり。(1)」というのはこれである。仏教家がこの言葉を書いて死人に附けてやれば、天魔も襲うことができず、きつねやたぬきも犯すことができないという。なぜか。天魔やきつねたぬきの生ずる以前の、空に帰するからである。

（1）　禅僧夢窓疎石の偈。前の二句と後の二句と、順序は逆である。

〔三二七〕　法と道とは一つ

法という字は、水が去ると書く。水が流れ去った、その跡を認めて法とする。獣が走り去った、その跡を認めて道とする。水があり、流れてのちに法が生ずる。獣があり、走ってのちに道が生ずる。それゆえ法と道とは一つである。祖宗が法を設け道をつくったのも、このように

してであったろう。

〔三二八〕　因果因縁の理と雛形

わが利倍帳は、元金が利子を生じ、その利子が元金に加わり、その元金がまた利子を生じ、年々反復して、元利が増倍することを計算した書物である。仏教家は因果因縁を説くが、目でこれを見ることができない。たとえば力耕して米を得、これをまけば幾倍かが得られる。年々反復して幾千万倍になり、ついに勘定できなくなるようなものだ。そこで私はこの書を作って、幾千万倍になっても合計がくわしくわかるようにした。これこそ眼前に因果因縁の道理をあらわしたものである(1)。

（1）全集二巻、百行勤惰得失先見雛形（ひながた）。

〔三二九〕　大道は君子に説く

君子は大道を聞くことを好み、小人はこれを聞くことを好まない。ちょうど、人が市場に行って品物を求める場合、財布に金が少なければ、立派な品が店頭に並んでいても、これを見て買おうという気持にならない。ただ粗末な品ばかり見て買おうとする。これはほかでもない、財布の金が多いか少ないかによるのだ。たとえば山の芋は、つるの長いものは根も必ず大きく、

根の小さいものはつるも必ず短いようなものだ。だから、小人に対して興国安民の大道を説くことは無益である。　＊三〇

〔二三〇〕　仁の字の意味

古人が仁の字を作ったのには、思うに深い意味がある。右側の二画は、すなわち天地である。天地間に生ずるものは、人類・鳥獣・虫魚・草木、みなこれを二間(にげん)——二つの間にあるもの——という。すなわち人間である。二画を斜めに合わせれば人の字になる。人の字が二の字の間にあれば、天人地だ。鳥獣・虫魚・草木は奪い合って生活をし、しばらくも安心することができない。人類もまた、天地の間に天道生活をしているうちは、このようであった。祖宗がこれを哀れんで譲道を立て、鳥獣と類を別にした。

何を譲道というか。わが分内を推してこれを人に譲ることである。そこで二画の間の人の字を取って左側に置き、こうして仁の字を作った。これはわが身を推して天地の外に置くものであり、舜(しゅん)や禹(う)が天下を保ちながらこれをわがものとしなかったゆえん(1)もここにあるのだ。

(1) 論語、泰伯篇、「巍々乎(ぎぎこ)たり、舜禹の天下を有(たも)てるや。而(しか)して与(あずか)らず。」　＊一八四・一九〇

〔二三一〕　仁の解明

経書で仁を説いているが、どうもはっきりわからないようだ。物にあてはめて説明すればよくわかる。農業で説明するならば、高い田には水をかけるのが仁であり、低い田は水を抜くのが仁である。除草のときは草をとるのが仁であり、施肥のときは草を入れるのが仁である。田のあぜは築くのが仁で、溝や堀は浚うのが仁だ。することは違っても、稲を成熟させるところのものが仁なのである。また人の体で説明するならば、飢渇には食物をすすめるのを仁とし、食傷には食物をやめるのを仁とする。まむしの毒は高く脹れるのを不仁とし、ほうそうは低くくぼむのを不仁とする。することは違っても、一身を保安するところのものが、仁なのである。

〔三三二〕　親鸞の無我

僧親鸞が野州に放たれたとき、毎日ある寺に通って、法を説いた。人々はこれに帰依した。神主や山伏がこれを憎んで、通り道に待ち伏せて殺そうとした。道に上の道と下の道とあった。上の道で待ち伏せれば下の道から来るし、下の道で待ち構えれば上の道から帰った。世人はこれを神通を得たものとしている。しかし、これはそうではない。

たとえば山のふもとに流れがあって、二つに分かれているとする。その一方は下流をせき止めて、日用に供している。それゆえ片方はゆるやかで、片方は急である。落葉が流れて来ると、しばらく止まってから、急な流れの方にゆく。魚などの動物は、必ずゆるやかな流れの方にゆく。我がなければ急流に従い、我があれば緩流を選ぶのだ。親鸞は我のない者である。それゆえ殺気が待ち伏せている道には行かなかったのだ。何も神通力があるわけではない[1]。

（1） 信濃から常陸（ひたち）（茨城県）に移った親鸞は、建保二年（一二一三）、いおりを西茨城郡稲田に結び、真岡の豪族の娘を二度目の妻とし、民衆に融けこんで教をひろめた。これをねたんだ常州修験道の総司、播磨公（はりまのきみ）弁円は、親鸞が新治（にいはり）郡柿岡への布教の帰途、板敷坂に待ち伏せて殺そうとしたが、本文の記事のように果さなかった。結局弁円は親鸞に投じて弟子となった。

〔三三三〕 富貴貧賤は一心にある

富貴を好み貧賤をきらうのは人情である。けれども富貴貧賤の原因は、天にあるのでもなく、地にあるのでもなく、また国家にあるのでもなく、ただ人々の一心にあるのだ。身を修めて人を治める者は富貴を得、怠惰で人に治められる者は貧賤を免れない。いまは貧賤であっても、分を守り業を勤めれば富貴を得るのだ。してみれば富貴と貧賤とは、要するにわが一心の変化したところのものである。それゆえ、よく原因が自己にあるという道理を悟って、分を守り業を勤めたならば、必ず、貧賤を免れて富貴を得ることができる。　＊かな貧富訓（全集一巻五七五頁）

〔三三四〕 開びゃくと陰陽

天地は内に開びゃくする。ちょうどかぼちゃが熟するようなものだ。今ないたの上に載っているかどうか、中からはわからない。これは恐ろしいことだ。

草木は外に開びゃくする。すなわち、清んだ気は上って葉を生じ、濁った気は下って根を生じ、根と葉とはやがて一種に帰る。一種のうちに陰陽をそなえている。だから父母なしに生ずるのだ。

地にいる動物は陰だけである。だから父母がなければ生ずることができない。そして地に生ずる物を食う。だから地に着いて生活している。鳥でも同様である。飛びまわっても、疲れれば地に止まる。ただたかとつばめとは空中で食物をとる。だから空にいる方がやさしく、地にいる方がむずかしい。これらはみな食物によるものだ。　＊一

〔三三五〕　米まけば稲草の歌

稲の種をまけば稲草を生じ、稲の花を開き、稲の実を結ぶ。一種から草となり花となり、時にその形を変えるが、ついに一種に帰する。私は以前これを和歌によんで、世人を戒めた(1)。貧乏人が他人の金を借りて住居を飾り、美しい着物を着、酒食に飽きて、まるで金持のようにしていても、日ならずして貧困に帰すること、どれもこれも例外はない。けれども、じかに本人に対してその非を責めれば、かえって腹を立てる。それゆえ歌をよんでこれを戒め、腹を立て

ずに反省させるようにしたのだ。これはちょうど、やっかいな根株をおのやのこぎりで切ろうとせず、根のないぐるりを掘りまわしておけば、大木は風にあって自然と倒れるようなものである。

（1）米まけば米の草はえ米の花　さきつつ米のみのる世の中
まく米と生いたつ米は異なれど　みのればもとの米となりぬる

〔二三六〕借りものの力

わが君の威光を借りて人の尊ぶところとなり、わが法の徳を借りて人の敬うところとなる。自分にその実（じつ）がなくて人から尊敬されるのは、ちょうど貨物がないのに商人になるようなものだ。そなたたち、よくこれを考えなさい。

〔二三七〕貧富均平のみち

十戸の小さな部落でも、その生計を均等にしようとするのはむずかしい。たといその田畑・屋敷・家財を集めて均分しても、数年たたぬうちに貧富が分かれる。これは、人によって強弱勤惰があり、家によって積善と積不善とがあるからだ。たとえば草原のようなもので、草を刈って平らにしても、数日たたぬうちに長い所と短い所とに分かれる。これは、草にも強いものと弱いものとあり、土地にも肥えた所とやせた所とあるからだ。もしも、貧富を均しくしようと思うならば、富者は身を倹めて余財を推し譲り、貧者は身を勤めてその徳に報いるべきである。これをば本当の貧富均平というのだ。

〔三三八〕治乱は与か奪かにある

飼葉桶を見せれば放れ馬も立ちどまり、団子を与えれば犬がついてくる。しずかになでればねこは眠り、肥しをかければなすの実がよくなる。天下を率いるのもこの道理を推しひろげただけである。恵み与えれば民は服し、漁り奪えば民はそむく。治乱は結局与えるか奪うかにあるのだ。

〔三三九〕行蔵進退と農業

孔子は、「邦に道あればすなわち仕え、邦に道なければすなわち巻いてこれを懐くべし。」（論語、衛霊公篇）と言った。これはちょうど、晴れた日は田に出て耕作し、雨の日は家にいてなわをなうのと同様である。また、「進んでは忠を尽すを思い、退いては過ちを補うを思う。」（孝経、事君章）と言った。これはちょうど、夏の日は炎天をついて肥しを稲田にかけ、冬の日は寒気をおかして肥しを麦畑にかけるのと同様である。　＊二八六

〔三四〇〕「我」を取り去る

人間のする事が行き詰まったり失敗したりするのは、ことごとく「我」によって起る。「我」を去ればすらすらと行く。たとえば大風が高い木に突き当れば怒号を発するが、高い木を取り去れば静かになるようなものである。

〔三四一〕敬する者少なくして喜ぶ者多し

孔子は、「敬すること一人にして千万人よろこぶ。敬するところの者寡くして、よろこぶ者衆し。」（孝経、広要道章）と言った。わが法もまた同様である。国君が譲ってこの法を行えば国民が安らかに生活をとげ、郡主が譲ってこれを行えば郡民が安らかに生活でき、村長が譲ってこれを行えば村民が安らかに生活できる。ちょうど堯舜が克く譲って、天下の万姓が生活を安んじ、生業を楽しんだのと同様である。これをば「敬するところの者寡くして、よろこぶ者衆し。」と言うのだ。　＊三七五

〔三四二〕鍛冶屋に学べ

私はあるとき鍛冶屋を見たが、鎚をとる者は、腰と肩と手が一つになって、打ち鍛えていた。

心と鎚ともまた一つになって、全く余念がなかった。そなたたちがわが道を学ぶにも、このとおりにすれば、何も不成就の心配はない。

〔三四三〕 天変を知らず天分も知らず

凶歳や地震は、天変である。それが来るときには、天は必ずまずそれを知る。けれども人は、先に知ることができない。ただ天変を予知しないばかりではない、おのれの天分を知らない者が実に多い。正月や五節句、(1) 冠婚葬祭に、分外の出費をして、借金の生ずることを知らず。租税滞納の責めにあうことを知らず、屋敷田地を失うことを知らない。哀れむべきものだ。もし天理をきわめたならば、凶歳や地震でさえ予知することができる。まして、おのれの天分など、造作もないことだ。その天分を守り、費用を節約したならば、決して屋敷田地を失うようなことはない。

(1) 人日(じんじつ)(正月七日)・上巳(じょうし)(三月三日)・端午(五月五日)・七夕(たなばた)(七月七日)・重陽(ちょうよう)(九月九日)の五つの節句をいう。

〔三四四〕 家康と秀吉

家康公は天性柔仁で、ちょうどかまぼこのようなもので、人々によく容(い)れられた。秀吉公は天性剛勇で、ちょうどかつおぶしのようなもので、人々によく容れられなかった。たとえばかつおぶしをかじってみてもすぐ吐き出すようなもので、天下はわずかに定まっただけで滅びた。私がもし当時に居(お)って、忠告善導をして、その筋や骨を抜き去ってやったならば、家康公の及ぶところではなかっただろう。

〔三四五〕 対偶と融合

人が歩くには、左足がとまれば右足があがり、右足がとまれば左足があがる。これは自然の勢いである。糸やなわも同様で、左は右によって、右は左によって、なわれてゆく。だんごも同様で、粉と水との二つの力によってできる。だから粉の力が尽きれば、腐ってだめになり、水の力が尽きても乾いてだめになる。天と地、父と母、歳月日時、夏至と冬至、寒と暑、長寿と短命、死と生の類、みなそうでないものはない。万事万物は、ことごとく対偶によって成り立つ。だんごでも、なわでもむしろでも、持って来て尋ねるがよい。私はくわしくその道理を説こう。

けれどもその道理は名僧知識で一宗一派を開くようなものの上に抜け出ているから、そなたたちは恐らく理解できないだろう。もしもこれを尋ねたいと思うならば、よろしくまず立脚地を定めるべきだ。立脚地を定めずに善悪得失をがやがやと論じても私は「それもそうだ。」と言うほかに仕方がない。だから、何の立場から良い、何の立場から悪いと、その立脚地を定めて後に論ずるならば、その事柄は明了になり、相対と絶対との道理も判然とするのである。

〔三四六〕「春の野に」の歌

春の野に新しく芽ばえるものは、去年の秋にみのった種である。万事、この道理によらぬものはない。今日幸福を得るのは祖先の積善にもとづくのだ。今日不幸に遇うのは祖先の積不善によるのだ。たとえばまかねばはえず、肥しせねば茂らぬようなものである。仏教家はこれを過去の因縁と言う。なおまた、謹直篤実の人柄で、あるいは学問に志し、あるいは学んで道を知ることができるのも、やはり祖先の徳の余光であって、自己の力ではないのだ。大根が大きくなるのは肥しの力、茶の葉のかおりは寒肥の力だ。ことし飢寒をささえて身命を養いうるのは、去年生業に努めたからだ。今日まいて今日食い、今日織って今日着ることは、昔からあったためしがない。

してみれば、みずから生活を保つことを、自分の力によると思うのは誤りではないか。漬物は塩が少なければ長もちできない。大根は肥しが少なければ大きくなれない。人は祖先の徳がなければみずから生活を保つことができない。万事みな同様である。これを一々説明することは面倒でかなわぬから、「春の野に」の歌をよんで総括したのだ[1]。

〔三四七〕　公事への全推譲

私が君命を奉じて野州の廃村を興すことになってから、荒地を開く、堀や溝を掘る、道路を造る、橋をかける、家屋を修繕する、うまやや便所を作ってやる、衣食を与える、農具を分けてやる、善行者を表彰する、困窮者を恵む、住民をいたわって教え導く、そういう仕事が多岐多端で、その費用も計算も及ばぬほどであった。その間ついに亡父亡母の墓標を建てることさえできなかった。そのほかのことは言うまでもない。なぜならば、公事にいそがしくて、私事を営む暇がなかったからだ。

〔三四八〕　一言もって知となす

子貢は、「君子は一言もって知となし、一言もって不知となす。」（論語、子張篇）と言った。重荷を負うて行う人があるとする。これをねぎらって「重いか。」と聞いたとき、「重くない。」と答えるのは精励の人である。「重い。」と答えるのは怠惰の人である。また、人が坂道の茶店に休んでいるとする。その片足が上の方に向いているのは坂を登る人である。下に向いているのは坂を下る人である。このように、一言一行によって、その勤惰・進退を知ることができるのだ。

〔三四九〕　欲せずして至る

堯舜には先生がない。釈迦も同様だ。自分にわからないことをよく考え、自分のよく出来ないことを努力して、千酸万辛をつくして万民を愛し恵んだ。それで人がほめたたえて、聖人とし仏とした。だから堯や舜は聖人になろうと思わずに聖人となり、釈迦は仏になろうと願わずに仏になったのだ。家康公も同じことだ。しばしば敗れ、しばしば走りながら、ついに対抗する者がないようになった。これも、天下を望まずに天下がその手に帰したというべきものだ。

〔三五〇〕　孔子が堯舜を尊ぶわけ

孔子がいつも堯舜を称揚するのは、その道が行われないからである。道が行われれば、必ずしも堯舜のことを言わないだろう。ちょうど、今日厳寒であると昨日は温暖でよかったと言い、今日酷熱であると昨日は清涼でよかったと言うようなものだ。また、かごかきが、酒代がもらえないと、前の日にもらったことを言い出すようなものだ。

〔三五一〕　聖経実行の味

小田原領内曾比村（小田原市内）の前の名主は、邪悪な人物で村民を虐げた。それゆえ村じゅうが困窮し、安らかに生活することができなかった。これはいわゆる「桀紂天下をひきいるに暴をもってして民これに従う。」（大学）である。後の名主（釼持広吉）は善良な人物で、わが道を行い、村の借財六千両を償還し、全村安らかに富んで、その生活を楽しむようになった。これはいわゆる「堯舜天下をひきいるに仁をもってして民これに従う。」（大学）である。堯舜のような聖王と、この名主とでは、貴賤は天地ほどの開きがあり、その名も異なっているが、道理は一つである。

名前が異なっているばかりに、わが法が聖人の道であることが知られていない。わが法は聖経の実行なのだ。聖経を読んでも、その実質を行わなければ、その味がわからない。たとえば、ただ柿という字が読めるだけでその実を食わなければ、その味がわからず、また隣に宴会があっても行かなければ、その酒さかなの味がわからないのと同じことだ。曾比村の後の名主は、これを実行して、その味を知ったものである。

私は年若いころ、箱根山を平らにして、旅人を楽にしてやりたいと考えたことがあるが、今やわが法を創設して多くの民衆を救済している。その功業は、箱根山を平らにするようなこととは比べものにならぬ。その味わいも、旅人を楽にするようなことと比べものにならぬのだ。

〔三五二〕大数現量鏡と有無

わが大数現量鏡は、その図は皆同じである。これに数字をつけるから、その差が大きくなるが、もし数字を取り除けば、一から大数（十の七十二乗）に至るまで相違がなくなる。仏教家のいわゆる、「本来東西なし。いずれのところにか南北あらん。迷うがゆえに三界は城なり。悟るがゆえに十方は空なり。(1)」とは、このことである。　＊二六八

（1）禅僧夢窓疎石（むそうそせき）の偈（げ）で「谷響集四」にある。正しくは前二句と後二句と入れ替えたもの。

〔三五三〕涅槃（ねはん）の岸

経文に、「菩提心（ぼだいしん）を発し、涅槃（ねはん）の岸におもむく。」というようなことがある。ここに大河があって、河東に生れた者は河東に住み、河西に生れた者は河西に住んでいるとき、河東から河西に行こうとし、河西から河東に行こうとする、これをば「菩提心を発す」と言うのである。河西に行こうとして東岸を離れず、河東に行こうとして西岸を離れなければ、向う岸（彼岸）に至ることができない。死生の理もこのとおりである。この道理を悟りさえすれば、それを「涅槃の岸におもむく。」と言うのである。　＊全集一巻五一五頁

〔三五四〕　陰陽相まつ

陰と陽と働き合って行われるのが天地の常道である。だから万物すべて、陰陽の兼合いによらないものはない。人が歩くには両脚が互ちがいに働き、尺取り虫が這うには屈むのと伸びるのと互ちがいにゆく。へびが這うにもうねうねと左右に曲る。むしろでも、細かな織物でも、表へ出ては裏にはいって織られる。万物で陰陽の兼合いによらないものは一つもないのだ。

＊夜話八九（旧版一六〇）

〔三五五〕　禹の道と報徳金

孔子がわが報徳現量鏡を見たならば、必ず嘆称するに違いない。なぜならば、五文十文のわずかな金でも、各人が飲食を倹約し、衣服を粗末にし、住居を質素にした余財から出て、窮民救助・荒地開墾・道橋修繕・家屋営造の資金となっているからだ。まことに禹の業績と同様、間るべきところがないではないか。(1)

(1)　論語、泰伯篇、「子いわく、禹はわれ間るべきなし。飲食を菲くして孝を鬼神にいたし、衣服を悪しくして美を黻冕（祭服）にいたし、宮室を卑くして力を溝洫に尽す。禹はわれ間るべきなし。」

〈三五六〉「心を帰す」ということ

孔子は、「天下の民、心を帰す。」（論語、尭曰篇）と言った。浪華の鴻池氏は富商であるが、その大きな店構えを見ない者でも、また一両なりと借りたことのない者でも、それが富商であることを信じている。こういうことを「心を帰す」というのだ。閔氏騫の孝行(1)も同様である。

（1）論語、先進篇、「子いわく、孝なるかな閔氏騫、人その父母昆弟の言を問わず。」

〈三五七〉無利息金貸付の二方法

報徳金の無利息貸付に二つの方法がある。その一つは、元金百両を年々歳々くりかえし貸し付けるだけのものである。荒地は開け、衰廃した家や村は復興するが、元金はふえも減りもしない。これは太古開びゃくの始め、大地は岩山や砂原のように一物をも生じなかったが、太陽の照らすところ、万物が次第に生じて、ついに豊かな土地になったのと同様である。第二の方法は、元金百両でくりかえし貸し付け、荒地が開け、衰廃した家や村が復興すると共に、報徳金が増倍してゆくのである。これはちょうど、今の世の中で、太陽の照らすところ、百穀は生じ、草木は茂り、鳥獣は繁殖し、ますます豊富になってゆくのと同様である。

してみれば、太陽が万古一日も照らさないことがないように、くりかえし貸し付けてやまなければ、たとい衰廃がきわまっていても、必ず復興の功を奏し、報徳金を産み出すこと疑いない。

〔三五八〕　報徳金と加入金

無利息金の年賦償還が、あるいは五年、あるいは七年、あるいは十年で完了したのち、年賦一年分の金額を納めてその徳に報いるのを、名づけて報徳金（元恕金・冥加金とも）という。徳に報いる趣旨である以上は、十両借りて百両を報いてもよいわけだ。

次に、無利息金の徳を体認し、余財を差し出して資金の補いにするのを、名づけて加入金という。ただ後日請求があれば返さねばならぬ。だから報徳金は孫のようなもの、加入金は嫁のようなものだ。嫁は離縁で実家に帰るおそれがある。孫は嫁の産んだものだが、離別のおそれがない。それゆえ報徳金の方を重んずるのだ。　＊三七六

〔三五九〕　滅びるようになっている

樹木が倒れるのは、幹が朽ち、根が腐ったからだ。垣根がこわれるのは、竹材が朽ち、なわが腐ったからだ。いったん風が起れば倒れたり、こわれたりするが、この木を倒してやろうとか、この垣根をこわしてやろうとか思う風がどこにあろう。朽ちた木や、腐った垣根は、風がなくても自然と倒れ、こわれるに決まっている。国家の滅亡も同様で、人はこれを災禍だとい

うが、災禍ではない。君臣が道を失い、みずから滅亡を招いたものにほかならない。深く考えねばならぬことだ。

〔三六〇〕 わが道は実行にある

わが法は草木に対しても施すことができる。この場合、才知や弁舌は用いるに足らない。なぜならば、才知や弁舌は人を驚かすことはできても、草木を欺くことはできないからだ。五穀九菜は、肥しをやればよくでき、肥しをしなければ衰える。たとい蘇秦や張儀（中国戦国時代の雄弁家）のような才知弁舌をふるっても、耕し、草をとり、肥しをせねば五穀九菜はよくできないのだ。だからわが法は才知弁舌を尊ばず、ただ誠を推し行うことを尊ぶ。誠という字は、言が成るである。言葉は花のようなもの、成るは実のようなものだ。要するに、わが道はもっぱら実行をつとめるにある。 ＊夜話二一五（旧版一三九）

〔三六一〕 天地の鋳直し

邵子(しょうし)(1)は「一元」をもって天地が一度終りになる時期とした(2)。私は昔、経書を大石に刻んで天地一回の終りの後まで遺(のこ)そうと考えたことがある。今つくづく考えてみると、これはむだなことで、大石が形を存するくらいならば、天地はまだ混沌にならないのだ。大地も岩石も融け散って、ことごとくどろ水のようになり、それから始めて天地再造が行われることになる。これをなべやかまを鋳直すのにたとえれば、ふいごで熱湯のようになってから、初めてなべかまを鋳直す段取りになる。古いなべが形をとどめていては、新しいなべができあがらない。なべかまばかりのことではない、人間も同様で、男女のふいごでこれを鋳るわけだ。人間だけではない、天地も同様であって、陰陽をふいごとしてこれを鋳るのだ。なべでも、人間でも、天地でも、その道理は一つである。

(1) 邵康節、北宋の人、一〇一一－七七。周子や二程子、司馬光らと同時代である。「皇極経世書」その他の著書があり、易の思想から出発して、「四」の数を基調とする宇宙論などを試みた。

(2) 彼によれば、三十年を一世といい、十二世を一運といい、三十運を一合といい、十二合を一元をいう。天地はこの一元すなわち十二万九千六百年をもって一新すると説く。

〔三六二〕 譲りを知らぬ精農

下館領内(茨城県下館市一帯)に一人の農夫がある。気質が卑しく、吝嗇(りんしょく)な男で、欲をたくましくし、財を積む一方で、他人の貧困を救わず、他人の窮乏を哀れまず、隣近所一帯の人たちから恨まれねたまれても頓着(とんじゃく)しない。その行状はけだし憎むべきものだ。

けれども、農業に出精することにかけては、領内に比べるものがない。耕し、草とり、水かけ、肥しかけ、種まき、刈取りは時節にたがわず、春は若草を刈り、秋は落葉をかき、朝は早く夜はおそく、暑熱も極寒も避けず、こつこつと勤め励んで、決してなまけようとしない。聖賢に農業をさせてもこれ以上はできまい。怠れば貧、勤めれば富という道理を知ることも、如来でさえこれにまさることはあるまい。

もしもこの道理を推し広めて、これを人に施したならば、その行いは聖賢・如来さながらであろうに、かれは人を恵み救うことに心を用いない。まことに惜しいことだ。これをそうさせた、教化の衰微、風俗の頽廃(たいはい)もまた、嘆かわしい限りである。

〔三六三〕 死後にのこる生命

人の死骸(しがい)で、頭とすねとは腐朽せず、ながく土中に残る。これは、頭というものは上にあって常に寒熱を冒し、すねは下にあって常に労働に任ずる。生きているうちに功労したものは死んでからも朽ちないという深い道理があってのことだ。わが皇室が世々皇位を継がれて天地とともに窮まりないのは、天下を経営し、万民を恵み安んずる大勲労があるからである。思うに人類がただ生きるだけでは草木と同様であって、何も尊ぶに足らない。死んでもなお生命があるところを尊いとするのだ。祖宗が人道の法を設けて天下を治め、その身は死んでも名は朽ちず、その法はながく存して民衆が恵沢に浴している。これは祖宗が今なお世にあるのと同様であって、これを死んでも生命があるというのだ。

いま、勤倹して余財を譲り、わが法を行ったならば、天分の資産はふえ、子孫に幸福を与え、その徳はながく残り、恩沢は多くの人に及んで、その名は朽ちない。これが死んでも生命があるというものだ。つとめずにおられようか。もしも怠惰放逸で、他人の財を奪ったならば、天分の資産を縮め、子孫に災いを及ぼし、身は生きていても名もない。これは、生きているうちからすでに生命がないものであって、結局身を滅ぼし家が絶えるようになる。戒めずにおられようか。

〔三六四〕　人道は増減をつとめる

天地はもとより増減がない。だから生滅もない。禍福吉凶に増減があるのは、ただ循環するだけのことである。ちょうど鶏が卵を産み、卵がひよこになり、ひよこが鶏になり、鶏が又卵を産んで、一日もとどまらないようなものだ。聖人はこの増減のない天地の間に生れ、人道を立てて物を増減することを教えた。それゆえ人の道というものは、怠れば減じ、勤めれば増す。耕作しなければ百穀はみのらず、蚕を飼い、はたを織らなければ衣服はできず、建築しなければ家屋はできない。だからこの世にある者は、どうしても勤めなければならないのだ。

〔三六五〕　天は至公至平

干ばつが農民を非常に苦しめたとき、加州公は百万石の領内のために雨を祈り、小農は数畝歩の田畑のために雨を祈った。大小貴賤の差は天と地ほどもあるが、至誠が天に通ずるという点では同一である。なぜならば、天がどうして大小貴賤を弁別することがあろうか。もしそういう差別をして、小農の祈りをさし置き、加州公の祈りを聞き入れるようなことだったら、どうして天下にひでりをもたらし、どうして天下に雨を降らせることができよう。いやしくもわが道を行う者は、よろしくこの道理を体認すべきである。

〔三六六〕　惰民を導く秘けつ

衰えた村を復興するには、篤実精励の良民を選んで大いにこれを表彰し、一村の模範とし、それによって放逸無頼の貧民がついに化して篤実精励の良民となるようにみちびくのである。ひとまず放逸無頼の貧民をさし置いて、離散滅亡するに任せるのが、わが法の秘訣(ひけつ)なのだ。なぜかといえば、かれらが悔悟改心して善良に帰するのを待ち受けて、これに田地を与え屋敷を与えるのだから、恨みをいだくことはできず、また善良に帰しないわけに行かないのだ。

〔三六七〕　あらゆる場合を考えてある

私が興国安民の法を設けるには、表裏精粗を考え尽してある。だから、治乱盛衰、禍福吉凶、善悪邪正、すべての場合を通じて行うことができる。たとえば無利息金貸付法で、償還しない者があれば、貸し捨てにする道がちゃんとできている。これは、無利息金がもともと貸し捨てを本分とするからだ。　＊三二四

〔三六八〕　成功せねば辞職せよ

ばくち打ちは、勝てば銭を得、敗ければ銭を失い、はなはだしいのは着物を脱いで償う。わが興国安民法を行う者で、成功すれば恩賞をむさぼり、不成功に終っても禄位（ろくい）を全うしようとする者があったら、大間違いではないか。不成功に終った以上は、すみやかに禄位を返上して去るがよいのだ。儒書（礼記、檀弓（だんきゅう）篇）に、「人の邦邑（ほうゆう）を謀（はか）ってこれを危うくすれば、すなわち亡（に）ぐ。」とあるが、もっともな言葉ではないか。

〔三六九〕　分を守るのと失うのと

人のからだは、ふとりすぎず、やせすぎず、その中（ちゅう）を得るのを分とする。分を過ぎれば不健康だ。家計もそのとおりで、天分の中を得てこれを守れば、日々に豊かに、そして安楽になる。

そうなれば、子孫のために木を植えて育てることも、楽しみにするに足りる。反対に、もし天分を失ったならば、祖先が植え残した大木をきって売り食いをしても、日々に貧窮し、困難する。そうなれば、子孫を恵むどころの話ではない。分を守ることと失うこととの相違はこのとおりだ。慎まずにおられようか。

〔三七〇〕　出家は一人の道、わが法は天下の道

釈迦（しゃか）が王子の位を去って衆生を済度し、法を万世にのこした、その功績は大である。けれども、そのやり方は一人に行うことはできても、一村に行うことができない。なぜか。一村の住民がみな家を出て農業に勤めなくなったら、一日も生活を立てることができないからだ。わが法はそうではない。おのおの自己の分を定めて分外を譲り、これを貧者に推すのである。だから一村の住民が飢寒を免れて、その家を保ち生活を楽しむことができる。これは天下にも行いうる法である。一村においてはもちろんのことだ。

〔三七一〕　禍福は一つ

禍福（かふく）は一つである。それがあるいは福となり、あるいは禍（わざわい）となる。これを水田にたとえよう。あぜがあれば、土壌（どじょう）が肥えて苗がよく育ち、収穫が多い。これが福ではないか。あぜがなけ

れば、土壌が荒れて、苗はやせ、収穫が少ない。これは禍ではないか。同じ土壌であって、あぜがあれば福となり、あぜがなければ禍となる。わが法も同様で、分度があぜなのだ。分度が立てば、恩沢が多くの人に及び、その福はきわまりない。分度が立たなければ、害が多くの人に及び、その禍はきわまりない。

富は、人のほしがるものだ。けれども、人のために求めれば福を招き、おのれのために求めれば禍を招く。財貨も同じことで、人のために散ずれば福を招き、おのれのために集めれば禍を招く。理に従い、道を得る者は福を得るし、理に逆らい、道を失う者は禍を得る。禍福は要するに理に従うか逆らうか、道を得るか失うかにかかっているのであって、決して二つ別々のものではない。

〔三七二〕 職業に力を尽くせば安楽自在

人がおのおの力をその職業に尽くせば、財貨は倉に満ち、その家は必ず潤沢になる。そうなりさえすれば、深山に住んでいても、荷を負うた商人が招かないのに来て、日用すべて意のままになる。海の魚も山のてっぺんにのぼるというわけだ。どうして力を職業に尽くさないでよかろうか。　＊夜話二一一（旧版一五一）

〔三七三〕　君民のあるべき姿

国家の衰廃は、君民が互いに利を奪い合うところにある。君は民を愛せずに、ただ租税をむさぼり取るし、民は君を敬せずに、ただ脱税をたくましくする。むさぼるのとたくましくするのと、両方とも得るところはなくて、民は困窮し、君を衰えるのだ。川を渡るのに、着物を脱いではいれば、おぼれ沈む心配はない。君が正規の租税によって国の費用を制限し、民が農業をつとめて正規の租税を納め、君民おのおのその職責を尽くしたならば、どうして衰廃のおそれがあろうか。

〔三七四〕　争論と立脚地

争論が生ずるのは、その立脚地を定めないところにある。熱い地方にいる者が清涼を喜ぶのは、清涼が好きなのではない、熱い地方にいるからである。寒い地方にいる者が温暖を喜ぶのは、温暖が好きなのではない、寒い地方にいるからである。その立脚地を定めさえすれば、何の争論もあり得ないのだ。　＊一四九

〔三七五〕　無利息金は興国安民の心構えで

わが無利息金貸付法を行おうとする者は、父母が子を育てるように、損得にかかわらず、国

を興し民を安んずることを徳とする者でなければ、だめである。父母が子を育てるには、損得にかかわらず、ひたすら子孫相続を願うばかりだ。

だからわが無利息金貸付の道は、貸し金が増加することを徳とせず、貸付高の多いことを功績とする。元金百両で、くりかえし貸し付け、六十年に及べば、貸付高の通計は一万二千八百五十五両に達する。これは、資金はふえも減りもしないが、国を興し民を安んずる功績は多大であって、太陽が万物を生育しながら終古一輪なのと同じこと、いわゆる「敬すること一人にして千万人よろこぶ。敬するところの者寡（すくな）くして、よろこぶ者衆（おお）し。」（孝経、広要道章）とはこのことなのだ。

私はむかし世間の金貸しを観察したが、貸し金を取り立てて借り手が応じなければ、これを官に訴える。官の裁定は必ず無利息年賦とする。そこで裁定をたてにとって借り手を責めるが、借り手が夜逃げをしてどうすることもできなくなり、ついにこれを貸し捨てにする、というのが例であった。私はその結末を最初にもって来て、無利息年賦とし、それでも償還しなければ貸し捨てにした。それくらいでなければ、国を興し民を安んずるには足らないのだ。

＊三二四・三四一

〔三七六〕　加入金の大徳

無利息金貸付の理法を体認して、余財を出してわが報徳金に加えるものを、名づけて加入金という。その徳たるや、誠に大である。なぜならば、人々があるいは竹木を切り、あるいは不急の道具類を売り払い、あるいは漁猟をして、それぞれ得たところの金を、ひとたび加入すれば、その後は竹木を切らず、道具を売らず、漁猟をしないでも、金は報徳金と共に旋回して、貧民を救済し、その徳は窮まりないのである。およそ天下の物は、一物は一用をするだけのことだが、この無利息金に限って万世の用をなす。たとい漁猟をして生きものを殺しても、永久にその徳を被る者があるのだ。なんと絶好の法ではないか。

〔三七七〕　無利息金の借り手は無限

草は肥えた土に茂り、水は低い土地に集まり、人は利益のあるところに帰する。わが無利息金貸付法の利益といえば実に大きい。だから、質屋と金貸しとが世の中にある以上は、無利息金貸付を請う者がなくなるわけはないのだ。

〔三七八〕　ねことねずみ

人は米を好み、馬は草を好み、ねこはねずみを好み、へびはかえるを好む。なぜかといえば、人は米から生じ、馬は草から生じ、ねこはねずみから生じ、へびはかえるから生じたからだ。

肉眼で見れば、ねこがねずみを食い、へびがかえるを呑むのだが、心眼で見れば、ねずみが化してねことなり、かえるが化してへびとなるのだ。もともと彼らは同類である。同類が同類を好んで食うのは、ちょうど火に火を加え、水に水を加えるのと同じことなのだ。(1) ＊一

（1） いにしへは鼠が化して猫となる　今は鼠が猫にとらるる
いにしへは蛙が化して蛇となる　今はかはづがへびの餌となる

〔三七九〕 わが道は真の大道

昔このかた、英豪俊傑は数多いけれども、治国安民の功をなす者は、実にまれだ、あるいは、道の本体の高妙を悟ったとして、俗世間をきらって閑寂を楽しみ、そうして身を終る者がある。あるいは、事業を興そうとして意のままにならなければ、時世を憤り、詩歌をもてあそんで生を送る者がある。あるいは、進取を心掛けて進むことができなければ、時の政治をそしり、飲酒にふけって世を終る者がある。

これらは皆、その才能は余りあっても治国安民に益のない者で、まことに惜しむべきものだ。それゆえ私は、治国安民の法を創設した。国君がこれを用いれば、領内に行い人民に施すことができる。国君が用いなければ、朋友親類の間に施すことができる。位がなければ、位がない立場で行い、禄がなければ、禄のない立場で実施し、市中にいれば市中で行い、いなかにいれ

ばいなかに施す。「およそ血気あるもの、尊信せざるなし。」（中庸）とは、このことだ。だから王侯から武士庶民、百工、神官、仏徒にいたるまで、いやしくもこれを用いる者があれば、日常の間に行われて、とどこおることがない。どうして時世を憤る必要があろう。どうして為政者をそしる必要があろう。楽しんでこれを行うがよい。実に真の大道ではないか。

巻五

〔三八〇〕 武王の討伐を批判する

（ある日、門人に史記の周の本紀を読ませていたが、武王が紂を討つところまで来たとき、「止めよ。」と言って、こう批評された。）——周という国は、始祖の后稷が農業の道を教え、人民は大いに恩沢を被った。孫の公劉がその事業を受け継いで百姓がなつくようになり、その後大王（古公亶父）は蛮族が攻めて来たとき、戦乱が人民に及ぶのを恐れて都を去った。それから泰伯は賢明な末弟のために三たび位を譲ったし、文王は天下の三分の二を確保しながらよく殷朝に服従した。

そのように代々徳を積み仁を重ねた結果として、四海の万姓がこれに帰属し、ついに天下を保つようになるのは、天命自然の勢いである。また、紂が悪を積んで、みずから滅亡を招くのも、やはり天命のおもむくところである。こうして紂が自然に滅びたならば、天下の諸侯は必ず武王を推して帝王としただろう。そこで武王が三たび譲ってのち王位について、そうして天下を治めたならば、それこそ后稷以来の積徳を全うするものと言ってよい。

してみれば、たとい万民の非常な苦しみを見兼ねたとしても、どうして兵を動かして討伐の挙に出ることがあろう。それを、武力によって討伐をしたばかりに、管叔・蔡叔の反乱というような、骨肉の害し合う禍を生じたのだ。——（そこで門人が、「武王の討伐を悪いとおっしゃるならば、伯夷の諫争が正しいとなさるのですか。」と尋ねると）——伯夷がいさめたのも、その道を得ていない。なぜかといえば、いざ出陣という時になってこれをいさめるから、聞き入れられなかったのだ。武王がいよいよ兵を挙げるまでには準備の期間があったに相違ない。もしも伯夷が前もってゆっくりと武王にむかって、「紂の悪政はすでに極度に達し、また三人の仁臣を失っています。微子・箕子・比干という、あの三人の仁臣は、殷にとっては、ちょうど家屋の柱石のようなものでした。三本の柱が折れて覆らない家屋はありません。殷がみずから滅びることは、立ちながら待っていてもよいくらいです。もし、あと一年たっても滅びなければ、私たちが人民のためにこれを討ちましょう。わが君のために不忠の名を被ることは何でもありません。こうして殷が滅びたならば、天下は周に帰します。君はそこで三たび譲って天下を保有し、后稷以来の積徳を輝かされたならば、なんと良いことではありませんか。」こう言っていさめたならば、どうして聞かれないことがあろう。まったく、武王がもし礼譲によって天下を保有したならば、どうして管叔・蔡叔の反乱が起きよう。どうして伯夷・叔斉が首陽山で飢え死にすることがあろう。周の王朝もまた、八百年にとどまらなかったに相違ない。実に惜しいことではないか。

〔三八一〕　聖人の道と子どもの遊び

天帝が世界に照臨するありさまは、至って公平無私である。聖人の世でも光を増すわけでなく、暴君の世でも光を減ずるわけでなく、ただただ毎日照らすだけである。天帝が聖人の世を見る見かたは、子どもの遊びを見るのと変りはない。子どもたちが大通りに集まって、線を引いて境をつくり、あっちはお前の分、こっちはおれの分、としている。馬方がさしかかって、大声をあげ、「あぶない、どけどけ。」と言って、境を踏み破って通りすぎる。聖人が法を設け道を立てるのも、これと同じようなもので、天帝は、どうかすると「どけどけ。」と言う。およそ王侯から武士平民、非人こじきに至るまで通行するところの大通りを、どうして子どもの遊びでさえぎることができよう。聖人の道も、天道に対しては同じことである。

いったい人道は、人生の便宜のために作ったものだ。だから、どうかすると壊(こわ)れる。ところが世人はそれを自然の道だと思っているが、大間違いではないか。しかし仏教ではこれを諸行無常とする。たとえば馬方が来るのを見れば、「子どもたち、早くどいて、通りすぎてから又線を引いておくれ。」と言う。だから天帝もこれを責めるわけに行かないのだ。

〔三八二〕 うそまけば

仏教では三世を説くが、私は四世とする。これを草木にたとえれば、種が草を生じ、草が花を開き、花が実を結ぶ、これを四世とするのだ。種草花実は、その形は異なるが、もとは一つのものである。ところが、その異なった形を見るたびに、世人は疑いを生ずる。これを迷いと言う。種草花実の四世を通観したならば、何の疑いがあろうか。

稲の種をまけば、途中に草を生じても、花を咲かせても、ついには稲の種となる。それなのに、稲の種をまいて冬瓜（とうがん）の生ずることを求めたり、西瓜（すいか）のみのることを願ったりするのが、小人の通情である。ここに偽（にせ）の孝子があるとする。その最初の気持が虚偽から出ているから、いくらその善行が美しい草のようでも、美しい花に似ていても、結局必ず不孝に帰する。ここに偽の忠臣があるとする。その最初の考えが虚偽から出ているから、たとい善行があっても、ついに不忠に帰する。だから私は、「うそまけばうその草はえうその花　咲きつつうそのみのる世の中」と言うのだ。最初の観念が虚偽から出れば、いったん善行があっても、ついに虚偽に帰らないものはない。人倫の百行みなこのとおりである。深く考察せねばならない。

〔三八三〕　草木は無字の経文

仏教では過去・現在・未来を説くが、その過・現・未はそもそも一つのものである。たとえば、松の木が、根も幹も枝も葉も花も実も、ことごとく松の木であるのと同じことだ。(1)　貧富・栄辱（えいじょく）・禍福・吉凶・苦楽・存亡の類も、みな同様に一つのものである。けれども、そうして経文を読み解くには文字に頼る。文字がなければ訳がわからない。ところが草木はそうでない。何の種をまけば、何の草を生じ、何の花を開き、何の実を結ぶということは、女こどもでもよくわかる。幾千年たっても、文字がなくても、決してわからなくなることはない。思うに仏が世に在ったとき、その説いたところも、やはりこのとおりであったに相違ない。末の世になって、仏の時代を去ることはるかに遠く、文字があってさえも、ついに訳がわからない始末になった。これはどうして仏の本意であろうか。

（1）松の木は根も松なれば種も松　枝も葉も松花も実もまつ

〔三八四〕円見では秋風も無常でない

歌人は秋の気を物悲しいと言い、粛殺の気などと言って、無常を嘆く。これは私に言わせれば偏見である。秋というものは、百穀が熟して財貨が満ち足りる。何の物悲しいことがあろう。何の粛殺があろう。また、種は春風に乗じて芽ばえ、草は秋風に乗じてみのる。だから種の世界から見れば春風は無常であり、芽ばえるのは死であり、芽ばえて草になるのを仏といえる。反対に草の世界では秋風が無常であり、みのることが死であり、みのって種となるのを仏といえる。してみれば、死生も死生でなく、無常も無常でない。これをば偏見に対して円見というのだ。

＊夜話八四（旧版一〇九）

〔三八五〕循環の世の中

日月も、星も、寒暑も、昼夜も、循環してやまないのが天地の常道である。世の中の万事も、やはり同様だ。じいさんばあさんが年とれば、孫が大きくなる。こちらでたきぎをたけば、あちらできこりが切る。こちらで炭をつげば、あちらで炭焼きが焼く。こちらでたばこを吸えば、あちらでたばこ屋が刻む。こちらで障子が破れれば、あちらで紙屋が抄く。こちらでたびが破れれば、あちらで縫物屋が裁つ。そのほか、善悪・邪正・禍福・吉凶・貧富・存亡の類、ことごとく循環して窮まり尽きることがない。実際、じいさんばあさんが老いの迫るのを忘れて孫の成長を願うのは、世人の通情だけれども、これは循環の世にあってその循環を知らないもので、哀れむべきことだ。目のあたり循環の理を見るには、ろくろが一番よい。だれでもろくろがぐるぐる回るのを見れば、その道理が明了になる。

〔三八六〕　聖人の法は人為の譲道

聖人は天理に基いて大法を作り、それによって天下を治めた。それゆえ法というものは、人為であって自然ではないのだ。これを畑にたとえれば、耕し草とりをしないかぎり、たちまち野原になってしまう。またこれを調髪にたとえれば、調髪をしないかぎり、たちまち髪ぼうぼうになってしまう。だから耕作や調髪は、みな人為であって自然ではないのだ。国家を治める者は、よろしくその自然を悟り、努めて人為の大法を厳にすべきである。思うに聖人は推譲をもって人間の道とし、掠奪をもって鳥獣の道とした。譲れば財貨は日々に増し、奪えば財貨は日々に減ずる。

ここに芋が一つあるとする。これを奪って食えば一つの芋にとどまる。これが貧困の本なのだ。これを譲って植えれば十個の芋が得られ、再三くりかえし植えれば増倍すること限りがない。これが富栄の本なのだ。聖人は大法を設けて掠奪を禁じ、推譲を勧め、そうして四海を富まし、長く天下を保った。聖人の欲するところも、なんと大きなものではないか。

〔三八七〕 悪人は雑草、善人は稲

善人は治世に用いられてよく仕事をするが、乱世においては能がない。悪人は乱世に用いられて悪知恵を大いに振うが、治世においては振いようがない。これはちょうど鳥類の目が、昼間見えるものは夜見えず、夜見えるものは昼間見えないのと同様である。悪人はまるで雑草のようなものだ。耕し草とり水かけ肥しかけの手数を借らないで、どんどんはびこるけれども、人を養うという徳がない。反対に善人は稲のようなもので、人を養うという徳はあるが、耕し草とりをしなければ生長できぬし、水かけ肥しかけをしなければみのることができない。それゆえ、善人は家法がなければその家を保つことができず、悪人は家法がなくてもその家を保ってゆけるものだ。

〔三八八〕　私が一家を再興するまで

私は幼いうちに父母を失い、その上洪水(こうずい)にあって先祖伝来の田地を失い、親類の家に寄食した。そうして休暇の日に荒地を起し、捨て苗を拾ってそこに植え、わずかにもみ一俵を得て、これを資本にして二十二年間積み、[(1)] 田地を再復して、小屋を作ってそこに住んだ。[(2)] 一年の収入は百俵に余り、ほとんどひざをいれる余地もないほどだった。田地が少ないのに、大きな屋敷に住むのはいけない。人を救い導く志のある者ならば、小屋に安住して何のはばかることもないのである。

（1）一家散離の享和二年（一八〇二、先生十六歳）から桜町転住の文政六年（一八二三、先生三十七歳）までが二十二年間である。
（2）小屋に住んだのは二十歳から二十四歳まで。

〔三八九〕　農夫をさとす

（下館(しもだて)藩の一農夫にさとして）――お前は父母には孝行だし、村内には義理堅いし、誠実勤勉で耕作につとめていて、一村の手本とするに足りる。これはすでに郡の役人にも認められている。だから私は無利息金を貸してやって、それで借金を返し、田地を買いもどさせたのだ。お前はこれから、朝は早く夜はおそくまで努め励んで、働き出しでこれを返済するがよい。決して返済期におくれてはならぬ。まだ完済しないうちは、親類友人との交際にも、物を贈ることを義理と思ってはならぬ。また、人がばかにしても構うな。もっぱら完済することを義理と心得るがよい。いったい農夫は天子の民である。

藩の殿様がこの衰村を私に任されたのは、この天民を安んじようと思われたからである。だからいまお前が田地を買いもどし、お前の家政を豊かにすることは、殿様の宿志ではないか。天子は幕府があって四海を安んずることができ、幕府は諸侯があって征夷の職を奉ずることができ、諸侯は人民があって任された職務を全うすることができ、人民は田地があって生活が安らかにできる。だからお前はお前の田地をよく仕立てて、耕作に努めるがよい。海で漁をしようと思う者は網をつくろい、田を肥やそうと思う者は肥しをたくわえる。

こういう肝心のことを努めずに遊惰に日を過ごしておいて、さて俵を持って田に行って良い米を求めても、どうしようもないではないか。お前はよくよくこのことを肝に銘じ、朝となく晩となく、怠るでない。

〔三九〇〕　空論の書と実行の書

世人の著わす書物は、多くは空言である。身を修め家をととのえる書物はまだ聞いたことがない。また荒地を開墾し衰村を復興する書物も聞いたことがない。廃国を興す書物などは、なおさらのことだ。みな、いたずらに古語をかすめ取ってきて、空論を拡張するだけのこと、それが実際の役に立たぬのは当り前だ。

私の場合はそうではない。荒地を開墾し、廃家を復興してから後にこれを書き、衰村を取り直し、廃国を復興してから後にこれをしるすのであるから、名実共に備わっている。末の世に、このような著書がほかにあろうか。そなたたちは、よろしく私の言行をしるすがよい。私がもし自分で書いたら、自慢するようになる。そなたたちがこれを書きしるせば、すなわち仁であり義であり、これを世々の教えとして千年の後に伝えても、断じて恥ずかしいことはないのだ。　＊一八一

〔三九二〕　中庸を批判する

俗儒は中庸をわかりにくい書物としているが、私がみるところでは、人間が常に行うべき道であって、簡易平坦(へいたん)、わからぬところなどないようである。しかし、ただ中庸というだけでは、ちょうど幼児が母親に対して「何か頂戴。」と言うようなもので、ことばが足らないように思われる。また、「喜怒哀楽のいまだ発せざる、これを中(ちゅう)という。」とのことばも、不審に思われる。いったい、四隅が定まらなければ、どこに中があろう。はかりやものさしの目盛りが定ま

らなくても同様である。してみれば、これを改めて、「喜怒哀楽のいまだ発せざる、これを元という。発して節にあたる、これを中という。」とすればどうか。伊藤仁斎がこれを楽記（がっき）の文章がまぎれてはいったものとしているのも、見識である。(1)

（1）仁斎の「中庸発揮」に、「首章喜怒哀楽より万物育すに至る四十七字、もと中庸本文にあらず。けだし古楽経の脱簡（だっかん）、誤って中庸書中に攙入（ざんにゅう）せるのみ。」

〔三九二〕むだな論語読み

経書を読んで身を修めず、いたずらに口腹を養うたしにする者は、なわをなって口腹を養う者と何の相違もない。たとえば農夫がくわをみがいて耕さないのと同じことで、たとい万巻の書を暗誦しても、何の役にも立つものでない。いたずらに聖人の道をはずかしめるだけだ。よく考えねばならない。

〔三九三〕興国の道を学ぶ器量

孔子は門人の問いに対して、銘々の器量に応じて答える。たとえば商人が買主の懐中を見計らって品物を出すようなものだ。いまもし五貫文の束銭を子どもに与えれば、取ろうとせず、必ず、百文だけ頂戴と言う。国家を憂うる心がない以上は、これに興国安民の道を説いても、

何の益があろうか。　＊二〇一・三三九

〔三九四〕　人道を自然と思うな

人倫の道は、人が作ったものである。鳥獣の道は自然に成り立つ。なぜならば、日にさらされ、風に吹かれ、雨にぬれ、春は青草を食い、秋は果実を食い、食物があれば飽食し、なければ飢える。これは自然ではないか。家屋を造って風雨をささえ、衣服を作って寒暑をしのぎ、米穀をたくわえて飽食する。これは人為ではないか。しかるに世人は人為の道を自然と考える。それゆえ事ごとに正反対のことを希望する。たとえば肥えた土地には草が繁茂する。だからこれをひらいて田畑とした。やせた土地はそれほどでない。だからこれをそのまま牧場とした。これが昔のやりかたである。

今の人々は勤労をいとい、田畑には草が生じないように願い、牧場には草が茂ることを望む。そしてその希望が満たされなければ、恨んだり怒ったりする。これはほかでもない、人為の道を誤って自然と考えるからだ。人々は、それが人為であって自然でないことをわきまえて、勤労をいとわず、人道を努めるべきである。

〔三九五〕 迷悟は一つ

経文に、「迷故三界城、悟故十方空。」とある。「迷故三界城」は、人道である。迷いがはなはだしいところに、人道が成り立つ。「悟故十方空」は悟道である。悟りがはなはだしいところに、人道は立たない。だから悟道は人道にとっては益のないものだ。けれども、悟道によらなければ、人は成仏することができず、また執着を脱することができない。人道はちょうどなわをなうようなもので、堅くよるのを良いとする。悟道はなわを解くようなもので、わらにもどるのを良いとする。いま家屋を造るとすると、山林から木を切り出してこれを削り、柱としむねとしはりとする。長いものは切り、短いものは継ぎ、あるいは穴をあけ、溝をほり、そうしてこれを組み立てて、造作してできあがる。その上、日に月にそれを修繕する。これが人道であり、いわゆる「迷故三界城」なのだ。しかもその修繕したところは、日に月に破れこわれてゆく。悟道はこれを見て、「本来家なし。」と言う。すなわち、いわゆる「悟故十方空」だ。

しかしながら、その本を窮めれば、迷悟は一つなのだ。これを草木にたとえれば、種はまず根を生じ、土中の水気を吸って枝葉をのばし、空中の雨露に潤って花をひらき実を結ぶ。種の世界からはこれを迷いと言う。そのうち秋風にあえば枯れ死んで空に帰する。草の世界からはこれを悟りと言う。空には帰したが、種は残って、春風にあえば枝葉を発し花や実を生ずる。してみれば、種を迷いとし、草を悟りとするのか。草を迷いとし、種を悟りとするのか。生ずれば死に、死ねば生ずる。これによってみれば、生も生でなく、死も死でなく、生死は一つで、ただ循環するだけなのだ。私はこれを不止不転と名づける。仏教で「色は空に異ならず、空は色に異ならず、色はすなわちこれ空、空はすなわちこれ色。」（心経）というのは、このことだ。

（1）参照二四四・三五二

〈三九六〉治乱興亡は道の盛衰による

天地は万物を形造るが、もともと増減がなく、損益もない。帝王の聖徳が盛んで、善政・明教が布かれ、人民がゆったりと楽しめる時代でも、日月が光を増すわけでなく、四海の内が広くなるわけでなく、天から米や麦が降るわけでなく、地面に綾錦が生ずるわけではない。また暴君が起って、教化は衰え、人民が非常に苦しむ時代でも、日月が光を減ずるわけではなく、四海の内が狭くなるわけでなく、田畑に百穀ができないわけでなく、山林から良材が出ないわけでなく、川や海に魚類が生じないわけではない。それでいて、盛衰治乱、貧富苦楽、安危存亡の違いがあるのはなぜか。それは道の盛衰にあるのだ。この道が盛んであれば国家は富み、この道が衰えれば国家は貧する。

では、何を道というのか。人道がそれである。何を人道というのか。互に生き、互に養い、互に救い、互に助けることがそれである。それゆえ昔の明君は人民と一体になり、歓楽を同じうし、憂苦を共にし、人民はその徳に化して、互に生き互に養い、互に救い助ける道が盛んであった。そこで才知のある者は才知のない者を養い、能力のある者は能力のない者を哀れみ、富貴の者は貧賤の者を恵み賑(にぎ)わし、貧富は相和し、有無相通じて、四海の内は全く一家のようになった。後世の暗君はただおのれの利をはかって民を虐(しいた)げ、人民は困窮して君を敵とし、富者はおごりをきわめて貧者を捨て、貧者は恨みをいだいて富者を仇(あだ)とし、はなはだしきに至っては獣が食い合うようなありさまとなり、人道は滅して弑逆(しいぎゃく)乱離の世となる。これが古今の通患であって、聖賢が深く憂慮したところである。

わが道はそこで、増減損益のない天地にもとづき、君民の盛衰貧富の天分を明らかにし、分を守って推譲し、荒地によって荒地を開き、借財をもって借財を償う。借財は償還されて余剰を生じ、荒地は開き尽されて米麦を産み出し、財貨は水や火のように豊かになり、君民・貧富はおのずから和して、互に生き互に養い、互に救い助ける道がふたたび盛んになり、聖人の治世を再現することも期して待つことができるのだ。

〔三九七〕　悟道を看破して人道に立て

世人が論争するところを見ると、悟道と人道とをまぜこぜにしている。果して悟道をもって論ずるのか、果して人道によって論ずるのか、一向に条理が通っていない。いったい悟道と人道とでは、天地ほどの懸隔があるのだ。どちらに立つか、立脚地を定めずに物事を論ずるのは、ちょうど目盛りのないはかりで軽重をはかるようなもので、終日論弁しても何のかいもない。たとえば秋に不作があると知って播種耕作をしないのは悟道であり、秋の不作を予知しても播種耕作につとめるのは人道である。田畑は荒れてゆくのが自然だと言っているのは悟道であり、田畑は荒れるものと知ってますます耕作除草につとめるのが人道である。川べりの田は水害にかかることを知って除草や施肥をしないのは悟道であり、水害にかかることを知りながら、もっぱら除草や施肥につとめるのが人道である。およそ天地自然にしたがうものは悟道であり、みずからつとめてやまないものは人道である。論語の幾諫の章(1)などは、人道の極致ということができる。

私がいつもいうことだが、父母の看病をしていて、全快おぼつかないとひそかに嘆く者は、まだ親子の情を尽し得ていないものだ。魂が去り、からだが冷えかけても、なお全快をこいねがう者であって、始めて人道を尽すものと言えるのだ。こういうわけで、悟道と人道とはまぜこぜにしてはならない。よろしく悟道を看破して、もっぱら人道をつとめるべきである。

*四〇〇・夜話六七（旧版七〇）

（1）論語、里仁篇、「子いわく、父母につかえては幾に諫め、志の従われざるを見ては又敬んで違わず、労して怨みざれ。」　*一四八

〈三九八〉 吉凶好悪は「我」から

吉凶好悪は「我」に生ずる。「我」がなければ吉凶好悪はあり得ない。吉凶好悪は一つなのだ。人はその半分を吉として好み、その半分を凶として悪む。これを、のこぎりで板をひくのにたとえよう。のこぎりがかたよれば右と左で広い狭いができる。その広い方を吉として好み、狭い方を凶として悪む。これは「我」があるいは左に就きあるいは右に就くからである。板全体がわがものであれば、何の広狭があろう。何の吉凶好悪があろう。　＊一〇三・一〇六

〈三九九〉 孔・老・仏をたとえで比べる

孔子と老子と釈迦の教えを草木のたとえで比べると、老子は、その根を掘り出して観察するようなものだ。その理論は悪くないが、これを実行すれば枯れてしまう。孔子は、いま見えているところを慎めば、その根は知らなくともよいと言うようなものだ。釈迦は、生育の本は根にあるのだから、よく肥しをやるがよいと言うようなものだ　＊夜話四三（旧版一六九）

〈四〇〇〉 水害を知っても耕す

川べりの農民で、どうせ水害にかかるのだからと言って、草とりや肥しかけをしない者があ

る。これは目先が利くように見える。一方、水害にかかることを知りながら、草とり肥しかけにつとめる者がある。これははなはだ愚かなように見える。けれども、その目先が利くように見える者は必ず貧に陥り、はなはだ愚かに見える者が必ず富に至るのだ。なぜかといえば、愚かに見える者は実は愚かなのではなく、篤実に農業につとめるものであって、これは論語の幾諫章の趣旨にも合する、人道の至りなのだ。目先の利く者はこれと反対である。父母がいさめを聞き入れないだろうとして、いさめようとしないなどということが、どうして人の子たるの道であろうか。　＊三九七

〔四〇一〕　天地は火と水で成り立つ

天地は火と水とで成ち立ち、火と水とで保つ。ゆえに川や海が涸れてしまわなければ太陽が出る。太陽が出れば草木が生ずる。川や海が涸れれば太陽は出ない。太陽が出なければ草木は生ぜず、天地は滅する。人体もやはり火と水とで成り立ち、火と水とで保つ。火と水とが散ずれば死んでしまう。

〔四〇二〕　万人行いうるのが大道

高遠で届くことができないようなもの、隠微でよくわからないようなもの、一人は行い得て

も、十人が十人行うことができないようなものは、大道ではないのだ。わが日掛なわない法のごときは、さざいなことではあるが、大道といってよい。なぜならば、女こどもでもわかりやすく行いやすく、天下万世にわたって、しばらくも離れることのできない道だからだ。

〔四〇三〕 一理は万理

天下に解くことのできないものはない。天地は一つである。日月は一つである。寒暑も一つである。昼夜も一つである。人間界の万事もみな例外なくそうである。万事は、つまるところ一理である。一理が万理となり、万理は一元に帰する。一元はすなわち空々寂々(じゃくじゃく)である。これをば悟道という。

〔四〇四〕 利を追えば不利が来る

賭(かけ)をして負けるのは、勝とうとすることの転化である。商人が不利を招くのは、巨利をむさぼることの転化である。脱税や滞納は、しぼりとることの転化である。よくこの道理を体認して、賭ける者はそのつど銭を賭け捨てにすれば、何の負けもありはしない。商人は巨利をむさぼらず、買主の利益をはかれば、何の不利もありはしない。国君がしぼりとることにあせらず、仁恵の政治を布(し)いたならば、何の脱税滞納もありはしない。

〔四〇五〕　貧富相和して栄える

　天があれば地がある。そこで陰陽・日月・寒暑・昼夜が相まって循環するのが自然の理法だ。人道も同様で、夫があれば妻があり、父があればむすこがあり、君主があれば臣民があり、教師があれば学生があり、貸主があれば借主があり、商人があれば買手があり、かごかきがあれば乗り手があり、これらがみな相まって生活を営むことも、やはり自然の道理だ。ところが、人に救われることは願っても、人を救うことを好む者がないのは、何たることだろう。いま貴賤があり貧富があるときに、身分の高い者、富んだ者が、人を救うことを好まなければ、身分の低い者、貧しい者は、どうして人を救う気持になれようか。世間が互に救い合わなければ、どうして互の生活が遂げられようか。商人の例でいえば、巨万の富をもった商店が、ただ買い占めるばかりで売り出さなければ、どうして有無を通ずることができようか。

　だから、もし身分の高い者、富んだ者が、おのおのその分を守って余財を推し、これを身分の低い者、貧しい者に及ぼしたならば、ちょうど天の気が下にはたらき地の気が上へはたらき、天地相和して万物が育つように、貴賤貧富が相和して財貨が生じ、両々相まって世の中の生活は日にゆたかになり、国家は必ず治まるのだ。

〔四〇六〕 過てば改めよ

過ちがあれば反省して自分を責め、すみやかに改めるのが君子の道である。(1) 過ちをしてこれを文り、(2) その間違いを押し通すのは、不遜の勇であって、君子の悪むところである。(3) 君子の悪むことがらは、刑政の許さぬところである。

（1） 孟子、公孫丑上篇、「行いて得ざることあれば、みなこれをおのれに反求す。」論語、学而篇、「過てばすなわち改むるにはばかることなかれ。」
（2） 論語、子張篇、「子夏いわく、小人の過ちや、必ず文る。」
（3） 同、陽貨篇、「不遜にして以て勇となす者を悪む。」同、衛霊公篇、「過って改めざる、これを過ちという。」

〔四〇七〕 挙直錯枉

衰えた村を復興するには、投票を用いて良民を選挙させ、厚く褒賞を与えて、その家産を取り直してやり、これを一村の手本として無頼の者をさし置く。そうすると無頼の者も必ず良民になる。これがわが法の秘けつである。どうしてかというと、天下の将軍のひざもとでさえもこじきがいる。ましていなかの村に無頼の者がいないわけはない。無頼の連中は、飲んだり打ったりを常習にして、政治教化に従わない。わが法などにはなおさらのことだ。けれども、これを導いて良民にすることができないようでは、わが法の恥である。そこで、投票を用いて、あまねく良民を挙(あ)げ、これを賞する。そしてその他の、投票に当らない者は、わが法の知ったことではないとしておく。

それから、もし投票を用いなければ、賞にはいらない者はてんでに恨みをいだいて、あれはめがね違いだとか、あれは御機嫌取りだとかいっておのれの無頼を恥じることがないものだが、投票を用いれば、投票に当らない者は、妻子に対しても面目を失い、みずから無頼を恥じて、ついに善良に帰すること必然である。いわゆる「直(なお)きを挙げて、もろもろの枉(まが)れるを錯(お)けば、よく枉れる者をして直からしむ。」（論語、顔淵篇）とはこのことだ。

〔四〇八〕　仏界と種界

生ぜず滅せず、増さず減ぜず、きたなくもなく清くもなく、静かでもなく動くでもない、これを仏の世界といい、人の世界からそこに達することを成仏と称する。これを草木にたとえると、生ぜず、死なず、根でなく、幹でなく、枝でなく、葉でなく、花でもない、これを種の世界といい、草の世界からそこにゆくことを成仏と称するのだ。

〔四〇九〕　わが道は祖宗・聖人の道

家を造った者は大工であるから、大工でなければその破損がなおせない。屋根をふいた者は屋根屋だから、屋根屋でなければこわれたのが繕えない。大工にまかせれば破損した家がなおり、屋根屋にまかせればこわれた屋根の繕いができる。国を開いた者は祖宗である。だから祖宗の道でなければその衰廃を興すことができない。国を治めた者は聖人であるから、聖人の道でなければその乱れを治めることができない。家を興した者は先祖だから、先祖の道でなければその衰えを取り直すことができない。

祖宗の道を用いれば廃(すた)れた国を興すことができ、聖人の道を用いれば乱れた邦(くに)を治めることができ、先祖の道を用いれば衰えた家を取り直すことができる。わが道は祖宗の道であり、聖人の道である。だれでもこれを用いる者があれば、廃れた国の興らないことはなく、乱れた邦の治まらないことはなく、衰えた家の起き返らぬことはない。

〔四一〇〕 落葉は掃き、愚者は教える

天道は自然で、人道は作為である。枯葉が庭に落ちるのにたとえると、毎日落ちるのは天道で、これを掃くのが人道だ。掃くそばから落ちる。これが自然というものではないか。落ちるから又掃く、これが作為というものではないか。だから毎朝一度はこれを掃くがよい。けれども、一葉落ちるごとに庭に立ち出てほうきをとるのは、これは落葉のために使われるものであって、愚かな話だ。ただ、天道にまかせきりで人道をゆるがせにするようなことがなければ良

いのだ。

人を教えるにも同じことがいえる。愚かな者でも、必ず教えるべきだ。従わなくても怒ってはならない。また捨ててはならない。人を教えても従わないとき、それを怒るのは不智というものだ。それを捨てるのは不仁というものだ。不仁と不智とは君子のとらぬところであって、仁智が身に備わるのを君子の盛徳とするのだ。

〔四一一〕 人を利すれば支障なし

およそ人を利することは、相談に及ばない。餅があって、これを隣に贈るのに、何の相談が要ろう。それゆえ、人を利するものである限り、万事支障ができることはない。支障は、おのれを利するところに生ずるのだ。いま、農民にむかって、お前たちのために池の土手を築き、溝や堀を掘るのだと言えば、だれひとりとして励まない者はない。工事に何の妨げも起るわけはないのだ。

〔四一二〕 義をもって利とする

世人が普通利益と考えていることは、実は真の利益ではない。真の利は、利でないところに存する。真の益は、益でないところに存する。なぜならば、益を益とすれば、損がこれについてくるし、利を利とすれば、害がこれに伴うからだ。そこで、義をもって利とするのが明王が民を恵む道であり、利をもって利とするのは暗君が民を虐げるやりかたである。民を恵めば戸口は増し、田畑は開け、税額は増加し、国家が富む。これより大きな国君の利益があろうか。民を虐げれば戸口は減じ、田畑は荒れ、税額は減少し、国家は衰える。これより大きな国君の不利があろうか。子思子が、「国は利をもって利となさず、義をもって利となす。」（大学）と言ったのは、このことだ。

〔四一三〕 客土をすすめる

（ある村の名主をさとして、「日光の祭田は土地のやせて薄いところが多い。客土を入れるがよい。」と言われた。名主が、「微力でとても及びません。」と言ったので）――お前は赤穂の食塩を使っているではないか。播州と野州とは、隔たること何百里だ。これからみれば、隣村の肥し土を運ぶのに、何ほどのことがあろう。一坪に四駄か五駄を入れれば、一反歩の費用は五両で、末長く肥えた田地になる。なんと良いことではないか。私が無利息金を貸し与えて、その費用を補助しよう。しっかりやるがよい。

〔四一四〕 鳥獣の道と人間の道

鳥獣はもっぱら争奪をして、わずかに生活してゆくだけで、礼譲の道がない。だから昔このかた一日も安心することができないのだ。人はこれと異なり、祖宗がたてたところの譲道によって、五倫の道を行い、おのおの父母妻子を安らかに養って、その生活を楽しむのだ。これによってみれば、人の施しものを受けて身を養い生活を楽しむ者は、なんと鳥獣の心ではないか。まことにぞっとせざるを得ない。だから、朝も晩も勤め働いて、厚く礼譲を行い、そうして余財を施せば、それがすなわちわが譲道である。勉励せずにいられようか。

〔四一五〕 箱を作る人道

天道は自然であって、人道は作為である。これを四角い箱を作るのにたとえよう。山林の茂ったところには、長短大小の樹木が雑生して、曲ったのも、まっすぐなのも、良い木も悪い木もある。これは自然ではないか。木びきがその中で長く大きく、まっすぐで良いものを選んで、これを伐(き)り、削って、ひいて、板にする。大工や指物師(さしものし)がこれを切り、かんなをかけ、釘を打って四角い箱を仕上げる。これは作為ではないか。作為であるからこそ、こわれるのもまた自然であって、努めてこれを繕うのが人道なのだ。天道と人道との相違は実に明らかではないか。

しかるに世人は人道を自然と思いこみ、遊惰放逸に暮して、ついに身も家も失うに至る。哀れむべきことだ。孔子は、「紫の朱を奪うを悪(にく)む。」(論語、陽貨篇)と言った。私もまた、天道と人道とを混同し、人事を放擲して作為をつとめず、箱の釘を抜き去るような者を悪む。それで、事ごとに二つの道の異なるゆえんを説明し、人々に人道を行わせようとしているのだ。

〔四一六〕 報徳は人道の極致

人が世の中に生きてゆけるのは、すべて天・地・人の三つの才の徳によるものだ。だからその徳に報いることが、人道の極致であり、わが法の本源である。およそ徳に報いるという心のない者は、鳥獣である。いのしし(いのしし)が木を倒し根を掘り返す、あの猛烈さは当るべからざるものがあるし、その労力も絶大だけれども、それはただ意地きたなく口腹を養うだけのことで、もとより徳に報いる心があるわけではない。だから一日も安心することができないのだ。

人もまた、徳に報いる心がなければ、終生安息することができない。それでは鳥獣と何も異なるところがないではないか。人と生れた以上、徳に報いる心をいだき、勤め励んで怠らなければ、たとい智力が乏しくても、その功果は必ず家を興し身を安んずるに足りるものだ。天地人三才の徳は、どうして一日も忘れることができようか。

〔四一七〕 栄枯増減は器の水

人生はあたかも百花のごときものである。咲けば散り、散ってもまた咲き、終古窮極がない。

窮迫して家財道具を売って悲しむ者があれば、富み足りて家財道具を買って喜ぶ者がある。大通りを引き払い、路地に退いて嘆く者があれば、路地を引き払い、大通りに進出して楽しむ者がある。大小増減、苦楽悲喜、死生存亡、貧富栄辱、出入進退、例外なくこのとおりである。結局あちらで減ずればこちらで増し、こちらで減ずればあちらで増し、ちょうど器に水があって、器が左に傾けば左に増し、器が右に高くなれば右に減るようなものだ。その増すのを喜び、減るのを悲しむのは、うわべの形だけ知って、その実相を知らないものである。器の水全体に、何の増減があろうか[1]。

（1）　増減は器かたむく水とみよ　あちらに増せばこちら減るなり

〔四一八〕　満腹して働く悟り

食えば満腹し、満腹したかと思えば腹が減り、腹が減れば又食う。面倒くさくても、一度に何升も食って数日をささえることはできない。だから毎日三度三度食うのが食事の常である。着物も同じことだ。まだ寒さに向かわないうちに、前もって綿入れを着ておくことはできない。だから夏はひとえ物を着、冬は綿入れを着るのが、やはり服装の常である。

してみれば、三度三度食い、夏はひとえ、冬は綿入れを着て、勤勉に仕事をするのが、人の道なのだ。けれども、満腹したときはやがて空腹が来ることを忘れ、暑いときは寒さが来ることを忘れるのも、これまた人情だ。私はだから、「はらくちく食うてつきひくあまかかも　仏にまさるさとりなりけり」と言うのだ。世の悟道と称するものは、多くは迷いと同じで、尊ぶに足らないものである。

〈四一九〉　施肥と恵民と

ここに農夫がある。その父は農業に努め、深く耕し、草もたびたびとり、肥しをかけることも非常に多かった。それで収穫はいよいよ増し、家はいよいよ富んだ。その子は農業を事とせず、耕し草とりに努めず、収穫が利益であることだけ知って、肥しをかけるのが利益であることを知らない。それで肥し土は変じてやせ地となり、収穫はいよいよ減り、家はいよいよ困窮してゆく。単に農夫一家の興廃ばかりでない、国の興廃もやはり同様である。国君が財を出して民を恵めば、民は農に努める。民が農に努めれば、田畑はよくととのい、税額は増し、国家は富む。もしも国君が、徴税の利益であることだけを知って、民を恵むことの利益を知らなければ、仁恵の政治はすたれ、搾取が行われて、民は農を怠る。民が農を怠れば、田畑は荒れ、税額は減じ、国家は衰える。実に、農夫が肥しをかけるのと、国君が財を出すのと、そのことがらは違うが道理は一つである。よくよく考えねばならない。

〔四二〇〕　財貨の海に分度の舟

財貨は海の水のようなものだ。貧富・苦楽は、水を渡る術を知っているか、いないかにある。泳ぎのじょうずな者は水を得て楽しむし、泳ぎのへたな者は、水のために苦しんでおぼれる。勤勉な者は財を得て富むし、勤勉にできない者は財のために苦しんで貧乏するのだ。ところで又、水はよく舟を浮べるが、又よく舟をくつがえす。これはなぜかといえば、波浪に動と静とがあるからだ。動と静とに対処して舟をあやつる術を知っている者は、転覆沈没のおそれがない。同様に、財はよく人を富ますが、又よく人を貧しくするのは、なぜかといえば、天分の度に小と大とがあるからだ。小と大とに即応して経理する術を知っている者は、貧窮の憂いがない。　＊一三二

〔四二一〕　済度せぬ悟りは迷いと同じ

仏徒が悟りを尊ぶのは、まだ迷界から抜け出ていないものだ。すでに悟ってしまえば、何もそれを尊ぶに足らない。これを高山に登るのにたとえれば、その高さを仰ぐうちは、まだ絶頂に達していないのだ。同様にその悟りを尊ぶうちは、まだ極致に達していないのだ。すでに絶頂に達したならば、四方をながめてから下山するように、すでに悟りの極致に達したならば、ふたたび迷界に入って済度に努めるほかはない。もしも、もっぱら悟りを尊ぶだけで済度に努

めないならば、迷っている者と同じことだ。

たとい数万巻の経文を読み、正法眼蔵(1)をきわめても、衆生済度の功がなければ、ちょうどへちまのつるばかり伸びて実が結ばないのと同じようなものだ。世の中に役立たない以上は、だれがそのようなものを用いよう。わが法はそうではなく、神儒仏の三道を実行するのだ。だから人生において無上の良法とする。なぜならば、これを民に施して、衆生を済う功があるからだ。　＊七七・二六〇

（1）釈迦の悟りの真髄を、特に禅家などでこう呼ぶ。道元に同名の著書九五巻がある。

〔四二二〕　半人前の見方

世人は蓮の花を愛して泥をいやがり、大根を好んで下肥をいやがる。私はこういう人を半人前という。なぜならば、蓮の花を養うものは泥である。大根を養うものは下肥である。蓮の花や大根は、泥や下肥を好むこと、この上なしではないか。世人の好ききらいは、半面を知って全面を知らない。これ、まさに半人前の見識ではないか。どうして一人前と言うことができよう。　＊三八四

〔四二三〕　行って天下の法となる

名主の一身は一村の興廃にかかわる。よく慎まなければならない。もしわが道を服膺（ふくよう）して、身を修め、行いを慎んだならば、行住坐臥（ぎょうじゅうざが）、村民に対して訓戒となる。中庸にいわゆる「動いては天下の道となり、行っては天下の法となり、言いては天下の則（のり）となる。」ということも、望み得られるわけである。これを囲碁（いご）にたとえると、目があれば、ついでも、はねて出ても皆有利になるが、目がなければ、ついでもはねても皆無益に帰するようなものだ。

その上、善をほめ悪をしかり、勤勉をほめ怠惰を責める権能が手にあるから、叱っても責めても、やはり仁になる。のらを巡察すれば、励んでいる者は喜んでますます励み、怠っている者は恥じて励もうとする。たまたま立ちどまって魚や鳥をながめても、励んでいる者は自分の田を見ているのだと思い、ますますよく手入れをする。怠っている者もやはりそうだ。名主の一身はこのように重大である。よく慎まないでいられようか。

〔四二四〕　推譲の楽しさ

わが道を行おうと思う者は、よろしく家産の半ばを推し譲るべきである。たとえば百石の所有者は、そのうち五十石で家事を経理し、残りの五十石を推し譲る。そうすれば、ただ年月を送るだけでも人を救う功果は大きい。人が歩くのに、左足を止めては右足を進め、右足を止めては左足を進めてゆけば、千里の遠方に至ることも難しくないようなものだ。分を縮めて節倹を守り、節倹を守って譲り施すことを努めれば、積年の功果は、計算も及ばないまでになる。けれども、一家の経費が、前には百石を使い、今は五十石を使い、年に半分を減じていることは、辛苦ではないかと言えば言えるが、しかし意を決して行う段になれば、ぜいたくな費えは日々に省け、施す財貨は月々に多くなり、心はよろこびに満ちて、多くの人を救う功業を楽しむことができる。俳句にいわゆる「ねてみれば風のありけり蚊帳（かや）のうち」とは、このことだ。

〔四二五〕「しず心なく」の歌

（紀友則（きのとものり）の歌、「久方の光のどけき春の日に　しず心なく花のちるらん[1]」を解釈して）——春の末の暖かい日に、人はみな喜び浮かれて、らんまんたる桜の花の下で、たれひとり風雪の寒さが来ることを考えない。このとき、雪のように散る花を見て、人の世の移り変りを感慨した歌である。人が生れれば、日に月に死に近づくばかりである。喜び、怒り、哀しみ、楽しみ、愛し、憎み、欲しがりながら、次第に死に至るのだ。

それなのに、むすこの成育するのを楽しみ、娘の嫁入りするのを喜び、孫が生れるのを祝うのは、花の下の浮かれと同じだ。むすこが成長するのは、とりもなおさず父親が年とることである。娘が嫁入りするのは、母親が衰えることである。孫が生れるのは、祖父が死に近づくことである。暖かい日の快活は、たちまち風雪の悲惨となる。ちょうど、桜の花がしずこころなく散るようなものだ。人はその悲しむべきことを知らず、かえって悦楽に安んじている。実に悲惨きわまりない世の中ではないか。そこで友則は桜の花の飛び散るのを見て無限の感慨を発し、よく世態・人情を述べ尽したのであって、名歌というべきである。

（1）古今集巻二。小倉百人一首の一。先生は、籐曲村仕法書の中にも、本章の意味で引用されている（全書三巻六六頁）。

〔四二六〕天智天皇の御製

（天智天皇の御製「秋の田のかりほの庵（いお）のとまをあらみ　わが衣手は露にぬれつつ」を解釈して）――これは、天皇が秋の番小屋の荒涼たるありさまを御覧になって、農家の艱難（かんなん）を哀れみたもうた、尊い御製である。およそ秋は、百穀がみのり熟し、草木が枯れしぼむ。これは植物の終りである。怠る者は家産を失い、おごる者は家を滅ぼし、悪をなす者は禍（わざわい）に遇（あ）い、盗みをする者は刑せられる。これは人生の終りである。民の愚かな者が、あるいは家産を失って逃亡し、あるいは家を滅ぼして他郷に死に、あるいは手かせ足かせをはめられ、あるいは死刑に処せられる、これらは皆、朕の政教があまねく及ばぬ罪のいたすところであると、潸然（さんぜん）として宸襟（しんきん）を濡（ぬ）らしたもうのである。実に、至仁の聖慮がお言葉の外にあふれている。

しかるに世人がただ秋の田の仮小屋の景色だけと思っているのは、何たる誤りであろう。天智天皇でなければこれを詠じたもうことはできない。藤原定家卿(ふじわらのていかきょう)でなければこれを百人一首の巻頭に置くことはできない。千年の後にこれを読み、感泣しない者があろうか。

＊夜話一九二（旧版五一）

〔四二七〕 開びゃくは太古、開国は中古

釈迦は「色即是空、空即是色」（心経）と言った。それは至言である。けれども、天地が分かれてから、まだ万物を生じないこと幾万年で、それはただ空(くう)の世界であった。してみればどうして空即何々と言うことができよう。釈迦は色(しき)すなわち万物を生じた後の世界に生れた。だからそう言ったのである。すなわちそれは中古の立言であって、わが神代史にいわゆる、高天原(たかまがはら)に神いました悠遠(ゆうえん)の太古のことを知らないのだ。印度の太古も、やはり高天原に神がいましたに相違ない。

してみれば、儒仏の本は神道なのだ。ところが世人に言わせれば、釈迦の誕生は安寧天皇の御代に当り、神武天皇の御代を隔たることわずかに百年[1]、すなわち支那では東周の末世であって、わが国の開国は支那・印度の二国に遅れること、はなはだ遠いという。これは後世から見た見解である。麦は真冬に二葉を生じ、稲は晩春に二葉を生ずる。時節の相違はあっても、二葉を生ずることは同一である。してみれば、たといわが開国がそれらの国に遅れること一万年

であったとしても、天地の開びゃくにおいては前後がない。何の優劣を論ずる必要があろうか。　＊一・二〇六

（1）釈迦の年代は明確ではないが、普通、西紀前五六五年に生まれ、四八六年に没したとされている。これを皇紀の上代の部分にそのまま引き当てればほぼこの記述のようになるが、最近の史家のように上代を圧縮するならば、逆に釈迦の年代のほうが数百年前になることになる。

〔四二八〕　生物すべて天の分身

天地間に生ずるものは、人類・鳥獣・虫魚・草木とおのおの類が分かれ、大小・強弱・貴賤の相違があるけれども、みなことごとく天の分身である。なぜならば、かげろう・ぼうふら、細かい草のような微細なものでも、造化の力によらなければ生ずることができないのだ。それゆえ仏教ではこれを活如来と言ったり、悉皆成仏（しっかい）と説いたりする。けれどもそれを、生きているうちは人間で、死んだら仏になると言うのは正しくない。生きて仏なればこそ死んでも仏なのだ。もし、生きているうちは人間で、死んで仏になるというならば、ちょうど松が枯れれば杉になると言うのと同じことだ。そんな道理があるわけはない。

よろしく、人類も鳥獣も虫魚も草木もみな天の分身で、人は最もその長であることを悟って、身を修め、道を行い、儒仏の正しい教に従うべきである。そうすれば、生きて人ならば死んで

も人、生きて仏ならば死んでも仏である。よく考えなければならない。

〔四二九〕 復興のもとは分外の財

廃国を復興する方法は、租税額十年ないし二十年、もしくは三十年の平均を出して分度を定め、度外の財を復興の資金とすることだ。これはもとより、ごくわずかな数量で、分内に入れても何の利益もない。ただそれを分内に入れないでおくから、積り積って増倍きわまりなく、ついに復興の効果を奏するに至るのだ。そこまで成功するかどうかは、あくまで分内に入れるか、分外とするかにかかっている。これがわが法の秘けつである。百万石の大名でも、千石の武士でも、五石の足軽でも、無産の小作人でも、みな同然で、大小は異なっても、復興の方法はこれをおいてほかにはないのだ。

〔四三〇〕 才・徳・位とわが道

わが道の行われることは、むずかしい。才能があっても、徳がなければ行われない。才と徳とがあっても、位がなければ、やはり行われない。名僧知識が才徳兼ね備わっていても、やはり行うことができない。これを天下に行うことができるのは、ただ王者だけである。けれども、田畑を治めることは、農夫でできる。一家を斉(ととの)えることは、主人ができる。田畑が治まり家々がととのったならば、やがて天下太平にまで持ちきたすことができる。してみればわが道を行う者は、何も才・徳・位がないことを憂慮するには及ばないのだ。　＊二六

〔四三一〕　わが道は貧富相和の道

万物は地に生じ、人間は女から生れ、財貨は貧者の力で生ずる。けれども、地は天の恵みを受けなければ一物をも生ずることはできず、女は男にとつがなければ子ども一人も産むことはできず、貧者は富者に助けられなければ財貨を生ずることはできない。天地は和を失わない。それゆえ万物は繁殖する。男女は和を失わない。それゆえ人間は繁栄する。ただ貧富だけが和合しない。だから国家が衰廃する。これが古今の通患である。

いま貧富を和合させる方法は、ただわが法にだけある。いやしくも貧富が相和すれば、生産は日に豊かとなり、国家の繁栄安泰は期して待つべきものがあるのだ。

〔四三二〕　人を殺すのと草を殺すのと

強盗は人を殺して財を奪う。これをば悪とする。農夫は草を殺して米をとる。これをば善とする。草を殺すのと、人を殺すのと、その理は同一だ。しかるに一方を善とし、一方を悪とする。人道は結局人間のためのわがまま勝手な道なのである。　＊一〇三・一〇六

〔四三三〕　豆腐の売り手と買い手

豆腐屋は豆腐をつくる苦労をきらって、銭をもうける利益を好み、豆腐を買う者は、これを食うことを好んで、値段を払うことをきらう。好きもきらいも、てんでの得手勝手なのだ。なんと、わがままなものではないか。

〔四三四〕　小を積んで国を興す

わが法が微細なものを積むことを尊ぶ。山のしずくが集まって一つの流れとなれば、そこに水車を設けることができる。微細な財を集めて資金とすれば、それで廃国を興すことができる。わが仕法帳の合計は水車の水門と同じものだ。いい加減に見てはならない。(1)

(1)　山々のこけあつまりし滝川の　ながれつきせぬ音ぞ楽しき

〔四三五〕　度量衡を正す

一村の産米の数量は、目算の及ぶところではない。けれどもますを手にすれば、天下の産米でも、その数量を知ることができる。長短・軽重も同様で、ものさしやはかりを手にすれば、幾億万の品物でも測り知ることができる。もしも度量衡がなければ、たとい知者でも、どうして知り得よう。これを知ることは、一に度量衡を正すにある。孟子のいわゆる「己を正して物正し。」（孟子、尽心篇）とは、このことだ。

〔四三六〕　富家の子はほこりたけ

貧家に生れた者は、その貧を免れようとするから、勉強して進歩する。富家に生れた者は、ちょうど山頂にいるようなもので、登ろうと思っても登るところがない。四方を眺望して、退歩するだけのことだ。そこで、ぜいたく遊惰に流れて、ついに富を失うようになる。もしその富を保ちたいと思えば、わが道がある。富家の子に生れて、わが道を行わなければ、たとい千万両の金があっても、ちょうどほこりたけ（きつねのちゃぶくろ）の類がいたずらに生じいたずらに滅するようなもので、世の中の役に立たず、何の益もないのだ。

〔四三七〕　地獄極楽は眼前に

仏教家は、地獄極楽は十万億土にあると言う。私の考えでは眼前にもある。うぐいすがさえずり人が聞いている、これは極楽だ。人が捕えようとしうぐいすが逃げる、これは地獄だ。貧富が互に譲り合えば極楽だし、奪い合えば地獄だ。地獄極楽は眼前にあるではないか。

〈四三八〉 飲酒はわが道の妨げ

酒飲みはわが道を行うことができない。なぜかというと、酒は精神を引き立たす徳がある。そこで、飲めば争論を生じ、言行を誤る。少しでも言行を誤れば人はこれをそしる。人からそしられては、道は行われないのだ。酒はまた反目を解くという徳がある。そこで和に流れやすい。少しでも狎れ合いになれば、法が廃れる。法が廃れれば、道は行われないのだ。だから、わが道を行う者は、よろしく飲酒を禁ずべきである。

〈四三九〉 仏道は農業と合致する

道として確実なものは、農業の道に及ぶものがない。それゆえ農業の道に合するものは大道であって、合しないものは小道である。仏道はよくこれに合する。だから大道として隆盛をきたしたのだ。農業というものは、大小便やいろいろな廃物を集めて、来年の肥料に供する。人はきたないと言っていやがるけれども、来年の百穀を養うものは、これをおいてほかにはないのだ。仏道というものは、死人を集めて未来の加護をする。人は、けがれと言っていやがるけれども、未来を加護する道は、これをおいてほかにはないのだ。

肥料は今日の用をなさなくても、来年百穀を養う。これを尊ぶ者は必ず富むし、これを卑しむ者は必ず貧する。亡父母の霊は、今日の用をなさなくても、ながく子孫をまもる。これを尊ぶ者は必ず栄えるし、これを卑しむ者は必ず衰える。実に、農業と仏道とは、割符(わりふ)を合わせたように合致する。あるいは肥しといい、あるいは仏といい、その名は異なっても、その道理は一つなのだ。

〔四四〇〕天徳現量鏡

わが天徳現量鏡は、ただ計算をしるした書物ではなく、天理を推しはかり悟道をきわめたものである。天地は昼夜循環して、やむことなく、たがうことがない。算術も同様、無限に達して誤りがない。それゆえ算数をかりて天地循環の理をあらわし、人の怠慢を戒めたものだ。またこの書物は、利息を計算すること五分から三割にいたる六段で、おのおの利息を元金に入れ、利息がまた利息を生じて循環百八十年に及ぶまで計算してある。これは仏教でいう因果の理をあらわしたものだ。自分が早起きして他人を起すか、あるいは他人に起されるか、その得失は、一割掛ければこのとおり、二割掛ければこのとおり、一厘の差はこのとおり、二厘の差はこのとおり、善悪・正邪でも、貧富・受施でも、貸借・貪恚(どんけい)でも、みな例外なくそのとおりと、くわしく記載すること百八十年である。

たとえば、早起きの原因によって草を多く得、草の多い原因によって米を多く得、米の多い原因によって馬を多く得、馬の多い原因によって田を多く得、田の多い原因によってまた米を多く得、米の多い原因によって貸し金をつくり、貸し金の原因によって利息を得る、という類がそれだ。富を得るのもこのとおり、貧に陥るのもこのとおりである。巻首に百木百草の歌をのせてあるのも同様の趣旨だ。春生長した力によって秋の根が深く、秋の根が深まった力で明春よく茂り、よく茂った力によって秋の根が肥える。天地間の万事、このとおりでないものはない。人に対してその行動の可否を論ずれば、差しさわりがある。

それゆえ天地が分かれてから人類が生じない以前の草木をもって証拠とし、ことごとくこの理によることを人に悟らせるものである。そなたたちも、ただ計算の書物として、なおざりにしてはならない(1)。

（1）「天徳現量鏡」は、天保初年、先生の思想醸成に併行して作られたもの。後年の日光仕法雛形では「百行勤惰得失先見雛形」と題される。参照全集二巻一三頁以下。百木百草の歌は、

こめまけば米草生えてこめのはな　咲きつつこめの実のる世の中
まく米と生い立つこめはことなれど　みのればもとのこめとなりぬる
こめくさはねもこめなればたねもこめ　枝も葉もこめはなも実もこめ
米の実はまたくるとしも米はえて　老いまかるとも米はこめなり
去年(こぞ)の実はことしのたねとなりにけり　ことしのみのり来るとしのたね
以下九十九種の草木について同文。

〔四四一〕　利倍帳と開発帳

形のないものは目で数えることができない。それゆえ天徳を顕わすのに利倍帳を用いる。すなわち仏教でいう虚空蔵の徳を示すものだ。形のあるものも、一々計算の及ぶところでない。それゆえ地徳を顕わすのに開発帳を作ってある。すなわち仏教でいう地蔵の徳を示すものだ。(1)

(1) 利倍帳はたとえば前掲の「百行勤惰得失先見雛形」。開発帳はたとえば「報徳冥加米繰返積立雛形」(全集二巻六三頁以下)で、これはもと「地徳開倉積」と名づけられていた。

〔四四二〕 半円の見と一円の見

百姓が麦を干しておいたら、犬がそれを食った。百姓は怒って殺そうとした。これは半円の見方である。そこでこれをさとして、「お前はどこに麦を干したのだ。どうして番をしないのだ。お前が麦を干したのは晩飯のために違いない。してみれば犬だって食い物がほしいに違いない。そう思えば、その罪を許して麦を与えてもよいではないか。それに、干しておいて番をしないのはお前の過ちではないか。してみればどうして殺すわけがあろう。」と言えば、百姓は納得し、犬も尾を振って罪をあやまるように見えた。これが、一方をさとして他方がおのずから服したのであって、ちょうど親鸞が大蛇を済度せずに女人を済度し、女人が服して大蛇も服したのと同じことだ。(1)これを一円の見方というのである。

(1) 高田開山「親鸞聖人正統伝」巻四によれば、野州都賀郡惣社(栃木県栃木市惣社町)の室八島（やしま）の池に、女人がめかけ殺しの業果で大蛇となって害をなしていたのを、前後六日の読経説法で済度し、女人は菩提身（ぼだいしん）を現じ、香華を降らせつつ雲にのって去った、とある。

〔四四三〕 源左衛門と藤蔵

僧親鸞（しんらん）はある女人とうわばみとを済度した。奇蹟（きせき）と言ってよい。けれども世の中にもこれに類するものがあるし、私もまた済度の術を持っている。旗本斎藤氏の領内に辻村の名主源左衛門、門井村の名主藤蔵という者があった。領主が貪欲（どんよく）で村民を搾取したあげく、二人の家産を召し上げようとした。二人はこれを心配して、私のところに来て、弁護救済を請うた。私はこれに対して、「人生には前々からの因縁がある。いま領主の召上げに遇（あ）うのも天命である。また、先祖代々領主の恩沢に浴しながら、いま難を避けてのがれようとするのは、道ではない。お前たちは、すみやかに領主の求めに応じて、まず山林を差し出し、次に家財道具を差し出し、次に田地を差し出し、次に屋敷を差し出し、ことごとく差し出してしまってから、長（なが）のお暇（いとま）を請うてここに来るがよい。お前たちが差し出したものは、私がみな与えよう。お前たちは疑うことなく、迷うことなく、必ずこの道を踏め。これが観音経の『かの観音力を念ずる』道理である。領主がいくら無道でも、おそらくそうして差し出したものは受け取れまい。

お前たちが今この災難にあうのは、もとより宿世の因縁があるのだ。たとい策略によってこれを免れても、子孫のうちに必ずみずから滅びる者ができる。もし疑いをいだいてこの道を踏まなければ、領主に家を滅ぼされることは必然である。」とさとした。二人は納得して帰った。そして藤蔵はこれを実行して難をのがれ、屋敷も田地ももとのまま保ち得た。源左衛門はこれを実行し得ず、あるいは策略を設け、あるいは幕府の権威を借りて、その難をのがれようとしたが、ついに家産を没収され、領主もまた甲府に追放された。まことに哀れむべきことである。私は領主をさとすだけの機縁がない。それで二人をさとした。これは親鸞がある女人とうわばみとを済度した原理と同一であって、それがすなわち仏法の奥義、如来の秘けつであり、観音経の「かの観音力を念ずる」道理、心経の「よくもろもろの苦を除く」道理である。そなたたち、肝に銘じて、忘れてはならぬ。(1)

(1) 領主は斎藤鍬太、辻・門井の二村は常州（茨城県）真壁郡。事の詳細は報徳記二巻七章（全書一巻九八頁以下）参照。

〔四四四〕 忠言とへつらい

世の忠臣と称する者は、君の好みに随（したが）った進言をして、きげんをとる。君を尭舜（ぎょうしゅん）に比べ、みずからを殷（いん）の三仁(1)になぞらえる者さえある。その言葉は忠のようであって、実はへつらいなのだ。このようなのは、恩寵（おんちょう）をむさぼって君の悪を迎えるというべきものである。慎まずにいられようか。君たる者も深くこれを察して、好ききらいを正さなければならない。

＊三一六前段

（1）殷の末の三人の名臣で、微子・箕子（きし）・比干。

〔四四五〕　下男をさとす

（下男をさとして）――荒地をひらいて米麦をふやし、借金を返して余剰を生じ、惰農を励まして米を増産する。おのおのその廃（すた）れているところのものを拾いあげて、それで国を興し民を安ずるのが、わが道の根本である。心得ておかねばならぬ。

お前は若いから、夜寝なくても苦しくはあるまい。寝る間を省いてわらじ一足でも二足でも、あるいは三足でも作り、あくる日これを工事現場に持って行って、わらじの破れた者にやれば、たとい礼を言う者がなくても、もともと寝る間に作ったもので、何の骨折り損もない。もし礼を言う者があれば、ありがたいことだ。もし代銭を払う者があれば、利益になる。この道理を身に悟って、つとめ励んで怠らなければ、何事でも成就しないことはない。私が幼い時からつとめて来たのは、これである。ただ昼となく夜となく、つとめ励んで怠らないだけなのだ。

〔四四六〕　陰陽融合の理

天地は陰陽融合して万物を生ずる。人類・鳥獣・虫魚は、男女融合して子を産む。ただ草木だけは、根を地中にのばし、幹を空中に出し、根と幹と融合して種子を生ずる。一種の中に根と幹の二つを具(そな)えている。だからこれをまけばはえるのであって、これまた陰陽融合の理にかなっている。君民・貧富も同様であって、融合すれば生産は日に豊かになり、国家は治まる。

〔四四七〕書外の理を見よ

書物を学んで知るのは、暗夜に燈火をつけて地上を見るようなものだ。燈火のてらすところには限りがあり、書物ののせているところにも限りがある。どうして燈外の地を見、書外の理を知ることができよう。ところが、もし心をもって見、心をもって知るならば、その見るところ知るところには全く際限がないのである。それゆえ達磨(だるま)は「不立文字(ふりゅうもんじ)・教外別伝(きょうげべつでん)」を説いた。しかし、これとて文字の学問に泥(なず)む者のために発しただけのことで、世の中には何の役にも立たないのだ。

〔四四八〕わが成道

私は以前に事物の理を深く研究したことがある。けれども、それだけでは、いたずらに老荘の風となり、世の中の迷惑になることを免れない。また、たとい天地の理法を窮め、過去・現在・未来の三世を悟っても、やはり一日も食わずにはおられない。食うには米がなければならない。たくにはまきがなければならない。ゆえに、人生の要道を窮め尽くすことここにありと悟って、わが法を設けた。これは釈迦の成道と一般である。

〈四四九〉 家政は小破のうちに繕え

釈迦は「諸行無常」と言った。生者必滅という意味である。およそ家屋でも家具でも衣類でも、人工でできたものは、破損しないものはない。少し破れたときに修理するがよい。幸い、それぞれ職人がいる。家政も同様で、一代もしくは二代の間に、どうして破綻なしですまされよう。これも少し破れたときに修理するがよい。ところが、家政修理を職とする者は世の中にない。しかし、わが法は国家を修理する道である。まして家政の小破などつくろうのは何でもない。病気は軽症のうちに治療するがよい。もし大患に至っては、いくら名医でもどうすることもできない。借財は小借のうちに償うがよい。もし大借に及んでは、いくらわが法でもどうしようもない。戒めねばならぬことである。

〈四五〇〉 速成を欲するなかれ

速成を欲するのは人情の常である。けれども成功・不成功には時機があり、小さい事柄でもおいそれとは決まらない。まして大業ならばなおさらのことだ。わが道は大業である。だから従容として時を待つがよい。夏から秋になるころは百穀がまだ熟しないが、どうして秋のみのりがないことがあろう。ただ遅速があるだけなのだ。きびがまず熟し、あわや豆が続いて熟し、わせ・なかて・おくてが相次いで熟し、ついに百穀ことごとく熟するようになる。そこで時を追うてこれを収穫するがよい。けれども、すでに熟したものを差しおいて、まだ熟しないものを心配するのが、これまた人情の常である。

しかし、まだ熟しないものを心配するより、すでに熟したものを取り入れる方がどれほど良いかわからぬ。道の行われるのと行われないのとも、これと同様だ。よろしく手近なものを先にして遠いものに及び、たやすいことを先にしてむずかしいことに及ぶべきである。孔子が「速(すみや)かならんことを欲するなかれ。」（論語、子路篇）と言い、「近き者は悦(よろこ)ばしめ、遠き者は来(きた)らしむ。」（同上）と言ったのは、このことである。

〔四五一〕　因果因縁の理と利倍帳

坊さんがこういうことを言う。「鐘を鋳る男が、貧しい婆さんの差し出した古鏡を卑しんで、受け取らなかった。鐘を鋳てみると、ちょうど鏡の大きさの割れ目ができていた。何べん鋳直しても同じことであった。そこでこれを仏にたずねた。仏は、誠意の応募品を受けなかったことがあるはずだ、と言われた。鋳る者はその実際を告げた。仏はそのためだ、と言われた。そこでその鏡をもらって融かしこんだら、鐘が始めてできあがった。」と。一人の誠意を無にしたがために不足を生じた、これは自然の道理である。今日ではその実跡を見ることができず、本当かどうかを知るよしもないが、わが利倍帳をもってすれば、その道理が明了になる。利倍帳というものは、虚空蔵の理を顕現したものである。

善悪応報・因果因縁の理を見るのに、これほどよくわかるものはない。始めに一厘増せば、しまいになって幾ら幾ら多い。始めに一厘減らせば、しまいになって幾ら幾ら少ない。これはほかでもない、始めに一厘の増減をしたからである。始めにかえって一厘の増減を正してから掛けてゆけば、しまいになって必ずぴたりと合う。その明了なこと、はるかに仏説にまさっている。世の中の万事このとおりである。勤惰・奢倹(しゃけん)は日々循環して、やはりこの道理を免れない。その明確なこと、髪一すじを入れる余地もないほどだ。　＊四四〇

〔四五二〕野常二州の振興策

下野(しもつけ)と常陸(ひたち)の二州は、土地はやせて薄く、人民は貧困で、郡村の衰弊もきわまっている。畿(き)内(ない)のごときは、土地はよく肥え、人民は富優で、郡村も最も盛んである。その盛衰の異なるのは、たとえば水をせき止めて地上にそそぐ場合のようなもので、水の深くたまるところは一尺

から二尺、または三尺にもなり、土地が高ければ水上に出ること、やはり一尺、二尺、または三尺のところもある。これが天命である。二州の衰弊もまた、天命と言うべきものだ。

そこで、その天命にしたがい、現在の税額をもって永世の分度とし、これから後、荒地を開墾して得た税収を、ことごとく民を恵む資金とするならば、これこそちょうど高いところの土を削って低い土地に入れるようなもので、水もあまねく行き渡るのだ。そうして荒地は日に日に開け、畿内に匹敵するほど富み栄えるようになるだろう。しかしながら、仁君がなければこれは行われない。それゆえ私は後世のためにこれを建白しようと思いながら、仕事がいそがしくてまだ果さないでいる。

〔四五三〕　足りるまで切りつめる

一家経理の道は、一年の収入によって一年の支出を制することにある。その制限額を三百六十で割って、一日の経費とする。毎日その分度を守れば、何の不足があろう。もしその分度を用いて足りなければ、よろしく裁ち減らして分度とすべきである。これを算術にたとえれば、作九の一で割れなければ、一を帰す。それでも足りなければ、また一を帰す。足りるところまで来て止めるのである。経理の術も同様だ。米を食って足りなければ麦に替え、麦でも足りなければひえに替え、ひえを食っても、まだ足りなければ野菜をまぜる。このようにすれば何の不足もあるわけはない。

〔四五四〕 自力で成るものなし

百花・紅葉も、百穀・野菜果実も、みな草木自身の力でできるのではない。ことごとく造物者のしわざなのだ。けれども、それは見聞の及ぶところでない。それゆえ人々は草木自身の力と思っている。つりがねも同じことだ。人の手と撞木(しゅもく)の力を借りなければ鳴ることができない。人間もまた同様で、身を修め、行いを慎み、知識才芸によって栄達の幸福を得るとしても、みな祖先の陰徳、代々の蓄善、および神霊の加護の力によるもので、一つも自力でなしうるところではないのである。それを見聞が及ばないばかりに自力によると思いこんでいる。大きな間違いではないか。

〔四五五〕 自己の衣食を思わず

私は幼少のときから、酒宴に行くことがきらいで、その暇になわをない、かごを作って人の窮乏を助けることを楽しみとした。それ以来こつこつと人を助けることに従事して、あえて自己の衣食を得ようと計らず、今日まで来たが、一度も衣食に困ったことはない。これはちょうど農夫が、衣食を思わず、専心耕し・草とり・水かけ・肥しかけに努めた結果、多くの米を得たようなもので、いわゆる「学べば祿その中にあり。」（論語、衛霊公篇）とはこのことである。

＊一七六・一七七

〔四五六〕　天地・国家は一団のもの

天地は円い一団である。国家もまた同様で、過不足が起る筋合いのものではない。しかるに欠乏が年々に生じ、経費が日々に窮まってゆくのは、なぜか。これはほかでもない、むだに費えるところがあるからだ。むだに費えるところとは何かといえば、荒地と借財とがそれである。その荒地をひらき、その借財を償う手段は、わが法に存する。わが法は毎年の欠乏を補うことはできないが、ただその欠乏の本を補い正すのである。欠乏の本を補い正す以上は、国家は必ず一団の姿に立ち帰る。

〔四五七〕　借財整理の方法

衰廃復興の法は多岐多端であるが、その要は、荒地をひらき借財を償って、むなしく廃（すた）れている利益を掘り起すことにある。そしてその借財を償うには、よろしく貸し金と借金の両方を、新旧を問わず、ことごとく帳簿に記録すべきである。あるいは、「古い貸し金で当然捨てるべきものを記録しても何の益があろう。これは除いてもよいではないか。」と言う者があるかも知れない。しかし、そうではない。ただ元利を記録して、新しい貸し金を取り立てるだけでは、貪欲（どんよく）不仁のそしりを免れない。だから新旧ことごとく記録しておいて、その上で、当然捨てるべきものを貸し捨てにすれば、そのそしりをのがれられるのだ。あるいはまた、「旧借で返すに当らないものを記録しても、何の益があろう。」と言うかも知れない。

しかし、これまたそうではない。旧借新借を同時に返せば、滅亡がたちどころに来る。旧借を返さないでいるからこそ、炊煙をあげることができるのであって、実に大恩ではないか。よろしく、ただ記録しておくだけでなしに、復興の日を待って、これをも返すべきだ。もし貸主の家の子孫が絶えて、返還する先がなければ、その姓名を書きとめて、その名儀で復興の費用に供すべきだ。このようにすれば、無用の旧貸借が共に有用となってくる。山林の落葉や、肥しつぼの糞尿（ふんにょう）は、みな無用の物だけれども、農時がくれば有用となって、それがなければ百穀は繁殖しない。無用の旧貸借が、共に有用とならなければ、衰廃は興らない。世の中には無用の用というものがあるが、世人はこれを知らない。実にその事柄は一つでも、取り扱いようで仁と不仁、義と不義とが生じ、国家の興廃がこれに係わってくるのだ。まことに慎まねばならぬことではないか。

〈四五八〉　門田の春ぞ哀れなる

尾張の人の歌がある。よく貧民の心情に通じていると思う。それは、「賤が家の門田の春ぞあはれなる　返すがへすも秋を頼みて」というのだ。貧民が春に当って耕作するのに、おのおの田を多く望みながら、労力が足らないことを恐れて、やれない。けれども、田が少なければ、たとい秋の豊作にあっても、租税を納めたり借財を返したりすると、親を養い子を育てるに足りなくなる。

そうかといって田が多ければ、非常に人馬の労力を要する。たまに他人の力を借りれば、欲ばって多く作って他人に世話をかけると、そしられる。これもまた苦の種だ。どちらにしてもやり切れない。その心情は誠に哀れむべきものだ。わが道は、みずから倹約して余財を推し、それを貧民に貸し恵んで、その生業を補助するにある。そなたたち、よくこれを勉めるがよい。

〔四五九〕　まず譲って導く

わが仕法を発業しても、人はなかなか進んで行わない。たまに進んで行う者があっても、よく終りまでやり遂げない。いわゆる「その進むこと鋭き者は、その退くこと速かなり。」（孟子、尽心上篇）とは、このことである。それで指導者がまず村民に対して、「自分の家産が何ほどある。この際、その半分で家事を経理し、あと半分を推し譲って一村復興の資金としよう。」と言えば、人はもう疑おうとせず、こぞって進むようになる。そこで投票によって善人を挙げ、無利息金貸付を行ってゆけば、どんな遊惰でも立ち直らぬことはなく、どんな衰廃でも復興せぬことはなく、どんな貧村でも富まぬことはない。

〔四六〇〕　民の好むところによって恵む

（ある人が、「郡の代官が死んだのに、人民は悲しまない。これは民風が浮薄なのだ。」といったのに対して）――そうではない。代官に人民を哀れみ恵む徳がないからだ。たとえば馬を飼うのに、飼葉桶が空では馬は見向きもしない。大豆を入れれば喜んで食う。けれども、大豆をねこに見せても見向きはしない。犬でも同じことだ。犬もねこも食い物をほしがらぬのではない。魚肉をやれば跳びあがって食う。しかし魚肉を馬にやっても食わない。

これによってみれば、馬には大豆、犬ねこには魚肉と、おのおのその好むところに従って与えれば、悦服しないものはないのだ。これが観音経の「かの観音力を念ぜば」という道理である。代官に少しでも人民を哀れみ恵む実徳があったならば、人民がその死を聞いて悲しまないことがあろうか。　＊二九六

〔四六一〕　貧がいやなら倹を好め

好きなことをつとめれば、きらいなことが来るし、きらいなことをつとめれば、好きなこと

が来る。ちょうど、金を借りれば必ず催促が来、盗みをすれば捕(と)り手が必ず来るようなものだ。富とおごりとは人の好むところ、貧と倹とは人のきらうところだが、おごれば貧が来、倹約すれば富が来る。万事みな同じことだ。好ききらいはよく慎まねばならない。

〔四六二〕　君民一体の理

君民は一つであって、ちょうど一本の木のようなものだ。君が幹で、民は根である。幹は尊くて上にあり、花や葉を空中に開いて、人からほめそやされる。根は卑しくて下にあり、水気を土中から吸って幹や枝を養う。そして、その水気を吸うものは細根である。農業に努める者は細民である。細根がなければ幹や枝や花や葉を養えないのと同様に、細民がなければ国家経理の費用の出どころがない。国君たるものは、よろしく君民一体の理を悟って、細民を恵むべきである。　＊一四三

〔四六三〕　衣服と羽毛

人が衣服をつくるには、織ったり染めたり、女の仕事も苦労千万である。鳥獣の羽毛に自然と模様があって、破れたりあせたりしないのに及ばぬように見える。けれども鳥獣は、いつもいつものみやしらみ、蚊やあぶに苦しめられて、これを追う暇もないくらいだ。衣服が自由に脱いで

洗たくできるのと到底くらべものにならない。人が万物の霊長たるゆえんを、よく思うべきである。

〔四六四〕 俸禄の回復には民を富ませ

（小田原侯は武士の俸禄の節減を深く嘆いて、百方計画するところがあった。人はこれを称して仁君としたが、）――これはどうして仁君と言うことができよう。ただ君と武士との関係だけを見て、民を忘れている。偏見と言うべきだ。君と武士・平民とは一本の木のようなものだ。君は幹であり、武士は枝であり、人民は根である。その枝葉を繁茂させようと思ったならば、その根を培わねばならぬ。だから、税収の一割もしくは二割を推し譲って、これを人民に恵み施すがよい。恵みを施せば民は富み、民が富めば租税がはいり、租税がはいれば武士の俸禄も回復する。そのようにしてのち、始めて仁君と言うことができるのだ。（1）

＊一四三・四六二

（1） 先生は、藩主忠真公に対しても直接このようなことを諫言している。天保六年夏のことである。

〔四六五〕 施餓鬼もわが法に及ばぬ

仏教家は施餓鬼を功徳の極致としている。しかし、わが法には及ばない。なぜならば、施しを受ける者は、いたずらに人の施しを待つばかりで、人に施そうという気持がないのだ。わが法はこれと異なる。投票によって善人を挙げ、その荒地をひらき、借金を償い、質入れした田を受けもどし、その家産を復興してやる。そこで遊惰は奮い起って精励となり、貧困は変じて富裕となり、悪人は化して善人となる。およそ、そのきらうものを除き去って好むものを与えるから、人々はその徳に報いる心を生ずる。少しでも徳に報いて物や金を推し譲れば、それがすなわち多くの人を救う資金となる。これこそ凡夫を導いて菩薩(ぼさつ)の位に至らしめる法なのだ。

私は幼いときからこれを行って、今日に至った。「常施餓鬼」とも言えるだろう。その功徳は、仏教家の施餓鬼などと比べものにならない。これは、神儒仏の三道を推し拡めて創立したところの法であって、世の中にこの法に匹敵するものがどこにあろうか。

〔四六八〕ねてもさめても有明の月

私が以前詠(よ)んだ歌に、「春は花秋は紅葉(もみじ)と夢うつつ　ねても覚(さ)めても有明(ありあけ)の月」というのがある。天下国家の盛衰・存亡・治乱・興廃は、数千年間幾変遷している。これを春の花、秋の紅葉にたとえよう。百花らんまんと咲き乱れても、やがて飛び散り、紅葉はにしきのように美しくても、やがてしおれ落ちて地に敷く。百穀草木が青々と茂っても、やはりたちまち枯れしぼむ。人の生老病死もまた同様であり、人間万事、みなことごとくそうである。こうして、人類・鳥獣・草木・百穀は年々繁殖する。しかし天は低くはならない。人類・鳥獣・草木・百穀は年々消滅する。しかし地は高くはならない。死生存没は、たとえば音声の去来のようなものだ。鐘をつけば音が来る。来るけれどもどこから来るのかわからない。つかなければ音が去る。去るけれどもどこに去るのかわからない。音がないかと思えば、ある。あるけれども常に存するのではない。音があるかと思えば、ない。ないけれども永久に没してしまったのではない。してみれば、死生存没は、しかと本末終始を知ることができない。これを夢うつつの世界という。仏のいわゆる「色即是空、空即是色」[1]がこれである。

しかしながら、これらはみな天地の間の事物に過ぎない。天地そのものに至っては、終古依然として不変である。これを田畑にたとえよう。百穀は春生じて青々とし、秋熟して一面の黄になる。これらはみな地上の毛である。麦が熟して稲を植え、稲が熟して麦をまく。春生じ秋熟するにつれての青や黄は、田畑が青や黄になるのではなく、稲や麦がそう見せるのだ。田畑そのものは依然として変らない。またこれを財貨にたとえよう。あるいは貸し、あるいは借り、あるいは返さず、あるいは貸し捨てにする。これらはみな、あちこちに融通してまわるだけで、財貨そのものは依然として変らない。実に、天地間の万事万物は、ただ春の花・秋の紅葉のようなものであって、天地は終古依然として変らない。これを有明の月と言うのである。

けれども、春とか花とか、秋とか紅葉とか、夢とかうつつとか、ねるとか覚めるとか、これらはみな勝手な名前である。だから春のことを秋と言い、秋のことを春と言い、花を紅葉と言い、夢とうつつを覚めると寝るにとりかえても、もとより差しつかえない。あるいはまた、らんまんを現実とし、飛び散るのを夢とし、にしきのごときを夢とし、しおれ落ちるのを現実とし、寝て夢みるのを現実とし、覚めて働くのを夢としても、これまた悪くはないのだ。天地間の事物は千変万化する。なすを植えれば実を結び、これを食えばくそになる。これを田畑にかければ米穀をふやし、これを食えば肥しとなり、食わなくても肥しとなる。してみれば春も春ではなく、花も花ではなく、秋も秋でなく、紅葉も紅葉でなく、夢とうつつも夢とうつつでなく、寝ると覚めるも寝ると覚めるではなく、死生存没も死生存没ではないのである。万事万物、止(とど)まらず転ぜず、循環して窮まりない。幾万年を経ても依然として変らないものは、天地である。これを、ねても覚めても有明の月と言うのである。

（1）あるなきはうてば響くの音ならん　うたねばたえてあるやなきやは

〔四六七〕　積不善の家、積善の法

易経に、「不善を積むの家には必ず余殃(よおう)あり。」（坤(こん)の卦(か)の文言伝）とある。私がさきに宇津氏の領地桜町を治めたとき、非常に悪賢く欲深い一人の村民がいた。その子は悪人ではなかったが、逃亡して行くえが知れなかった。次の子は篤実でよく農事をつとめたので、家屋と田地とを与えたが、これまた逃亡して行くえが知れなくなった。これこそ「不善を積むの家、必ず余殃あり。」ではないか。

けれども、積善・積不善に対する天の裁きは、たれにも知ることができない。これを知る道は、ただ農業にある。ぽかぽかとした春の田畑に、人はみな種まきをする。多くまけば多く生じ、少しまけば少し生ずる。多く肥しをすれば多く茂り、少し肥しをすれば少し茂る。その道理は明了で、女こどもでもわかる。しかし、一年肥しを多くしても、長年肥し気を保つには足らない。わずか一、二年で肥し切れをする。これはほかでもない、多く肥しして得たところの米を、すっかり取り込んでしまうからだ。もし増収したところの米を分外として、これによって年々その田に肥しを入れたならば、千年を経てもその稲田は繁茂して産米を増すこと疑いない。これが、わが開墾法で、一反歩から千万町歩に及ぼすところの道理である。　＊六三

〔四六八〕　**財貨を真に尊ぶ道**

天下の人は財貨を尊んで、人の生き死にもこれに係わるくらいである。ところでその財貨は偶然に得られるものではない。王公・家老・武士やら豪農・富商が、みずから耕さないで美食に飽き、みずから織らないで美衣を着ることができるのは、みな祖先の功徳が子孫に及んだものだ。そうして、その天下の財貨を生産する者は、細民である。それゆえ祖先の恩を思う者は

必ず細民の患難を思い、祖先の恩を忘れる者は必ず細民の患難を忘れる。唐詩のいわゆる「嚢（のう）中（ちゅう）おのずから銭あり。」（唐詩選巻六、賀知章の詩）とは、祖先の恩と、細民の患難とを忘れ去ったものだ。銭は決して財布の中には生じない。米は決して倉の中には生じない。これらはみな、細民の膏血（こうけつ）である。

あるいは雨に打たれ、風にさらされて耕し草をとり、あるいは炎熱を冒して水や肥しをかけ、あるいは雪霜を踏んで収穫した、その患難辛苦は筆舌に尽しがたい。その患難を思い、分度を守って費用を節し、余財を推してあまねく人の急を救い、人の貧を賑（にぎ）わす、これを名づけて報徳の道と言う。ここにおいて、初めて天下の財貨は尊ぶに足るものとなるのだ。

〔四六九〕烏山の家老をさとす

（烏山（からすやま）藩の家老に告げて(1)）――私はすでに求めに応じてわが法を施行している。しかしながら、どうして直ちに税収を回復することができよう。ただ分度を立てて国用を制限し、荒地は租税を免じて荒地の力で開発させ、借財はその元利を償って費えをはぶくよりほかに、道はないのだ。いったい国用が足らないのは、藩士の俸禄（ほうろく）がその天分に過ぎているからだ。もし天分より過ぎないようにさせれば、国用は何の不足があろう。けれども、これをあまねく藩士にさとすことはできない。たといさとしても行うことはできない。

それゆえ、足下がよろしくまずこの道を踏むべきである。足下がすみやかに伝家の俸禄を辞退し、荒地をひらいてその産米を食うならば、藩士のうち必ずそれにならう者があるはずだ。そうすれば荒地は日々に開け、税収は年々増して、復旧の功を奏することができる。わが法はほかならぬ、その国の実状に素(そ)してその国の実状に行うのである。[2] 足下はこの道理を見ることができない。それゆえ事こまかに説明して老眼鏡の代りとし、微細の理を視(み)させてあげるのだ。

なおまた、大業を創(はじ)め、伝統をのこすことは、成功を永遠の将来に期する。ゆえによろしく身代りの者を養成すべきである。いかだ乗りや草刈り人夫でも、なお予備のさおやかま[3]を持って仕事に当る。まして国を興し民を安んずる大業においては、なおさらのことだ。

(1) 菅谷八郎右衛門。詳細は報徳記三巻六章(全書一巻一五五頁以下)参照。
(2) 中庸の「富貴に素して富貴に行い、貧賤に素して貧賤に行い、夷狄(いてき)に素して夷狄に行い、患難に素して患難に行う。君子、入るとして自得せざるなし。」の換語。なお天命十訓(全書三巻五七頁以下)参照。
(3) 原文「副棹弐鎌(ふくとうじけん)」。

〔四七〇〕 衰廃を興すには開国の法

太平が久しきにわたれば、奢侈(しゃし)遊惰の弊風が生じ、国家が衰廃を免れないのは、自然の成り行きである。思うに、国に温暖の国と寒冷の国とあり、土地に肥えた土地とやせた土地とがある。温暖で肥えた土地の人民は、奢侈に流れて借財を生じ、地力を尽すことができない。寒冷でやせた土地の人民は、遊惰逃亡に甘んじてその田が荒れる。そこで税収が年々に減じ、君も民も共に困窮して、国家は衰廃に陥る。政治刑罰があってもこれを救うことはできない。神儒仏の三教があってもこれを改め正すことができない。まことに嘆かわしい限りではないか。私はこれを憂慮すること多年であったが、ついに天照大神開国の道に法り、興国安民の法を立てた。およそ田畑の荒れたものは、十年の荒地でも、百年の荒地でも、古来未墾の荒地でも、相異はない。だから天祖開国の法によるならば、その荒地を起しひらくのに、何の困難があろうか。恵み、励まして遊惰を奮い立たせ、天分を悟らせて奢侈を禁ずれば、国を興し民を安んずることも、何の困難があろうか。

〔四七二〕　非常の大義とわが法

（ある人が、「川越・忍（共に埼玉県）の二侯は海防の用度が足らず、これをその国民から徴収せざるを得なくなりました。国民が困窮すれば、恐らく内乱が生ずるでしょう。識者はこれを遺憾なこととしています。先生の興国安民の法をそこに行ったならば、どうでしょうか。」と尋ねたのに対して）――それは、いたし方がない。危急の時に際してわが道を行っても、益はないけれども損もない。いったいわが道は、これを平時に行って、危急の難に備えるものなのだ。

私はさきに谷田部(やたべ)侯の求めに応じて、その廃村を復興した。その時たまたま、侯は大阪の城代に任ぜられた。私はそこで侯に対して、『君は用度多端のためにわが法が中廃することを心配なさいますな。わが法は事がなければ廃国を興して天子の民を安んじ、事があれば力をその職務に尽すばかりであります。わが法のために公務の経費を節約すべきではありません。それゆえ今はわが法を休止し、よろしく興国の経費をもって奉職の費用を補い、足らなければこれを国民から取り、国が窮乏し財力が尽きてのち止(や)むべきであります。わが法は天祖開国の道であります。ふたたび廃国を復興するのに、何の困難もありません。君はよろしく力をその職務に尽さるべきです。』と言ったことがある。(1) 今や川越・忍の二侯も、やはりこの道を踏むばかりである。よろしく一国の財力をあげて、海防の経費にあて、財力が尽きてのち止むべきである。これが人臣の道なのだ。ねずみがねこにあって逃げても、しょせん逃げ切れるものではない。そこで決然としてねこに食われ、腹中に入ってねことなるに越したことはない。仏のいわゆる寂滅為楽とはこのことである。――(問うた者はなるほどと言って退いた。筆者は筆を投じて感嘆していわく、「先生の言葉は何たる至言であろう。古人は『君子斃(たお)れてのち止む。』(礼記、表記)と言った。人臣たるの道は、実にこのようにして尽すべきであるのだ。」)

(1) 報徳記五巻三章(全書二巻一八頁以下)参照。(大　尾)

【原著者略歴】

斎藤高行（さいとう・たかゆき）

1819-1894　文政2年生まれ。江戸後期-明治時代の農政家。陸奥中村藩（福島県）藩士。二宮尊徳の高弟。嘉永4年から叔父富田高慶をたすけ、中村藩領で報徳仕法を指導した。維新後、興復社、相馬報徳社を設立。『報徳外記』『二宮先生語録』を編集した。明治27年没。通称は粂之助。

【訳者略歴】

佐々井典比古（ささい・のりひこ）

1917-2009　大正6年佐々井信太郎の長男として小田原に生まれる。昭和16年東京帝国大学法学部卒業。17年内務省採用、間もなく応召。神奈川県研修室長、人事課長、労働部長、総務部長、副知事、神奈川県内広域水道企業団企業長を歴任。58年より報徳博物館長・一円融合会、財団法人報徳福運社・財団法人大倉精神文化研究所各理事長を歴任。平成21年没。

二宮先生語録（にのみやせんせいごろく）

令和二年七月三十日第一刷発行

原著者　斎藤高行

訳　者　佐々井典比古

発行者　藤尾秀昭

発行所　致知出版社

〒150-0001 東京都渋谷区神宮前四の二十四の九

TEL（〇三）三七九六—二一一一

印刷・製本　中央精版印刷

落丁・乱丁はお取替え致します。（検印廃止）

ISBN978-4-8009-1237-4 C0095

ホームページ　https://www.chichi.co.jp

Eメール　books@chichi.co.jp

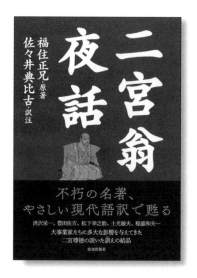